Mario Vegetti

O PODER DA VERDADE

Ensaios platônicos

tradução
Mauricio Pagotto Marsola

Título original:
Il potere della verità. Saggi platonici
© 2018 by Carocci editore, Roma
Corso Vittorio Emanuele II, 229 – 00186 Rome – Italy
ISBN 978-88-430-9245-1

Dados Internacionais de Catalogação na Publicação (CIP)
(Câmara Brasileira do Livro, SP, Brasil)

Vegetti, Mario
   O poder da verdade : ensaios platônicos / Mario Vegetti ; tradução Mauricio Pagotto Marsola. -- São Paulo, SP : Edições Loyola, 2023. -- (Coleção estudos platônicos)

   Título original: Il potere della verità : saggi platonici.
   ISBN 978-65-5504-304-4

   1. Diálogos platônicos 2. Filosofia 3. Platão I. Título. II. Série.

23-171685   CDD-184

Índices para catálogo sistemático:
1. Platão : Filosofia   184

Tábata Alves da Silva - Bibliotecária - CRB-8/9253

Preparação: Paulo Fonseca
Projeto gráfico: Viviane Bueno Jeronimo (capa)
    Maurélio Barbosa (miolo)
Capa: Ronaldo Hideo Inoue
Diagramação: Sowai Tam

Edições Loyola Jesuítas
Rua 1822 nº 341 – Ipiranga
04216-000 São Paulo, SP
T 55 11 3385 8500/8501, 2063 4275
editorial@loyola.com.br
vendas@loyola.com.br
www.loyola.com.br

Todos os direitos reservados. Nenhuma parte desta obra pode ser reproduzida ou transmitida por qualquer forma e/ou quaisquer meios (eletrônico ou mecânico, incluindo fotocópia e gravação) ou arquivada em qualquer sistema ou banco de dados sem permissão escrita da Editora.

ISBN 978-65-5504-304-4

© EDIÇÕES LOYOLA, São Paulo, Brasil, 2023

SUMÁRIO

Introdução 7

parte um
CONTROVÉRSIAS

Capítulo I.   Crônicas platônicas 19

Capítulo II.   "Só Platão não estava" 39

Capítulo III. Como, e por que, a *República* de Platão
               se tornou impolítica?............................... 61

parte dois
TEORIAS

Capítulo IV.   *Megiston mathema*. A ideia do "bom"
               e suas funções...................................... 87

Capítulo V.   *To agathon*: bom para quê?
               O conflito das interpretações sobre a ideia
               do bom na *República*............................. 115

parte três
A UTOPIA

CAPÍTULO VI. *Beltista eiper dynata*. O estatuto da utopia na *República* 139

CAPÍTULO VII. O tempo, a história, a utopia 171

CAPÍTULO VIII. Antropologias da *pleonexia*. Cálicles, Trasímaco e Gláucon em Platão 195

parte quatro
A VERDADE

CAPÍTULO IX. À sombra de Theuth. Dinâmicas da escrita em Platão 211

CAPÍTULO X. Gláucon e os mistérios da dialética 237

CAPÍTULO XI. Desafio sofístico e projetos de verdade em Platão 251

CAPÍTULO XII. Imortalidade pessoal sem alma imortal: Diotima e Aristóteles 265

Introdução

1

Nos últimos anos, parece haver a prevalência de um sistema de brisas moderadas e constantes no ambiente dos estudos platônicos. As rotas se apresentam traçadas e a navegação bem segura, embora talvez isso não seja muito emocionante (nesse sentido, posso evocar os testemunhos dos Simpósios platônicos internacionais de Pisa, 2013, e de Brasília, 2016).

Contudo, as coisas nem sempre foram assim. Em um período de aproximadamente vinte anos em que se situam os ensaios reunidos neste volume, aquelas águas foram agitadas por tempestades violentas, produtoras de naufrágios, de encalhes, de derivas sem meta.

A primeira tempestade, iniciada nos anos de 1960 e reforçada nas duas décadas posteriores sobretudo na Alemanha (Tübingen) e na Itália (Milão, Universidade Católica), deu-se com o nome de "novo paradigma hermenêutico" (oralista-esotérico). Por serem extremamente concisos, tratava-se da mescla explosiva resultante de uma revisitação das críticas platônicas à capacidade de a escrita exprimir e comunicar "as coisas mais importantes da filosofia" (*Fedro*, *Carta VII*), e da concomitante reavaliação dos testemunhos de Aristóteles sobre a existência de assim chamadas "doutrinas não escritas" atribuídas a Platão. O conteúdo dessas doutrinas consistia principalmente na teoria da geração dos diversos níveis da realidade por obra de dois princípios, o da unidade e o da multiplicidade. A consequência era devastadora para as leituras habituais de Platão.

Sua *verdadeira* filosofia – uma "metafísica dos princípios" – jamais havia sido escrita, mas transmitida apenas por via oral aos discípulos da Academia; o único acesso do qual dispomos a essas doutrinas são os escassos testemunhos aristotélicos e poucos outros. Ou seja, a imensa riqueza de discursos, pesquisas, problemas presentes nos diálogos é reduzida se não exatamente ao estado de bate-papo filosófico, ao menos ao da propedêutica a uma filosofia que não pode expor nem comunicar suas doutrinas mais verdadeiras de forma escrita. Em poucas palavras, o risco ao qual a tempestade hermenêutica nos constrangeu a enfrentar foi, portanto, o de nos encontrarmos com um Platão enriquecido de "metafísica", mas amputado dos diálogos.

Afortunadamente, ao longo dos anos de 1990 a tempestade finalmente foi se aplacando, com a contribuição, diga-se, de estudiosos de ambas as tendências: os oralistas foram admitindo que os diálogos constituíam, não obstante, uma parte integrante e imprescindível da filosofia de Platão, e seus adversários se convenceram que nela também os experimentos esotéricos de filosofia dos princípios atestados por Aristóteles deveriam ter exercido um certo papel. Esgotava-se, assim, a carga reversiva que mirava o novo paradigma hermenêutico e se voltava à normalidade dos projetos de pesquisa.

2

Quase como em um movimento oposto, suscitado pelo perigo superado, a partir dos anos de 1990 se formou, sobretudo em âmbito anglo-saxão, uma grande onda de estudos que iam na direção de uma forte reavaliação da eficácia da forma literária dialógica na configuração da filosofia de Platão. Mais que um doutrinário, Platão aparecia agora sobretudo como um escritor filosófico: a construção de cada diálogo, o contexto, os personagens, o jogo das metáforas, das alusões irônicas, dos esforços persuasivos se tornavam o centro da atenção hermenêutica, remodelando os próprios desenvolvimentos teóricos. Tudo isso tinha, sem dúvida, efeitos positivos, como o convite a dedicar maior atenção à dimensão literária dos diálogos – vista como indispensável também para a compreensão de seus conteúdos doutrinais –, bem como as fortes dúvidas suscitadas em torno da possibilidade de se conceber Platão como um pensador sistemático, e os diálogos como veículos desse sistema filosófico.

A onda dialógica, contudo, corria o risco (e talvez ainda corra) de fazer encalhar as pesquisas platônicas em areias não menos perigosas, porque menos visíveis, que os escólios "oralistas". Sublinhar o caráter literário da escrita dialógica em detrimento do tecido doutrinal levou alguns a considerarem que nos diálogos não pode ser reconhecida nenhuma formação teórica, nenhuma enunciação de teses filosóficas, nenhuma pretensão de verdade: estaríamos, em suma, diante de uma grandiosa "conversação" intelectual à maneira de Rorty. Impõe-se iluminar um importante corolário dessa abordagem: a negação de qualquer caráter político de textos como a *República*, no qual todo o discorrer aparentemente político não teria senão uma função metafórica em relação aos problemas de moralidade pessoal, que constituiriam o verdadeiro centro do diálogo; nenhum projeto, portanto, nenhuma utopia, nenhuma crítica social, mas, ainda uma vez, metáforas e dispositivos retóricos de persuasão.

Após um Platão metafísico, mas sem diálogos, teremos agora um Platão rico de escrita dialógica, mas privado de filosofia e de projetos de verdade.

Na medida em que a tendência dialógica, não obstante esses êxitos extremos, mantém, em minha opinião, aquisições metódicas importantes, creio que seja o caso de se esclarecer algo sobre o aspecto que me parece central. Compartilho as teses da *autonomia de cada diálogo* e da *autonomia de seus personagens*. É preciso, entretanto, fazer algumas especificações. Autonomia dos diálogos não significa que cada um deles seja uma ilha sem relações com os outros, quase como se não fossem obras de um mesmo autor. E autonomia dos personagens não significa que eles falem por si, como aqueles das obras de história. Os diálogos mantêm fortes interrelações teóricas entre si, algumas vezes explicitas, frequentemente implícitas; os personagens interpretam o escrito pelo autor – mas esse escrito é construído atribuindo-se aos personagens convicções, escolhas de vida conscientes, argumentos eficazes.

Autonomia dos diálogos significará então que eles não podem em nenhum caso ser concebidos como capítulos de um tratado filosófico cujos resultados se depositam no texto de modo cumulativo; consequentemente, em princípio nenhum diálogo deveria ser interpretado a partir das aquisições de um outro diálogo, ou nele serem interpoladas as conclusões deste. Um exemplo bastará para esclarecer o sentido dessa autonomia. A *República* e o *Banquete* não fazem nenhuma menção à reminiscência como via de acesso ao conhecimento das ideias; ao contrário, ela é central nos argumentos do *Fédon* e do *Mênon*. Ora, sustentar a partir disso que a reminiscência *deve* ser implicitamente admitida também nos dois primeiros diálogos, visto que se encontra presente nos dois últimos, parece de todo inaceitável. A divergência platônica deverá ser interpretada, mas não brutalmente anulada atribuindo-se uma supremacia sem razão de ser de um diálogo sobre o outro, ou supondo-se uma acumulação doutrinária inexistente.

Por sua vez, autonomia dos personagens significa avaliar de modo atento as razões que Platão lhes atribui, de algum modo talvez inspiradas por suas posições históricas, em outros puro fruto da criatividade filosófica do autor. Um exemplo será suficiente também a esse respeito. Os intérpretes que se apressam em exultar com a refutação de Trasímaco feita no livro I da *República* (aliás, falida), bem dificilmente conseguirão compreender a profundidade e a força das teses do sofista, que indica no poder a fonte primária da legitimação e, portanto, da própria justiça; tese que certamente não pertence ao Trasímaco histórico, mas que Platão acreditou atribuir-lhe – criando, assim, um personagem que exerce um papel crucial em todo o desenvolvimento teórico do diálogo.

Quando se trata de Platão, contudo, nenhum critério metodológico pode ser considerado definitivo e exclusivo. Buscando a compreensão do papel da escrita na filosofia platônica, pareceu-me necessário sair da angústia do dilema sim ou não, e escapar do efeito "gaiola de hamster" produzido pelo habitual ir e vir entre o *Fedro* e a *Carta VII*. Um exame transversal de todas as passagens em que Platão discute a escrita permitiu delinear um quadro mais rico e complexo do papel de modelo de um saber dos elementos à decisiva função *vicariante* que ela desempenha na ausência da voz do mestre, na filosofia, e do rei, na política. Nesse caso, portanto, uma violação do princípio da autonomia dos diálogos e personagens mostrou-se profícua, e nada impede que as duas abordagens possam interagir de modo frutuoso também em relação a outros problemas – sempre com a condição de haver consciência de se estar praticando uma anomalia metodológica.

3

Concluir que tudo isso se reduz, em última análise, na exigência de uma estrita e meticulosa fidelidade aos textos pode parecer algo um tanto asfixiante. Essa impressão deveria ser atenuada ao se considerar a pluralidade de níveis aos quais se deveria explicar a fidelidade aos textos. Há, em primeiro lugar, a interrogação semântica, com frequência descuidada nas últimas décadas. É bem conhecido o caso de *to agathon*, que significa originalmente, e socraticamente, "bem feito", "útil", "bom para…". É imediatamente visível como a tradução corrente por "o bem" aplainou o caminho para todo tipo de especulação metafísica

INTRODUÇÃO

(o Bem é o Uno, o Ser, e assim por diante). Não há dúvida de que o livro VI da *República*, com suas vertiginosas elaborações teóricas sobre *to agathon* possa ser evocado para justificar essas especulações; mas é igualmente certo que isso seja, por sua vez, interpretado sem se esquecer do valor semântico originário do termo, que contribui para qualificar a supremacia ontológica e epistemológica do "bom" como legitimação e fundamento do poder justo e como garantia de felicidade coletiva.

Há, todavia, caos menos evidentes, e por isso talvez ainda mais significativos. Que a primeira palavra da *República* seja o verbo *katabainein* não pode não aludir, por trás da descida de Sócrates ao Pireu, a uma descida bem presente na cultura arcaica dos gregos, especialmente a *katabasis* ao mundo dos infernos, no qual o futuro sábio recebe suas revelações veritativas; o novo sábio, no novo mundo do porto, amadurecerá então uma iniciação que conserva uma descendência ao menos alusiva em relação àquelas arcaicas, mas os conteúdos serão radicalmente novos – os da política e da justiça no mundo da *polis*.

Outro exemplo me vem à mente de modo particular. No livro IX da *República* Platão escreve que "no céu" está um paradigma da cidade justa, o traçado nos discursos filosóficos; quem quiser contemplá-lo, com base nisso pode *heauton katoikizein*. A tradução *standard*, que remonta ao reconhecido Adam, significa "refundar a si mesmo", "fundar uma cidade em si mesmo". Eis, portanto, sancionado o abandono da exterioridade política e a passagem à moral pessoal em relação à qual todo o discurso político tem, no máximo, um valor metafórico ou protréptico.

Ocorre, contudo, que em grego, e em Platão, *katoikizein* + acusativo nunca tem esse valor. O sintagma significa antes, como creio ter amplamente demonstrado, "estabelecer alguém em algum lugar", "transferir de um lugar a outro" (dito tipicamente para o estabelecimento de colônias). Não se trata, portanto, da passagem da exterioridade política à interioridade da alma, mas de deslocamento das finalidades da ação política (onde ela for possível): da cidade histórica, na qual o filósofo não agirá de fato, ao horizonte da cidade utópica, a cuja criação ele dedicará suas energias. Tudo isso é compreendido naturalmente no quadro do problema da natureza da utopia platônica; em todo caso, a investigação semântica é aqui indispensável para remover um obstáculo tradicional para a solução daquele problema.

A fidelidade aos textos naturalmente tem outros aspectos, além daqueles linguísticos. É necessário sobretudo sublinhar a exigência de *não integrar os textos*, suprindo aquilo que não dizem, e de *não corrigir ou ignorar* o que, ao contrário, dizem explicitamente; trata-se antes, no primeiro caso, de interpretar as razões dos silêncios e omissões (logo darei um exemplo disso), no segundo, de interpretar teses talvez inaceitáveis para o leitor (não é necessário que o estudioso de Platão deva compartilhar tudo aquilo que Platão diz: essa identificação patológica é o princípio e a razão de tantas vezes se forçar os textos fazendo com que digam o que gostaríamos que dissessem para podermos estar de acordo. *Amicus Plato*...).

Sem intenções polêmicas, gostaria de dar um exemplo de um tipo de raciocínio, um tanto difuso, que combina integrações e seleções aos textos; um raciocínio que tem consequências importantes para a interpretação global do pensamento de Platão. Isso se articula mais ou menos assim. 1. A cidade justa (*kallipolis*) somente é possível graças a um governo de uma elite que conhece as ideias e o bom, isto é, o sistema de normas universais que devem reger a vida individual e coletiva (*República* V-VI). 2. Mas tal elite não pode existir porque nenhum homem durante sua vida terrena pode atingir o conhecimento das ideias, já que isso é impedido pela corporeidade. Esse conhecimento é possível somente na vida supraterrena da alma (*Fédon*). Por isso, em outros termos, não existem sábios, mas apenas filósofos, que amam a sabedoria sem possuí-la. 3. Portanto, a realização da *kallipolis* é impossível no mundo histórico, que não poderá não se limitar a uma certa tensão para ela. Se a premissa 2 deriva da interpretação *standard* do *Fédon*, hoje muito discutida, não há nenhum traço da conclusão 3 na *República*, e tanto o *Político* quanto as *Leis* aduzem razões totalmente diferentes para a impossibilidade da *politeia* perfeita. O argumento parece, portanto, adicionar aos textos platônicos uma prótese que lhes é estranha, e que parece inaceitável.

De acordo com as diretrizes da investigação nos ensaios contidos neste volume, a questão da utopia parece, ao contrário, colocar-se – segundo os textos – nestes termos. 1. Um desenho utópico que não indique as próprias condições de possibilidade é digno do ridículo, como os sonhos do país de Cocanha. Ao mesmo tempo, qualquer realização do projeto será inevitavelmente imperfeita e apenas aproximada ao modelo ideal. 2. A condição de possibilidade consiste em uma mudança no vértice do poder que contemple a unificação de poder político e filosofia; em outras palavras, o acesso direto ao governo por parte dos filósofos, ou a conversão à filosofia de um detentor do poder (*dynastes*). Filosofia significa o conhecimento (que pode perfeitamente ser obtido *in vita*) do horizonte normativo das ideias, poder político com a disponibilidade dos meios para transformar a vida pública segundo sua perspectiva. 3. Essa condição é

INTRODUÇÃO

difícil por causa da carência de filósofos autênticos e de governantes disponíveis para a filosofia; mas não impossível. Que uns e outros possam ser encontrados, e somem suas energias, depende de uma "sorte divina", uma conjuntura excepcionalmente afortunada da qual não são previsíveis lugares e tempos. 4. Além disso, se o filósofo agirá politicamente na cidade histórica, o fará apenas em vista da realização daquela ideal, e para que essa ação seja possível são necessárias circunstâncias extraordinariamente favoráveis.

Até aqui, mas não além, levam-nos de modo explícito os textos da *República*. Esse diálogo não diz mais, como não diz – após a sequência degenerativa que vê seguir da timocracia, oligarquia, democracia e tirania – o que ocorre depois do execrável poder do tirano. Desses textos pode-se apenas chegar à conclusão de que o advento da *kallipolis* não é impossível, mas não pertence ao curso "normal" da história, e permanece um ponto de referência para qualquer eventual reforma ético-política. Todavia, o ensinamento sobre o *dynastes*, ou sobre um filho seu, disponíveis para se converterem à filosofia (ou para seguir o ensinamento dos filósofos), já bem presente na *República*, sugere a possibilidade de integrar seus silêncios com outros textos. Trata-se do livro IV das *Leis* e da *Carta VII*, que são livres de explicitar aquilo que na "ateniense", portanto tiranofóbica, *República* não poderia ser dito.

5. A figura historicamente indefinida do *dynastes* é agora transformada naquela bem mais identificável do *tirano*. O tirano é dotado de poder absoluto, portanto do máximo de rapidez de decisão e eficácia política; ninguém melhor que um "bom tirano", disposto a seguir as indicações do legislador-filósofo, pode garantir a transformação da vida social. É certo que, para tal tirano reaparecer na cena histórica, é preciso, ainda uma vez, "sorte divina"; justamente aquela boa sorte que, segundo a *Carta VII*, teria marcado o aparecimento (decepcionante) de Dionísio, o jovem, na cena da tirania de Siracusa. Dessa esperança Platão teria sido induzido a tentar suas intervenções diretas na política siracusana.

Esse último passo, da teoria à ação política, pertence mais às urgências psicológicas de Platão do que à teoria (ainda que o nexo não seja certamente casual). Mas a projeção da viabilidade do projeto utópico nas figuras de um filósofo-tirano, ou de um tirano-filósofo, ou da colaboração entre filósofo e tirano, é justificada no plano da teoria do caráter estrangeiro do modelo utópico ao curso ordinário da história, ao seu caráter "revolucionário" em sentido estrito.

4

Será possível ser mais breve acerca das outras duas grandes questões tratadas pelos ensaios deste volume, a da ideia do bom e a da verdade. 1. O problema da ideia do bom se coloca no livro VI da *República* porque ela não é considerada apenas causa do serem boas (isto é, vantajosas e úteis para uma vida boa) de ideias e de coisas, mas também de conhecimento e verdade (isso pode ainda ser explicado porque a ideia do bom, tornando boa, isto é, desejável, a verdade, ativa a intencionalidade cognitiva), e sobretudo de "ser e essência" (*einai/ousia*) para as ideias. A ideia do bom transmite, assim, propriedades que não fazem parte de sua essência. 2. Além disso, a ideia do bom *não* é essência, mas sim superior ao ser e à *ousia* por eficácia ou potência (*dynamis*). Isso significa que a ideia do bom é cognoscível como as outras ideias (definição de essência), mas pode ser compreendida a partir de seus efeitos (não o que é, mas o que faz). 3. Tudo isso coloca difíceis problemas de ordem tanto ontológica (a colocação da ideia do bom como externa ou interna ao ser), quanto epistemológica (sua cognoscibilidade, que constitui o limite extremo do projeto da dialética). 4. É preciso ter presente que esse extremo caráter excedente da ideia do bom é teorizada apenas na *República*. Ela será, portanto, em primeiro lugar interpretada em vista das exigências primariamente ético-políticas do diálogo. 5. Isso pode explicar o fato de que a ideia do bom seja a causa do ser e da essência das outras ideias. Considerando-se que as ideias existem como *normas*, a dependência do bom fundará o papel normativo das ideias em relação à boa ordem da vida pública e privada, como o livro VI reitera muitas vezes. O conhecimento das ideias garantirá, além disso, o direito/dever dos filósofos de governar, porque em sua base normativa somente eles podem reformar a constituição da *polis*. 6. O caráter excedente da ideia do bom tanto a respeito da verdade quanto do ser (do qual é causa) comporta, em suma – como é requerido no contexto do diálogo sobre a *politeia* – a proeminência do vértice ético sobre o epistemológico e o ontológico do triângulo constitutivo da filosofia platônica (em outros contextos, o primado será, ao contrário, detido pelo vértice ontológico, como no *Sofista*, ou pelo epistemológico, como no *Teeteto*). 7. Após a *República*, Platão adotou estratégias diversas em relação à ideia do bom (abandonada mesmo em diálogos políticos como o *Político* e as *Leis*, profundamente redimensionada no *Filebo*), mas certamente a discussão sobre problemas suscitados na *República* é continuada em âmbito acadêmico, sobretudo com a identificação bom-uno como princípio de ordem do mundo.

Introdução

A questão da verdade, e da possibilidade de aceder a ela, é considerada como pano de fundo do conjunto dos diálogos. Os traços emergentes podem ser assim esquematizados. 1. A verdade – ou seja, essencialmente o conhecimento das ideias e das relações entre elas e com o mundo empírico – é, em princípio, alcançável durante a vida terrena (não obstante algumas afirmações contrárias do *Fédon*, que por isso serão interpretadas). No início do livro VI da *República* Platão define como semelhantes aos cegos aqueles que "são privados do conhecimento daquilo que é, que não têm na alma nenhum modelo claro e não podem [...] dirigir o olhar para aquilo que é mais verdadeiro"; a eles é contraposto o conhecimento daqueles (os filósofos) que estão em condições de ver o modelo ideal "de modo a instituir também aqui as normas em torno das coisas belas e justas e boas": a eles será, portanto, confiada a condução da *polis*. É também possível, embora mais difícil, adquirir o conhecimento excepcional das sumas ideias como o bom (*República*) e o belo (*Banquete*); é difícil dizer a esse respeito que se trate de um conhecimento discursivo-proposicional ou intuitivo extralinguístico. 2. Não é, contudo, possível adquirir um sistema fechado e completo da verdade, à maneira dos neoplatônicos (por isso os filósofos permanecem como tais, ou seja, amantes do saber, mas não sábios que o possuem de modo completo). Não o é em princípio, pois a verdade pode ser alcançada apenas na interação dialógico-dialética, que procede por hipóteses, refutações, novas hipóteses, até chegar a teses que podem ser consideradas irrefutáveis e compartilhadas. Essas "verdades" são inevitavelmente parciais, ligadas aos problemas, aos personagens, aos pontos de vista adotados de quando em quando na interação dialógica. Segmentos de verdade, portanto, também da máxima importância, mas sempre dependentes do contexto dialógico no qual tomam forma (pense-se na configuração diversa da ideia do bom na *República* e no *Filebo*). 3. Justamente por isso, Platão parece interessado em construir, mais que elaborações teoremáticas conclusas, procedimentos de aproximação da verdade, dispositivos para a produção de enunciados verdadeiros. Pense-se, por exemplo, no procedimento abstrativo-idealizante da dialética na *República*, com sua forte interação com os saberes matemáticos, no método dairético do *Fedro*, no grande desenho dicotômico do *Sofista*. 4. Em suma, pode-se construir projetos e regimes de verdade, em condição de dar respostas objetivamente verdadeiras aos problemas do conhecimento e da práxis ético-política. O modo como essas respostas são geradas produz segmentos parciais de verdade – epistemológica e eticamente decisivos – que têm um horizonte intencional de integração cognitiva. Esse horizonte não parece saturável – de modo a chegar a um sistema de verdades fechado e definitivo – justamente em razão da natureza local e parcial dos projetos de verdade buscados, que não se configuram como um procedimento derivativo e teoremático.

Advertência: Quando não especificado de outro modo, as traduções dos textos em língua original devem ser entendidas como sendo do autor[1].

---

1. Quando não indicado diversamente, as traduções em português da língua original dos textos citados na presente edição foram feitas a partir da tradução italiana do autor. (N. do E.)

parte um

Controvérsias

CAPÍTULO PRIMEIRO

Crônicas platônicas[1]

1

A situação atual no campo dos estudos platônicos provavelmente não tem paralelos, e ademais bem poucos precedentes, nos outros setores da pesquisa historiográfica. Ela recorda mais a *diaphonia* entre as antigas seitas filosóficas rivais, aquela *diaphonia* que introduzia os céticos na suspensão do juízo e no reconhecimento da indecidibilidade dos conflitos teóricos.

Confrontam-se duas tendências, portadoras de estilos de trabalho radicalmente distintos. Há, de um lado, uma espécie de "maioria silenciosa" de estudiosos que exploram problemas locais da interpretação platônica: das questões epistemológicas às éticas, ao que se acrescenta um interesse crescente pela estrutura lógica, argumentativa e também retórico-estilística de cada diálogo. Entre esses estudiosos reina uma compreensível hesitação em relação a qualquer tentativa de interpretação sintética e panorâmica do pensamento platônico: há décadas, com efeito, não surgem mais monografias de conjunto sobre Platão elaboradas no âmbito desse campo de pesquisa. E há, de outro lado, a aguerrida minoria à frente da escola de Tübingen e da Universidade Católica de Milão: essa tendência propôs e desenvolveu um paradigma de interpretação platônica coerente e compacto, primeiramente formulado em volumosas obras sistemáticas, depois

---

1. Esse capítulo foi originalmente publicado em *Rivista di filosofia*, v. 85 (1994) 109-129.

pacientemente conjugado em uma série de pesquisas parciais, mas solidamente vinculadas àquele paradigma[2]. O aspecto mais singular dessa situação consiste na escassa permeabilidade entre as duas posições. É difícil para os intérpretes não sistemáticos empregar os resultados ricos, mas exegeticamente prejudicados, produzidos por seus rivais (por exemplo, a "estrutura de socorro" que Thomas Szlezák destacou é certamente um instrumento útil para interpretar a dinâmica interna dos diálogos e a relação fundacional que diálogos diversos podem conter, mas para fazer isso é preciso, por assim dizer, esterilizar o sentido sistemático daquela estrutura segundo Szlezák, que a faz culminar no ensinamento oral dos princípios absolutos). De outro lado, os problemas investigados pelos intérpretes não sistemáticos parecem aos outros como privados de interesse, pois eles lhes parecem já resolvidos de modo um tanto satisfatório a ponto de sequer haver problemas (esse é o caso, para dar um exemplo ilustre, da ideia do bem na *República*, sobre a qual retornarei mais adiante).

Cada vez mais raras são também as tentativas de mediação como as tentadas tempos atrás por Enrico Berti e mais recentemente por Rafael Ferber (que reconhece a existência de doutrinas não escritas em Platão, mas nega seu caráter mais essencial, o do fechamento sistemático)[3]. Por isso o confronto polêmico é escasso (após alguns memoráveis embates, como o entre Wolfgang Wieland e Hans J. Krämer)[4]: com exceção da estrita refutação crítica da interpretação sistemática conduzida por Margherita Isnardi Parente[5].

---

2. Para não sobrecarregar esta nota com referências bibliográficas excessivas, remeto, para todos os problemas, às extensas bibliografias contidas em WIPPERN, J. (ed.), *Das Problem der ungeschriebenen Lehre Platons*, Darmstadt, 1972; KRÄMER, H. J., *Platone e i fondamenti della metafisica*, Milano, 1982 (com uma coleção de testemunhos diretos e indiretos); REALE, G., *Per una nuova interpretazione di Platone*, Milano, 1984 (^{10}1991; [trad. bras.: *Para uma nova interpretação de Platão*, São Paulo, Loyola, 2021 (N. do T.)]). Cf. também o importante ensaio de FRANCO REPELLINI, F., Gli agrapha dogmata di Platone, 51-84.

3. Acerca da posição de E. Berti, que situa a doutrina da escrita no período tardio do pensamento platônico, e não vê nenhum traço de uma teoria dualista na *República*, remeto-me a BERTI, E., Strategie di interpretazione dei filosofi antichi. Platone e Aristotele, *Elenchos*, v. 10 (1989) 289-315. Sobre R. Ferber, ver, além do importante *Platos Idee des Guten*, Sankt Augustin, 1984 (^{2}1989), *Die Unwissenheit des Philosophen, oder, Warum hat Plato die "ungeschriebene Lehre" nicht geschrieben?*, Sankt Augustin, 1991.

4. As críticas de W. Wieland estão na introdução de *Platon und die formen des wissens*, Göttingen, 1982. A resposta de Krämer é encontrada em *Platone, op. cit.*, 323ss.

5. Entre as várias intervenções de M. Isnardi Parente, limito-me a referir-me a Il problema della "dottrina non scritta" di Platone, *La parola del passato*, v. 226 (1986) 5-30, e a Platone e il discorso scritto, *Rivista di Storia della Filosofia*, v. 46 (1991) 437-461.

Essa situação de relativa incomunicabilidade reflete-se também nos manuais escolásticos: em suas edições mais recentes, a uma exposição mais ou menos tradicional do pensamento platônico segue-se, com frequência com um certo impacto, um parágrafo dedicado às assim chamadas "doutrinas não escritas" (cuja aceitação plena imporia uma completa reformulação do capítulo platônico, como ocorre de fato para os textos de Giovanni Reale). Trata-se de um embaraço não apenas italiano, como atesta, por exemplo, o amplo e recente manual em língua francesa de Lambros Couloubaritsis[6].

Nessa situação, pode ser de alguma utilidade e de algum interesse, sobretudo para os estudiosos, que, embora não sendo especialistas nas polêmicas platônicas, não desejam ignorar de todo o que ocorre nesses territórios da pesquisa, a tentativa de traçar um mapa sumário – crítico, mas não polêmico – das posições em que se colocou a escola de Tübingen-Milão. E talvez o modo mais ágil e perspicaz de fazê-lo seja o de considerar essas posições como um sistema teórico completo, ou – seguindo, aliás, as indicações muitas vezes retomadas por Reale – como um paradigma hermenêutico tomado no sentido da epistemologia kuhniana.

Trata-se, então, de circunscrever brevemente a história que conduziu à formação do paradigma, os problemas que ele tentou resolver, sua estrutura teórica, a "metafísica influente"? Além disso, é preciso estabelecer o que os move, sua dimensão pragmática, e, enfim, os paradoxos que devem ser abordados. Por último, tudo isso poderá ser posto à prova em um *case history* mais significativo, aquele, como já foi acentuado, da ideia do bem na *República*.

2

A história, portanto. Os estudiosos da escola de Tübingen indicam, em geral, como seu antecedente mais direto, o livro de Julius Stenzel, *Zahl und Gestalt bei Platon und Aristoteles* [*Número e forma em Platão e Aristóteles*] (1924), no qual se abordava sistematicamente pela primeira vez a questão dos testemunhos aristotélicos a respeito da doutrina acadêmica das ideias-números e de seus pressupostos platônicos (ao de Stenzel os estudiosos franceses e italianos gostam de somar os livros similares de Léon Robin, de 1908, e de Marino Gentile, de

---

6. COULOUBARITSIS, L., *Aux origines de la philosophie européenne*, Bruxelas, 1992 (Às doutrinas orais são dedicadas as páginas 190-192; a Platão, 177-334).

1930). Com efeito, os problemas da ontologia matemática constituem o núcleo da obra fundamental de Konrad Gaiser, *Platons ungeschriebene Lehre* [*As doutrinas não-escritas de Platão*], publicada em 1963. Mas no que diz respeito à interpretação metafísico-sistemática desenvolvida em particular por Krämer, que aqui sobretudo nos interessa também porque é a que na Itália recebeu a maior atenção por parte do grupo de Milão, pode-se provavelmente indicar um outro antecedente stenzeliano, que aliás precedia a obra sobre as ideias-número: trata-se dos *Studien zur Entwicklung der platonischen Dialektik von Sokrates zu Aristoteles*, de 1917. Nessa obra, na qual aparecia o claro contorno do neokantismo de Natorp, Stenzel identificava no último Platão um sistema das ideias com uma estrutura piramidal, do gênero supremo do ser até as ideias singulares e indivisíveis: uma via, portanto, para a interpretação sistemática de Platão fundada em uma teoria ontológica dos princípios. É o caso de aqui destacar que Stenzel apoiava essa sua ideia naquela que se pode tranquilamente considerar uma leitura imprópria do *Sofista*. Ele, com efeito, escrevia que Platão usava a "*diairesis* para garantir uma cadeia ininterrupta que conduz do Ser generalíssimo à 'ideia atômica'"[7]. Mas em Platão não há, nem pode haver, uma dicotomia que parte do ser: como gênero máximo, ele não é suscetível de divisão como o são as ideias complexas (por exemplo, "animal"), do mesmo modo que não são suscetíveis de divisão os outros gêneros supremos, a diferença, a identidade, o repouso, o movimento (divisões que partem do ser foram, com efeito, propostas no âmbito do neoplatonismo, que traduzia o ser categorial de Platão no conteúdo ontológico da totalidade dos entes).

Como quer que seja, Stenzel está na origem da história remota, e declarada, da interpretação tübingiana. Mas há talvez um outro filão, mais próximo e menos óbvio, que estimulou sua formação. Refiro-me aos esforços de interpretação metafísico-sistemática do pensamento de Aristóteles realizados de diversos modos por Joseph Owens em 1951 e por Philip Merlan em 1953 (depois seguidos por outros autores, como Reale, em 1961, e Klaus Oehler em 1967)[8]. O essencial dessa interpretação consistia em atribuir a Aristóteles uma ontologia derivativa, ou seja, um desenvolvimento contínuo do ser a partir do princípio teológico até os entes naturais: desse modo, Aristóteles podia ser inserido de

---

7. Cf. STENZEL, J., *Plato's method of dialectic*, D. J. Allan (ed.), New York, 1964, 135-136.
8. Discuti essas interpretações em Tre tesi sull'unità della *Metafisica* aristotelica, *Rivista di Filosofia*, v. 61 (1970) 345-383. Sobre Merlan, ver em particular CAMBIANO, G., Merlan. Filologia e filosofia, *Rivista di Filosofia*, v. 69 (1978) 89-98.

modo conveniente em uma linha que, para citar o título do importante livro de Merlan, ia "do platonismo ao neoplatonismo"[9]. Os textos aristotélicos opunham certamente uma forte resistência a essa redução metafísico-ontológica; todavia, eram por assim dizer predispostos a uma interpretação sistemática por obra de uma tradição escolástica secular, sempre com muita autoridade sobretudo em ambiente católico. Além disso, o programa de Merlan apresentava uma vistosa fraqueza justamente no princípio da cadeia metafísica proposta. Se era possível fazê-la remontar do neoplatonismo a Aristóteles, antes dele parecia que se deveria limitar a uma incerta "metafísica acadêmica" ligada a Xenócrates e Espeusipo; mas os textos platônicos, e suas leituras dominantes até os anos de 1960, pareciam irredutíveis a uma colocação metafísico-sistemática que os pusesse, como deveria ser, no início daquela cadeia, e no lugar de seu fundamento. Não me parece inadequado formular a hipótese de que a obra inaugural da escola de Tübingen, a krämeriana *Areté bei Platon und Aristoteles. Zum Wesen und zur Geschichte der platonischen Ontologie* [*Areté em Platão e Aristóteles. Sobre a essência e a história da ontologia platônica*], de 1959, visasse justamente preencher essa lacuna; uma vez tendo relido Platão à luz das novas instâncias metafísico-sistemáticas, Krämer podia, poucos anos depois, refazer com toda segurança o caminho que conduzia de Platão a Plotino, passando pela Academia e Aristóteles, e o fazia no grande livro *Der Ursprung der Geistmetaphysik. Untersuchungen zur Geschichte des Platonismus zwischen Platon und Plotin* [*As origens da metafísica do Espírito. Investigações sobre a história do platonismo entre Platão e Plotino*], de 1964 (tendo nesse ínterim encontrado o apoio oferecido por Gaiser em seu *Platons ungeschriebene Lehre*, uma obra destinada a permanecer mais isolada nos desenvolvimentos da interpretação tübingiana por causa de seus interesses mais matemáticos que metafísico-ontológicos).

Abriam-se, assim, no início dos anos de 1960, duas controvérsias paralelas, mas escassamente interativas: aquela sobre a interpretação de Aristóteles, que via contrapostos os estudiosos não sistemáticos como Wieland, Düring, Owen, aos velhos sistemáticos neoescolásticos e aos novos sistemáticos neoplatonizantes; e a platônica, na qual não estava tanto em questão a leitura dos textos conhecidos, mas a aceitação ou a recusa de um Platão totalmente novo, o das doutrinas não escritas.

---

9. Deste modo, reproduz-se sempre de novo aquela marginalização dos sistemas helenísticos da linha mestra da tradição greco-ocidental, típica de grande parte da filosofia alemã, como muito bem o mostra CAMBIANO, G., *Il ritorno degli antichi*, Roma-Bari, 1988.

3

Se essa é sumariamente a história da interpretação do paradigma tübingiano, trata-se agora de entender quais problemas tradicionais a nova teoria se propunha resolver de um modo mais satisfatório que os até então experimentados. Há, naturalmente, em primeiro lugar, alguns célebres textos platônicos. No *Fedro* (274b-278c) Platão nega que a escrita possa substituir, na transmissão da verdade filosófica, o "discurso vivente e animado", aquele diretamente implícito nas almas; o discurso escrito não está em condições de "ajudar" (isto é, de fundar e justificar) a si mesmo, e quem conduz a investigação filosófica seriamente nunca aceitará confiar a ele, mas à comunicação direta entre as almas, "as coisas mais importantes" (*timiotera*) que elaborou. Essas coisas são endereçadas a quem está em condições de compreendê-las, por natureza e educação, enquanto a escrita é estruturalmente incapaz de selecionar seus destinatários.

A esse texto é relacionado uma passagem da *Carta VII* (cuja autenticidade, já sustentada por Stenzel, os intérpretes esotéricos-sistemáticos naturalmente aceitam). Aqui, Platão, desconhecendo um compêndio de suas doutrinas escrito pelo tirano siracusano Dionísio, afirma que sobre os conteúdos sérios de seu pensamento não existe nem nunca existirá um escrito (*syngramma*) seu: trata-se de conhecimentos que não são de modo algum "exprimíveis" (*rheton*) como os outros, mas podem ser comunicados aos poucos que disso são dignos apenas no contexto de uma vida e de uma investigação em comum, de uma "fricção entre as almas" na qual subitamente se acende a luz da verdade (340b-341e).

Em torno desses dois textos podem ser elencados alguns outros, que parecem igualmente remeter a uma dimensão não escrita e, todavia, fundamental do pensamento e do ensinamento de Platão. Contudo, bastará aqui chamar a atenção para um par de quebra-cabeças, de cuja solução depende a possibilidade de uma interpretação oralista e esotérica dos testemunhos do *Fedro* e da *Carta VII*. Trata-se dos controversos termos *syngramma* e *rheton*.

Se ao primeiro é conferido o sentido de "tratado" (Isnardi Parente), então a crítica de Platão à escrita não envolve os diálogos, que são mimeses da escrita do encontro entre as almas e não exposições monológicas de doutrinas. Se, ao contrário, *syngramma* é tomado como texto escrito em geral (Szlezák), então a crítica envolve também os diálogos, cuja relevância filosófica é, portanto, reduzida em favor de uma comunicação não escrita da teoria platônica. Quanto a *rheton*, o problema nasce de sua colocação no contexto. Platão afirma que a teoria filosófica não é exprimível como o são os outros *mathemata*: isso significa, segundo a interpretação oralista-esotérica, que, diversamente de outros saberes, o saber filosófico pode ser comunicado, em seus níveis mais elevados, apenas pela viva voz do mestre. Mas se pode observar que o Platão do *Fedro* sustenta amplamente que sequer a retórica e a medicina podem ser aprendidas apenas pelos livros (266d-268c), e que é também necessária uma experiência pessoal, direta, "viva" da prática dessas disciplinas. A diferença entre a filosofia e os outros saberes não consistirá então no fato de que o caráter intuitivo dos fundamentos da filosofia não exclui a possibilidade de expressão linguística em geral, tanto escrita quanto oral?[10]

À parte tais dúvidas, permanece verdadeiro que a crítica platônica à escrita põe o problema do estatuto dos diálogos em relação à comunicação das verdades filosóficas supremas: um problema que o paradigma tübingiano acredita poder resolver de modo mais satisfatório atribuindo a Platão uma atividade de ensino oral, esotérico no sentido em que é endereçado a poucos alunos selecionados com base em suas qualidades intelectuais e morais. Tal forma de ensinamento oral de Platão é atestada pela tradição como sua célebre lição sobre o bem: mas nisso não há nada de surpreendente, pois qualquer professor alia lições orais a seus textos escritos, além do que se tratava de uma conferência pública. O esoterismo significa, ao contrário, uma divisão de campos: os diálogos teriam desenvolvido uma função protréptica à filosofia, em particular no campo ético-político (assim pode ser explicada, por exemplo, a explícita exortação de Platão a se transcrever os bons diálogos sobre as leis em *Leis* VII 811e); os princípios maiores e fundadores do saber filosófico, ao contrário, teriam sido confiados a uma transmissão somente oral, que teria acompanhado todo o curso do pensamento platônico e não somente sua última fase, como Robin sustentava seguido por muitos intérpretes.

Um segundo grupo de problemas – que têm a ver mais com os conteúdos teóricos do que com a forma do ensinamento platônico – é posto por alguns

---

10. Discuti alguns desses problemas em Dans l'ombre de Thoth. Dynamiques de l'écriture chez Platon, in: DETIENNE, M., (org.), *Les savoirs de l'écriture en Grece ancienne*, Lille, 1988, 387-419. A posição de T. A. Szlezák parece ter variado do ensaio The acquiring of philosophical knowledge according to Plato's Seventh Letter, in: BOWERSOCK, G. W.; BURKERT, W.; PUTNAM, M. C. J. (ed.), *Arktouros. Hellenic Studies Presented to B. M. Knox*, Berlin, 1979, 354-363 (em que ele admitiu o caráter extralinguístico do conhecimento filosófico supremo), às posições intransigentemente oralísticas, embora muito interessantes, de *Platon und die Schriftlichkeit der Philosophie*, Berlin, 1985, trad. it. G. Reale, com o título *Platone e la scrittura della filosofia*, Milano, 1988 [trad. bras.: *Platão e a escritura da filosofia*, São Paulo, Loyola, 2017 (N. do T.)].

testemunhos aristotélicos que parecem poder ser relacionados com certas passagens obscuras do próprio Platão. Viu-se que ele alude por vezes a uma ordem fundacional (a *boetheia*), presumivelmente constituída por aquelas noções de maior dignidade (*timiotera*) que o filósofo se recusa sabiamente a colocar por escrito. A natureza dessas noções é talvez acenada em uma passagem do *Timeu*[11]:

> do princípio, ou dos princípios que concernem a todas as coisas, ou mesmo o que se pensa a seu respeito, não se deve agora falar [*rheteon*], por nenhuma outra razão senão porque é difícil esclarecer que sobre isso pensamos segundo o presente método de abordagem (48c).

Na medida em que, segundo os intérpretes oralistas, não se trata aqui de uma relutância teórica por parte de Platão, mas de uma reserva esotérica, temos um aceno ao conteúdo esotérico: ele deveria tratar em particular de um ou mais "princípios" (*archai*) universais. Eis encontrado então o elemento de ligação com os célebres, mas enigmáticos, testemunhos aristotélicos. Em *Física* IV.2 Aristóteles menciona alguns problemas metafísicos que Platão havia tratado nas assim chamadas "doutrinas não escritas". Em *Metafísica* I.6, 987b, 18ss., Aristóteles escreve:

> Visto que as ideias são causas das outras coisas, Platão considerava que os elementos [*stoicheîa*] das ideias fossem os elementos de todos os entes. Do ponto de vista material, pensava que o grande e o pequeno fossem princípios, daquele essencial o uno: do grande e do pequeno, por participação no uno, constituem-se as ideias [e os números] (o texto é muito controverso: cf. o comentário de Viano *ad loc.*).

O Uno e a dupla grande/pequeno (posteriormente atestada também como "Díade indefinida") seriam, portanto, os princípios/elementos dos quais derivam as ideias e, mediante elas, os números e os entes. Como tratar esses testemunhos aristotélicos, e outros contidos sobretudo nos livros XIII e XIV da *Metafísica*, depois retomados pelos comentadores de Aristóteles já a partir de Teofrasto (*Met.*, 6b, 11ss.)?

A célebre tese de Harold Cherniss (1944, 1945) – que imputa a Aristóteles e talvez a seus companheiros acadêmicos uma radical incompreensão do

---

11. Veremos mais adiante uma expressão análoga acerca do bem na *República*.

pensamento platônico, exposto integralmente nos diálogos – é demasiado fraca segundo os intérpretes esotéricos. Temos aqui, ao contrário, um testemunho preciso de um sistema metafísico derivativo-gerador, contido no ensinamento não escrito de Platão, e, portanto, bem conhecido por um grande aluno como Aristóteles, que não possui mais motivo para ser contestada uma vez admitida a dimensão esotérica da filosofia platônica.

O paradigma tübingiano se mostra, assim, em condições de resolver com um só golpe dois quebra-cabeças tradicionais da interpretação de Platão: a crítica à escrita de um lado, os testemunhos aristotélicos de outro. Forma e conteúdo do ensinamento de Platão podem ser simultaneamente esclarecidos.

4

Neste ponto, todos os materiais necessários para a construção da teoria exegética estão disponíveis. Esoterismo e metafísica sistemática dos princípios implicam-se estritamente. Não há nenhum desenvolvimento do pensamento de Platão: ele sempre teve em mente o conjunto de seu sistema, como provam as remissões "fundacionais" encontráveis até nos primeiros diálogos, mas não o quis confiar à publicação dos diálogos escritos. É preciso notar que desse modo se pressupõe que os diálogos fossem "publicados", enquanto de fato não sabemos nada sobre o tipo de circulação dos diálogos nem sobre seu público. Por que Platão, em todo caso, teria recusado essa publicação? Os hermeneutas tübingianos e milaneses não pretendem atribuir a Platão um esoterismo de tipo pitagórico ou gnóstico (ainda que seja claro que essas sugestões permanecem implicitamente eficazes), mas suas respostas a propósito não são unívocas. A primeira, e mais fraca, é que Platão teria temido o ridículo inerente a doutrinas tão complexas, como atesta a derrisão dos ouvintes que teriam abandonado em massa a sala ouvindo dizer, na famosa lição sobre o bem, que este não consiste na riqueza ou na felicidade, mas no Uno. Todavia, Platão está perfeitamente consciente do ridículo ao qual se expõe quando preconiza, na *República*, o poder dos filósofos, a paridade das mulheres e sua nudez nas palestras; mas a certeza da derrisão pública não lhe impede de sustentar essas teses muito mais desconcertantes para o ateniense médio da metafísica dos princípios. A segunda resposta é que os ouvintes/leitores em geral não estão preparados, intelectual e moralmente, para receber as verdades filosóficas supremas: mas por que então o velho Platão teria dado uma aula pública sobre a identificação do bem com o

Uno? A terceira e mais eficaz resposta é que a escrita é incapaz de exprimir, em suas fórmulas estáticas, aquilo que assume seu sentido apenas no exercício dialético. Essa resposta é geralmente fundada no *Fedro*: pode-se apenas observar que a esse diálogo recebe o mesmo privilégio que Schleiermacher lhe havia conferido – o de arqui-inimigo do novo paradigma hermenêutico.

Como quer que seja, ao ensinamento oral-esotérico de Platão teria sido confiada sua metafísica sistemática. Em seu vértice estão dois princípios (*archai*): o Uno e a Díade indefinida.

O sistema derivativo que disso se gera consiste em uma dinâmica de pluralizações sucessivas induzidas pela ação do segundo sobre o primeiro princípio (segundo um modelo que é inequivocamente neoplatônico, à parte a duplicidade dos princípios, estranha ao neoplatonismo). A primeira geração é a das ideias-números, a segunda a das ideias, a terceira aquela dos entes matemáticos; sob eles está a pluralidade dos objetos físicos dispersos na distensão espaçotemporal. O processo do conhecimento consiste naturalmente em um movimento redutor, do múltiplo aos princípios, que percorre em sentido contrário ao derivativo. Como havia sido antecipado, o pensamento platônico encontra-se, assim, convenientemente colocado no princípio da linha que de Platão, mediante Aristóteles, conduz, enfim, sem barreiras, ao neoplatonismo.

Há, em minha opinião, dificuldades teóricas de compreensão desse sistema, além do problema de sua verossimilhança historiográfica: e se trata de dificuldades que derivam tanto da ambiguidade dos testemunhos aristotélicos sobre como isso ocorre, quanto – como veremos – das "metafísicas influentes" que operaram na construção do paradigma.

Indicarei sumariamente algumas. Como devem ser concebidos os "princípios" e em particular sua função geradora? Eles podem ser pensados como entes dotados de uma capacidade geradora ontológica que, como tais, permanecem separados e transcendentes em relação ao gerado. Mas nesse caso é difícil não os conceber respectivamente como uma divindade e uma antidivindade, atribuindo assim a Platão uma teologia de tipo neoplatônico ou antes gnóstico. Nesse caso, estabelecer-se-ia uma distância insuperável entre os princípios e qualquer gênero de entes. Ao contrário, pode-se insistir em sua presença nos entes como "elementos" de sua estrutura (como Aristóteles pareceria indicar identificando princípios e *stoicheîa*). Mas certamente eles não são "elementos" no sentido em que o são ar, água, terra e fogo, dos quais as coisas são compostas. Se trataria então de dimensões essenciais de qualquer ente singular, à maneira das "causas" aristotélicas (forma, matéria e assim por diante). Mas então a unificabilidade dos "princípios" seria somente de tipo analógico (como é aquela das causas), ou categorial (todo ente pode ser compreendido como conjunto uno e múltiplo). Entre essas duas concepções há um desvio teoricamente ingovernável, parecendo ser cumulado por uma terceira concepção dos princípios como "entes generalíssimos" à maneira do ser escolástico. Eles seriam em tal caso inclusivos dos outros entes, mas incluir não é gerar, e se pode incluir à maneira da extensão de um conceito ou de uma categoria, ou naquela de uma referência panorâmica segundo o modelo do ser aristotélico (muitas dificuldades da interpretação deste último se refletiriam então sobre os princípios platônicos), ou ainda à maneira de um contentor ontológico. Confesso que não consegui compreender com clareza para qual dessas soluções – cada uma, como é fácil ver, grávida de consequências teóricas mesmo contrastantes entre si – propendem os intérpretes sistemáticos; não se pode sequer excluir que tenha havido entre eles divergências e oscilações, contudo nunca tornadas explícitas.

Outros problemas dizem respeito ao estatuto da Díade. Mas deles se falará melhor discutindo a questão do bem.

5

Na obra inaugural do novo paradigma, a *Areté* de 1959, Krämer não tinha dúvidas ao indicar a referência filosófica de sua reinterpretação de Platão: tratava-se da ontologia heideggeriana. A abordagem do segundo Heidegger sobre os modos da comunicação filosófica havia provavelmente criado uma aura de simpatia também em relação ao esoterismo e sua transposição a Platão; mas a referência mais direta pode, sem dúvida, ser vista na *Doutrina platônica da verdade* e na função que ali era reconhecida ao bem, graças à qual "o *Seiende* é mantido e 'salvo' no ser"[12]. Assim, para Krämer, "todo ente, na medida em que é, é sempre ao mesmo tempo já bom e cognoscível. Todo ente, por outro lado, é na medida em que se aproxima do modo de ser do Uno, do fundamento"; a *Überseiendheit des Einen* mostrava-se, assim, para Krämer, como "o antigo *analogon* da 'diferença ontológica'" de Heidegger[13].

---

12. Cito de HEIDEGGER, M., *Segnavia*, trad. it. F. Volpi, Milano, 1987, 184.
13. As citações são de KRÄMER, H. J., Areté *bei Platon und Aristoteles*, Heidelberg, 1959, 555, nota 4; ID., Die platonische Akademie und das Problem einer systematischen Interpretation der Philosophie Platons, *Kant-studien*, v. 55 (1964) 86-87; ID., Epekeina tes ousias.

A referência a Heidegger no final dos anos de 1950 tinha certamente o valor de inserir a nova interpretação esotérico-metafísica de Platão no interior de um forte quadro filosófico, e também, por que não, de indicar sua colocação político-cultural. Isso, contudo, suscitava também implicitamente sérias dificuldades teóricas, das quais já discutimos alguns reflexos a propósito das aporias da doutrina dos princípios. No entanto, não está claro como a ontologia heideggeriana podia se conciliar com a duplicidade dos princípios supremos atribuídos à metafísica platônica. Mas sobretudo a aura heideggeriana envolvia uma clara tendência a reduzir o Uno ao ser, pouco compatível seja com os testemunhos aristotélicos seja com a releitura neoplatonizante de Platão, e mais próxima à metafísica aristotélico-escolástica (ainda que, como é bem sabido, o neoplatonismo fosse um dos protagonistas ocultos da filosofia heideggeriana).

Quer fosse por tais embaraços teóricos, quer em virtude daquilo a que um pouco pomposamente chama "o espírito mudado da época"[14], na obra de 1982 sobre *Platão e os fundamentos da metafísica* Krämer declarava a referência heideggeriana obsoleta e anunciava um novo interesse pelo neohegelianismo e pela filosofia analítica. Esse segundo campo é, com efeito, bastante estranho ao espírito esotérico-metafísico do novo paradigma: mas quanto ao primeiro não há dúvida de que a influência de Gadamer, com toda a sua autoridade no panorama cultural alemão, tenha se tornado cada vez mais perceptível.

O projeto explícito de Gadamer, no plano historiográfico, é de reconstruir a grande tradição da filosofia ocidental em torno do eixo Aristóteles-Hegel; isso envolve uma acentuada aristotelização de Platão, que requer, em primeiro lugar, uma decisiva redução do caráter transcendente do bem-Uno do modo como aparece na *República* e é confirmado pelo neoplatonismo. Nesse quadro, o *Filebo* (no qual "o ser, tanto o do bem quanto o de qualquer essência [...] se revela diretamente no ente") é chamado a assumir um papel central. Gadamer é cuidadoso em relação ao esoterismo das doutrinas não escritas (inclusive porque não facilmente manejável no interior de uma hermenêutica historiográfica da palavra escrita), mas está disposto a reconhecer a identidade do bem com o

---

Zu Platon *Politeia* 509b, *Archiv für Geschichte der Philosophie*, v. 51 (1969) 19. De Krämer, cf. também Uber den Zusammenhang von Prinzipienlehre und Dialektik bei Platon. Zur Definition des Dialektikers (*Politeia* 534b-c), *Philologus*, v. 110 (1966) 35-70. Este ensaio, tão importante quanto o anterior para a interpretação da ideia do bem na *República*, foi traduzido e apresentado por G. Reale com o título *Dialettica e definizione del Bene in Platone*, Milano, 1989.

14. KRÄMER, *Platone*, 320.

Uno como limite, medida, ordem do ente: garantia ao mesmo tempo ontológica, estética e de valor da ordem do mundo[15]. A influência gadameriana parece, portanto, jogar a favor da concepção elementar-categorial dos princípios, em detrimento daquela geradora-derivativa, e, portanto, alimentar a tensão teórica para a qual se acenava acima. De modo mais geral, parece claro que as recentes simpatias neohegelianas de Krämer aludem a uma colocação do novo paradigma no âmbito da "filosofia do espírito" mais do que naquele metafísico-ontológico do neoplatonismo, ou mesmo tendem a uma reinterpretação espiritualista deste último, não distante das posições de Beierwaltes[16].

Essas oscilações, entre uma concepção transcendente dos princípios de um lado e uma legitimação ontológica dos entes de outro, terão – como veremos – algumas consequências na dimensão pragmática do novo paradigma tübingiano-milanês. Mas a natureza mesma da doutrina dos princípios, como é tomada dos testemunhos indiretos, e sua aura neoplatônico-gnóstica continuam a prevalecer.

6

Muitas das dificuldades teóricas e historiográficas foram, por assim dizer, postas em surdina pelo enorme esforço realizado, especialmente na Itália, para a difusão e a hegemonia do novo paradigma: uma verdadeira "estratégia de apropriação"[17] da interpretação platônica que não economizou nem energias de pesquisa, nem investimentos editoriais, nem trabalho de propaganda, e à frente da qual agiu como um motor incansável Giovanni Reale. Reale parece ter traduzido a doutrina dos princípios atribuída a Platão na dimensão pragmática de uma ideologia "henológica", a que parece ter destinado o sentido do esforço do qual se falava. É o caso de citar algumas de suas palavras a esse respeito: "O homem de hoje tende a dividir tudo [...]. Não apenas no nível político (classes, partidos,

---

15. GADAMER, H. G., *Die Idee des Guten zwischen Plato und Aristoteles*, Heidelberg, 1978, trad. it. G. Moretto com o título de *Studi platonici 2*, Casale Monferrato, 1984, 151-261 (citação em 229-230; cf. 261) [trad. bras.: *A ideia do bem entre Platão e Aristóteles*, São Paulo, Martins Fontes, 2009 (N. do T.)].

16. Sobre W. Beierwaltes, cfr. o clássico *Platonismus und idealismus*, Frankfurt a. M., 1972, trad. it. de E. Marmiroli com o título *Platonismo ed idealismo*, Bolonha, 1987; e *Denken des Einen. Studien zur neuplatonischen Philosophie und ihrer Wirkungsgeschichte*, Frankfurt a. M., 1985, trad. it. M. L. Gatti com o título *Pensare l'Uno*, Milano, 1991.

17. A expressão é de BERTI, E., Strategie di interpretazione, 289.

correntes, etc.), mas também no nível ético: divisão da família com o divórcio, lutas entre os sexos (masculino e feminino), divisão entre pais e filhos, e assim por diante"[18]. A insistência platônica sobre a necessária unidade da *polis* é então interpretada como a consequência ética da metafísica do Uno, por sua vez novamente projetada na concepção organicista e integralista de uma comunidade social liberada dos pluralismos, diversidades e conflitos. Em epígrafe a seu *opus maius* sobre Platão, Reale citou o mote de Leibniz: "se alguém reduzisse Platão a sistema, faria um grande serviço ao gênero humano". Não conheço bem as posições do Comunhão e Libertação ou do Opus Dei para saber se esse "serviço" pode consistir em encontrar em Platão sua confirmação. Por outro lado, é claro que a acentuação "henológica" realizada por Reale no âmbito da doutrina dos princípios atribuída a Platão visa substituir, no âmbito do complexo arquipélago da "filosofia cristã", uma concepção platônico-neoplatônica pela tradicional metafísica aristotélico-tomista que havia dominado as universidades católicas de Louvain a Milão. O tolerante pluralismo da dialética aristotélica é, assim, substituído pelo esoterismo sistemático, a *analogia entis* pela referência unívoca ao princípio do Uno-bem. E, o que mais conta, a acentuação da positividade ético-ontológica do Uno impõe em contrapartida uma compreensão do princípio oposto, a Dualidade plural, como mal e não ser. Do ameaçador aparecimento desse dualismo gnosticizante diremos mais depois, discutindo problemas relativos à ideia do bem; mas é certo que a identificação da pluralidade com o mal pode comportar consequências pragmáticas de certo relevo. Nesse terreno, de resto, não parece que Gadamer (que se remete à "moderna consciência cristã e liberal") e o recente Krämer sigam as posições de Reale, preferindo antes se deterem na revalorização da ética aristotélica buscada pela "filosofia prática" de ambiente alemão[19].

7

Antes de chegar ao exemplo conclusivo, gostaria de deter-me brevemente em alguns paradoxos produzidos pelo novo paradigma, com sua dupla posição

---

18. REALE, G., L'henologia nella Repubblica di Platone. Suoi presupposti e sue conseguenze, in: MELCHIORRE, V. (ed.), *L'uno e i molti*, Milano, 1990, 113-153, aqui 152.
19. GADAMER, H. G., *L'anima alle soglie del pensiero nella filosofia greca*, Napoli, 1988, 64; sobre Krämer, cf. In quale misura la concezione aristotelica dell'etica è ancor oggi attuale? *Museum Patavinum*, v. 4 (1987), 235-249.

segundo a qual Platão possuiu uma doutrina sistemática dos princípios, o Uno e a Díade, e não a quis expor nos diálogos escritos. Esses paradoxos consistem na escrita platônica do não-escrito (e "não possível de ser escrito"). Em outros termos, existem nos diálogos platônicos experimentos teóricos muito similares à doutrina dos princípios; experimentos que, segundo muitos autores a partir de Cherniss, contêm, com efeito, tudo aquilo que Platão pôde pensar acerca dessa doutrina, que, consequentemente, não seria nem esotérica nem sistemática. Pode-se indicar um catálogo sumário. O *Filebo* (sobre o qual, como foi visto, Gadamer insiste) enuncia dois princípios/elementos estruturais dos entes, o limite (*peras*), dotado de valor também ético, e o ilimitado (*apeiron*), que não são muito distantes de uma das possíveis interpretações do Uno e da Díade indeterminada (fala-se, antes, explicitamente de uma derivação dos entes do Uno e do múltiplo, 16c). O *Sofista* discute uma teoria dos cinco gêneros supremos, o primeiro dos quais é o ser, e disso deriva uma concepção complexa tanto lógico-categorial quanto ontológica do mundo noético e dos enunciados que a ele se referem (daqui, como foi dito, partia Stenzel). O *Parmênides* discute, em todos os aspectos lógicos e ontológicos possíveis, a relação entre Uno e múltiplo, chegando a níveis de fato vertiginosos de rarefação teórica, o que parece difícil esperar de um escrito protréptico e de divulgação. A *República*, enfim, atribui à ideia do bem um papel gerador e valorativo em relação às outras ideias muito similar ao que as doutrinas não escritas referiram esotericamente ao Uno.

Muitos consideram, com boas razões, que esse conjunto teórico representa um dos vértices não apenas do pensamento de Platão, mas da tradição filosófica em geral, e que certamente ultrapassa os limites que o *Fedro* e a *Carta VII* atribuem à escrita. E é difícil resistir à impressão de que o trabalho conceitual que ali é produzido seja imensamente mais rico, também porque mais problemático, do que as fórmulas descarnadas às quais se pode reduzir a formulação das doutrinas não escritas. Mas, aos olhos do novo paradigma, esses e outros experimentos intelectuais de Platão sofrem de um duplo e imperdoável defeito. São confiados à escrita, portanto à circulação e à discussão pública; e não são sistemáticos: colocam, em suma, problemas e perguntas onde é muito mais confortante dispor de soluções e respostas, no mais controversas. A escola de Reale empenhou-se recentemente nesse difícil terreno, na dupla tentativa de "salvar os diálogos" por seu valor filosófico, e ao mesmo tempo mostrar seu caráter apenas problemático-preliminar em relação às respostas sistemáticas oferecidas pelas doutrinas não escritas. Assim, Maurizio Migliori define, por exemplo, o êxito, no âmbito desse programa, de sua leitura do *Parmênides*: trata-se de uma grandiosa reflexão filosófica que, em sentido técnico, nada demonstra, mas que não é de modo algum críptica ou inútil, porque oferece muitas e decisivas afirmações em negativo, várias importantes indicações historiográficas, alguns traços filosóficos que merecem desenvolvimentos ulteriores, trechos de discursos que lançam uma série de pontes para a Protologia, ainda que sua fundação seja sempre insuficiente e incompleta, como deve ser no escrito[20].

Não é difícil reconhecer em uma afirmação desse gênero a tendência a aplicar o "paradigma" mais que verificá-lo (a importância do *Parmênides* passa a depender somente de sua relação com a doutrina dos princípios que lhe é pressuposta), a reconhecer mais que compreender. Reconheça-se, de qualquer modo, a admirável tenacidade intelectual com a qual a escola de Reale persegue seu programa de confronto com esses difíceis textos platônicos.

8

Cheguemos em último lugar ao nosso exemplo, certamente ilustre: a questão da ideia do bem na *República*[21]. É sabido que ao introduzir a discussão, de vital importância porque se trata do *meghiston mathema* para os futuros governantes da *polis* filosófica, Platão formula uma reserva enigmática: "o que é o bem em si mesmo deixemos por ora de lado; parece-me superior ao nosso impulso atual acrescentar algo à opinião que tenho agora sobre ele"; ao invés de uma definição explícita, Sócrates empenha-se em fornecer uma descrição metafórica, centrada no sol (506d-e). Os intérpretes tradicionais têm visto nessa hesitação o sinal de um *impasse* teórico, provisório, como se poderia esperar, ou a indicação irônica da impossibilidade de princípio de definir o bem da mesma maneira que as outras ideias. Os hermeneutas esotérico-sistemáticos, ao contrário, não têm dúvidas de que enquanto escrevia essas linhas Platão *a)* sabia muito bem no que consistia a definição do bem, isto é, em sua identificação com o Uno, *b)* mas não o queria dizer pela conhecida inadequação da escrita para revelar a doutrina dos princípios. Trata-se, sem dúvida, de uma resposta forte, e à primeira vista mais convincente do que as tradicionais. Todavia, essa resposta implica a

---

20. Cf. MIGLIORI, M., *Dialettica e Verità*, Milano, 1990, 37.
21. Abordei o problema mais amplamente em L'idea del bene nella *Repubblica* di Platone, *Discipline filosofiche*, v. 1 (1993) 207-230.

redução de qualquer modo "violenta" das sucessivas dificuldades teóricas que o texto apresenta, e que dele fazem um lugar de extraordinário interesse filosófico. A primeira consiste no nexo entre posição epistêmica e estatuto ontológico do bem. Platão insiste em uma característica comum a esses dois aspectos: o bem é causa de conhecimento e verdade, mas é diverso de ambos e a eles superior em valor; o bem é origem do ser e da *ousia*, isto é, da existência e determinação essencial, mas é colocado além (*epekeina*) da *ousia* e é superior a ela em dignidade e potência (*dynamis*) (508e-509a).

O bem não pertence, portanto, à população do campo epistêmico (as ideias); porque não é *ousia*, não é suscetível por princípio de uma definição de essência, ou seja, o *logos tes ousias*. Tudo isso parece inequivocamente indicar a não-objetualidade do bem, sua colocação metaontológica que é também imediatamente metaepistêmica. Disso deriva uma dificuldade do conhecimento do bem que não tem nada a ver com os limites da escrita, mas que diz respeito a seu estatuto epistêmico-ontológico peculiar, que o diferencia das outras ideias e implica provavelmente uma forma diversa de cognoscibilidade[22], talvez intuitiva e extralinguística. Não é o caso de insistir sobre isso: mas é claro que a tradução imediata do bem no Uno faz justiça sumária e "górdio" desse nó problemático, tornando o princípio definível e sistematicamente manejável. Uma decisão a respeito envolve consequências relevantes. Ao se aceitar a não-objetualidade do bem, torna-se teoricamente ilegítima a pergunta sobre "o que é", devendo-se, então, levar a sério a "potência" que Platão lhe atribui perguntando-se mais "o que faz", quais são seus efeitos, a sua *Wirkung*. A tradução do bem no Uno implica, ao contrário, a desclassificação da linguagem da *República* para um estatuto mítico-metafórico, pré-conceitual, justamente pela natureza protréptica desse diálogo que seria então reinterpretado à luz da conceituação mais sóbria do *Filebo*, como quer Gadamer, ou das doutrinas não escritas, como preferem

---

22. Sobre o problema do reconhecimento do bem, é interessante apontar um pequeno mas significativo retoque do texto feito por R. Radice em sua tradução da *República* incluído no volume PLATONE, *Tutti gli scritti*, REALE, G. (ed.), Milano, 1991. Radice traduz 508e: "e uma vez que [a ideia do bem] é a causa do conhecimento e da verdade, considere-a cognoscível", o que pressupõe um acusativo *hôs gignôskomenên*. O texto de Burnet, que é seguido na tradução, traz, porém, o genitivo *hōs gignôskomenês*, que se refere a *aletheias* ("causa do conhecimento e da verdade como conhecida": cf. a tradução de Shorey "of truth in so far as known" [da verdade na medida em que é conhecida]). A correção do texto não é indicada por Radice e não parece justificada pelas variantes do aparato, mas sim pela preocupação de que Platão diga que a ideia de bem é positivamente cognoscível.

Krämer e Reale. A segunda consequência diz respeito ao modo de se entender a geração das ideias pelo bem (um paradoxo teórico em si mesmo, visto que as ideias são por definição entes ingênitos, ao qual Plotino teria dedicado um de seus maiores esforços conceituais). Nesse caso, têm-se um curioso efeito de quiasma: aqui os intérpretes esotérico-sistemáticos estão dispostos a tomar Platão ao pé da letra, concebendo o bem (entendido como Uno)[23] como um gerador ontológico posto no vértice de um sistema derivativo do ser (*Seinsableitung*). Ao contrário, um seu adversário *ante litteram* como Ernst Cassirer escrevia em 1925 que, ao se conceber a relação entre bem e mundo como "uma relação causal, pensando o derivado como proveniente da origem, certamente não falamos mais a linguagem do conhecimento puro, mas a linguagem do mito"[24]. Cassirer, e com ele todos os intérpretes ligados mais ou menos diretamente à tradição neokantiana, preferem pensar o plano das ideias como o das normas, do sentido, do *telos* ético-político; portanto, sua derivação do bem significa a dependência não ontológica de uma condição última de possibilidade das normas, do sentido, do *telos*, tal como é um princípio de valor como o bem.

É difícil aqui decidir onde está o mito e onde a teoria; talvez seja mais sábio – e também mais platônico – considerar, em ambos os sentidos, esse nó como um núcleo problemático em aberto, e, portanto, *bon à penser*, como de fato foi para toda a tradição filosófica ocidental – até que, é claro, surjam aqueles convencidos de possuir as respostas definitivas. Por último, o aspecto ético: que não é e não pode ser considerado irrelevante a partir do momento em que Platão decidiu dar, na *República*, a seu "princípio" o nome e a função de um valor, tal como é o caso do bem.

Aqui as consequências das diversas opções interpretativas parecem poder ser delineadas com precisão. O bem pode ser compreendido *a)* segundo a

---

23. No que diz respeito à identificação do bem com o uno, o testemunho aristotélico é antes subestimado. Em *Ética nicomaqueia* I.4, Aristóteles discute e rejeita a concepção de bem como é proposta na *República*, atribuindo, em vez disso, a relação bem-Uno aos pitagóricos e a Espeusipo (1096a 5-7). A identificação do bem-Uno é atribuída na *Ética eudemia* a uma tese (acadêmica) atual (*nun*) (I.8 1218a 17ss.), enquanto anteriormente Aristóteles refutava as posições platônicas do bem-ideia sustentadas na *República*. Apesar dos ensaios de J. Brunschwig e E. Berti encontrados em MORAUX, P., HARLFINGER, D. (ed.), *Untersuchungen zur Eudemischen Ethik*, Berlin, 1971, o problema talvez ainda aguarde um esclarecimento completo.

24. Cito de CASSIRER, E., Die Philosophie der Griechen von den Anfängen bis Platon, in: DESSOIR, M. (ed.), *Die Geschichte der Philosophie*, v. I, Berlin, 1925, trad. it. G. A. De Toni com o título *Da Talete a Platone*, Roma-Bari, 1984, 155.

letra do texto platônico, como um princípio de valor privado de objetualidade, ou seja, metaontológico e, portanto, metaepistêmico. Assinala-se, assim, uma "ausência de bem" do campo do existente que o coloca no papel de uma orientação transcendental da *praxis*, em toda uma gama de significados que podem ir do kantismo à fenomenologia. Na perspectiva esotérica de redução do bem ao Uno abrem-se outras duas possibilidades: *b1)* a acentuação neoplatônica da transcendência do Uno, na figura, portanto, de uma divindade geradora, mas estranha em relação ao ser; *b2)* a equivalência entre Uno e ser, que leva, portanto, a uma equiextensão de valor e existência.

No caso *b1)*, a ética é drasticamente reduzida a uma teologia, na qual se funda o dever do retorno à unidade originária, com a ulterior complicação da existência de um segundo princípio plural, a ser identificado agora evidentemente com o mal ontológico e existencial: aquele dever se configura a nesse ponto como uma mística da unidade e uma fuga do mundo irreparavelmente contaminado pela pluralidade. No caso *b2)*, a ética é dissolvida na ontologia, segundo o princípio krämeriano de que todo ente é bom na medida em que é. Essa abordagem é visivelmente mais aristotélica que platônica, visto que a filosofia de Platão é levada a negar a legitimidade ético-política e mesmo ontológica do existente; a menos que a existência deva ser considerada inversamente proporcional ao nível de pluralidade da qual é estruturada, mas nesse caso se regrediria de um otimismo ontológico ao pessimismo neoplatônico-gnóstico de *b1)*, com uma oscilação teórica de fato alarmante. Pressionada entre teologia e ontologia, a ética não parece encontrar muito espaço autônomo a partir daquela supremacia do bem sobre a qual Platão entendia fundá-la. A esse *impasse* se deve, talvez, o retorno do interesse por Aristóteles e sua filosofia prática de alguns intérpretes esotéricos. Em todo caso, parece-me que no campo dessas leituras platônicas ainda falte um confronto sério com as consequências no campo ético da redução do bem da *República* ao Uno das doutrinas não escritas.

9

Para concluir, eu gostaria de dissipar um possível equívoco. Essas considerações sumárias não esgotam nem de longe a riqueza das análises e das aquisições historiográficas que o trabalho dos estudiosos ligados ao novo paradigma produziu até agora (como, aliás, não esgotam as críticas que lhes foram dirigidas). Mesmo um dissenso radical não pode eximir do empenho de se levar a sério, e de estudar a fundo esse trabalho. Ele teve certamente o mérito de iluminar uma série de experimentos teóricos que Platão conduziu à margem ou como suplemento de sua escrita filosófica, e esses experimentos devem ser considerados como parte integrante de nossa compreensão atual de Platão. Onde o dissenso se torna mais profundo – à parte as discutíveis "aplicações" feitas pela teoria em campo ético-político – é a propósito da pretensão de atribuir a Platão uma intenção esotérica total, de tipo pós-pitagórico ou pré-gnóstico, e a posse insuperável de um sistema doutrinal de verdades subtraído por princípio da discussão pública, bem como de uma metafísica derivativa dos princípios. No plano historiográfico, esses dois pressupostos parecem abrir, como foi visto, mais problemas do que soluções. No plano filosófico, é de fato duvidoso se esse sistema doutrinal representa um estágio mais avançado em relação à problemática que Platão incansavelmente aborda nos diálogos. E, enfim, uma observação que penso ser válida tanto para o leitor não especialista de Platão, ao qual esta obra é dedicada, quanto para seus estudiosos: é de fato possível compreender Platão considerando apenas preliminares e marginais seu "filosofar *dialektikôs*"[25], o espírito socrático do *elenchos* feito de conjecturas e refutações, a ironia que significa disponibilidade para sempre recomeçar, no diálogo, o confronto aberto dos argumentos?

---

25. Sobre o assunto (e em particular sobre o *Filebo*), cf. CASERTANO, G., Filosofare *dialektikós* in Platone: il *Filebo*, *Elenchos*, v. 10 (1989) 61-102. Agradeço a Franco Ferrari por seus úteis comentários sobre este artigo, cujo primeiro esboço tive a oportunidade de discutir em um seminário realizado na Universidade de Turim, em maio de 1993, a convite de Carlo A. Viano. Quando esta nota já estava em rascunho, soube da fiel reconstrução do pensamento de Reale, destinada à Universidade Católica de Louvain, por L. Rizzerio, Platon, l'école de Tübingen et Giovanni Reale, *Revue philosophique de Louvain*, v. 91 (1993) 90-110, e da resenha, de considerável profundidade crítica, apresentado por L. Brisson, Gli orientamenti recenti della ricerca su Platone, no congresso sobre Platão da ARIFS realizado em Florença, em novembro de 1993, em seguida publicada em *Elenchos*, v. 15 (1994) 255-285. Nesse ínterim, apareceu o comentário do *Filebo* de M. Migliori, com o título *L'uomo fra piacere, intelligenza e bene*, Milano, 1993. Uma conexão entre a nova interpretação de Platão e suas pesquisas aristotélicas anteriores, pelas quais ele agora reativa o interesse, foi feita por G. Reale em suas recentes reedições do *Concetto di filosofia prima e l'unità della Metafisica di Aristotele*, Milano, ⁵1993, e da chamada "edição maior" do comentário à *Metafísica*, 3 v., Milano, 1993 [trad. bras.: ARISTÓTELES, *Metafísica*, 3 v., São Paulo, Loyola, 2002 (N. do T.)].

CAPÍTULO SEGUNDO

"Só Platão não estava"[1]

1

Narra Luciano de Samósata, na *História verdadeira*, uma viagem fantástica que ele fez à "Ilha dos bem-aventurados", onde havia encontrado as almas de todos os filósofos, menos um: "Só Platão não estava: segundo vozes que circulavam, habitava na cidade que ele havia inventado, onde vivia segundo a constituição e as leis que havia escrito" (II 17). Mas a ausência de Platão dessa espécie de "paraíso" filosófico não é a única, nem a mais clamorosa. Em seus diálogos, ele menciona seu próprio nome apenas uma vez (à parte a *Apologia*, na qual Sócrates o cita entre aqueles que estavam dispostos a pagar sua eventual pena pecuniária): e o faz no *Fédon*, justamente para assinalar sua ausência, por causa de uma indisposição, da cela em que Sócrates tem sua última conversação e no final bebe a cicuta (59b).

Pode-se dizer que a ausência de Platão dos diálogos – isto é, o anonimato do autor, como ocorre nos textos teatrais – constitua, de um lado uma obviedade, de outro, um paradoxo historiográfico: o autor do primeiro grande *corpus* de escritos filosóficos da Antiguidade que chegou por inteiro até nós não se atribui nenhuma das teorias que ali são argumentadas. O ter *levado a sério* esse paradoxo, ao menos no plano de um quebra-cabeça hermenêutico, constitui, pode-se

---

1. Este capítulo foi originalmente publicado em *Paradigmi. Rivista di critica filosofica*, v. 21, n. 62, n.s., (2003) 261-277.

dizer, a novidade mais relevante da historiografia platônica nas últimas décadas do século passado. Platão, é verdade, fala em primeira pessoa nas *Cartas* que lhe são atribuídas. Contudo, elas são, sem dúvida, falsificações tardias, sendo a única exceção possível a *Carta VII*. Se autêntica (o que de fato não é seguro), ela contém interessantes informações sobre a autobiografia política de Platão, teses ético-políticas que refletem de perto as contidas no diálogo *República*, e um *excursus* propriamente filosófico que, todavia, não corresponde a nada do que está escrito nos diálogos; o que constringe o intérprete à alternativa de considerar estes últimos como estranhos ao pensamento de Platão, ou – como é mais verossímil – considerar ao menos o *excursus* como uma interpolação tardia (provavelmente médio-platônica).

2

2.1

Na medida em que a autonomia do autor nos diálogos platônicos constitui, como foi dito, além de um paradoxo, também uma obviedade, a tradição propôs uma gama de soluções, que só recentemente foram postas radicalmente em discussão. A primeira e mais intuitiva delas consistia em fazer do Sócrates dialógico o "porta-voz" autêntico de Platão. À natural objeção de que Sócrates de fato não aparece em um diálogo (as *Leis*), e tem uma posição totalmente secundária em outros (como o *Político*, o *Sofista*, e mesmo o *Timeu* e o *Parmênides*), a resposta tradicional – formulada, por exemplo, por Diógenes Laércio (III 52) – era que o "porta-voz" de Platão devesse ser identificado no protagonista do diálogo (ou seja, o "estrangeiro de Eleia", Timeu, o próprio Parmênides). Por sua vez, Galeno havia levantado dúvidas a esse respeito, propondo a hipótese de que Platão teria atribuído apenas a Sócrates suas doutrinas mais autênticas, reservando a outros como Timeu aquelas não "científicas", mas "retóricas" (*De placitis* IX 7). À sensibilidade estilística de Galeno não escapava de resto que Platão atribui a seus protagonistas linguagens apropriadas e bem diferenciadas: e – podemos acrescentar – a língua do *Timeu* ou das *Leis* tem bem pouco a ver com aquela do *Banquete* ou da *República*.

Contudo, há mais. O personagem Sócrates, e com mais razão os protagonistas dialógicos, não representam nos diversos diálogos posições filosóficas que podem de algum modo ser consideradas homogêneas e cumulativas, como poderiam ser os capítulos de um tratado, por exemplo, de estilo aristotélico. Há clamorosas alterações tanto no *estilo filosófico* do personagem – da célebre profissão de "não saber" própria dos diálogos ditos "aporéticos" à exposição doutrinal assertiva da *República* ou do *Filebo* – quanto nos teoremas filosóficos sustentados (basta pensar na doutrina pitagorizante da alma no *Fédon* em contraste àquela tripartida da *República* ou à psicofisiologia do *Timeu*). Há repetições doutrinais não explicitadas (por exemplo, a doutrina da coragem no *Laques*, retomada sem qualquer autorreferência na *República*), ou mesmo automenções insuficientes e também deliberadamente deformadas (é o caso do "sumário" da *República* oferecido no prólogo do *Timeu*), ou ainda doutrinas que em certos textos aparecem como genuinamente socráticas e que em outros, ao contrário, são atribuídas a personagens diversos e refutadas pelo próprio Sócrates (é o caso das definições de *sophrosyne* propostas por Crítias no *Cármides*). Em alguns casos, em um diálogo Sócrates se declara incapaz de tratar de um tema complexo que, em outros, aborda com segurança (é o caso do "bom" e da dialética na *República*, discutidos de modo muito mais positivo no *Filebo* e no *Fedro*, além do "estrangeiro de Eleia" no *Sofista*). Enfim, não há dúvida de que o autor manifesta por vezes, mediante outros personagens, sua distância irônica e crítica de Sócrates (basta pensar no papel de Gláucon na *República* e no de Parmênides no diálogo homônimo).

2.2

A resposta tradicional a esses problemas consiste em explicar discrepâncias doutrinais e diferenças no estilo filosófico dos diálogos recorrendo à hipótese de uma evolução no pensamento de Platão. Segundo sua versão *standard*, ele teria passado por três fases: a de juventude, "socrática" (correspondente aos diálogos "aporéticos"), a de maturidade (em cujo centro está a *República*) e a de revisão crítica na velhice. É preciso já se dizer que há muito de razoável nessa hipótese: em relação a todo filósofo do qual se conhece exatamente a cronologia das obras é possível vislumbrar mutações de perspectiva teórica, diferenças de temas e de abordagens. No caso de Platão, todavia, a hipótese evolutiva não parece dotada de capacidades heurísticas seguras. Em primeiro lugar, a cronologia dos diálogos é inevitavelmente incerta. As investigações estilométricas (que toma como texto base aquele que seguramente é o último diálogo de Platão, as *Leis*, e situam cronologicamente os outros segundo uma escala crescente de diferenças estilísticas) não parecem poder ir além de três grandes agrupamentos: 1) todos os diálogos salvo 2) *Fedro, República, Parmênides, Teeteto*, e 3) *Sofista, Político, Filebo, Timeu/Crítias, Leis*. Mesmo esses agrupamentos não se mostram incontroversos, ao menos por duas razões de princípio. A primeira é que o diálogo base, as *Leis*, foi deixado incompleto por Platão e redigido na forma que lemos por Filipe de Opunte, o que deixa alguma dúvida sobre o caráter "platônico", ao menos do ponto de vista estilístico; a segunda, mais importante, é que para os diálogos – tanto ou mais do que para qualquer outra obra não impressa – não há uma verdadeira "data de publicação", da qual, sem dúvida, circularam diversas versões (sabemos, por exemplo, que Platão no último dia de sua vida estava voltado a reelaborar o início da *República*), o que torna incerta qualquer localização cronológica. Mas, o que mais conta, discrepâncias teóricas estão presentes também em diálogos pertencentes a um mesmo grupo: a teoria da alma do *Fédon* é muito diferente, para não dizer contraditória, em relação àquela exposta na quase contemporânea *República*, e esta é mais próxima do tardio *Timeu*; a teoria das ideias sustentada na *República* é seriamente criticada no quase contemporâneo *Parmênides*. Exemplos desse tipo poderiam ser multiplicados, tanto que a eficácia explicativa da hipótese evolutiva ficaria seriamente enfraquecida, senão mesmo – como se dizia – totalmente invalidada.

Ainda mais difícil de ser percorrida é a via da ordenação dos diálogos segundo a data "dramática", ou seja, aquela em que é ambientada a cena dialógica. Em relação a diversos diálogos há dificuldades insuperáveis para uma datação desse tipo; aliás, o primeiro diálogo na ordem da datação dramática seria o *Parmênides*, em que aparece um Sócrates "muito jovem" que critica uma teoria das ideias formulada no *Fédon*, o último nesta ordem.

3

3.1

Esse conjunto de problemas – unido a uma crescente atenção à forma literária dos textos filosóficos – conduziu nas últimas décadas a uma radical reconsideração de alguns dados de fato tão evidentes quanto geralmente ignorados pela tradição exegética: o anonimato do autor, a formulação dialógica dos textos platônicos e, enfim, um segundo paradoxo hermenêutico. O primeiro grande *corpus* dos textos filosóficos da tradição ocidental inclui, no *Fedro*, uma crítica radical à possibilidade de que a escrita possa exprimir as mais elevadas verdades teóricas, que deveriam, de fato, ser confiadas à comunicação viva e direta – portanto, *oral* – entre as almas de quem busca o saber. A consciência renovada desse horizonte problemático, e dos enigmas que ele propõe, deu, todavia, lugar a formulações interpretativas profundamente diferentes, de acordo com as diversas tradições filosóficas e os diversos ambientes culturais em que elas são propostas.

Uma tendência que desempenhou um papel de relevo nas últimas décadas, sobretudo na Alemanha e na Itália (muito menos em ambiente anglo-saxão) é a oralista-esotérica representada pela "escola de Tübingen" e pela Universidade Católica de Milão. Essa tendência, motivada pela intenção de restabelecer a unidade da "metafísica clássica" de Platão ao neoplatonismo passando por Aristóteles e não desprovida, ao menos no início, de influências heideggerianas, era movida por três elementos problemáticos interativos entre si. O primeiro é o caráter claramente incompleto, do ponto de vista de uma filosofia sistemática, dos desenvolvimentos teóricos apresentados pelos diálogos, além da presença neles – em torno de núcleos cruciais como o bem, a dialética, o uno – de reticências, omissões, remissões não saturadas a discussões ulteriores. O segundo é a crítica do *Fedro* à capacidade da escrita em geral (compreendendo, portanto, os próprios diálogos platônicos) de exprimir as maiores "verdades" filosóficas: essa inadequação de princípio do texto escrito explicaria, portanto, a deliberada insuficiência dos diálogos em termos de filosofia sistemática. O terceiro elemento consiste na presença em Aristóteles (sobretudo na *Metafísica* e na *Física*), de alguns testemunhos relativos às "doutrinas não escritas" (*agrapha dogmata*) professadas por Platão e/ou pelos Acadêmicos: tais doutrinas estariam alicerçadas em uma "teoria dos princípios" – o Uno e a Díade indefinida, o primeiro sendo princípio de unidade, identificado com o bem, e o segundo de multiplicidade – dos quais derivaria metafisicamente toda a realidade, disposta segundo diversos níveis de pluralização, dos próprios princípios às ideias e aos números até as coisas empíricas.

Da interação desses três elementos tomou forma aquele que foi definido como novo paradigma da interpretação de Platão. Os diálogos escritos teriam o papel de exercícios preparatórios e propedêuticos para a autêntica reflexão filosófica, que não pode ocorrer senão na relação direta – portanto, oral – entre mestre e discípulo: uma relação em um certo sentido "esotérica", pois permite, ao contrário da escrita, uma seleção de interlocutores intelectual e moralmente adequados, os membros da "escola". Os resultados dessa reflexão filosófica seriam os atestados pelos testemunhos aristotélicos, isto é, um sistema metafísico dos princípios e da derivação dos graus do ser que em alguma medida antecipa as elaborações posteriores do neoplatonismo.

Ao novo paradigma oralista-esotérico foram opostas numerosas objeções, de diverso peso teórico e teor historiográfico. Insistiu-se, em primeiro lugar, sobre a vagueza dos testemunhos aristotélicos, que não permitem ir tão longe no delineamento de um sistema metafísico completo, e que parecem se referir mais aos acadêmicos do que ao próprio Platão. Além disso, pôs-se em dúvida de diversos modos se a crítica à escrita do *Fedro* deve ser remetida aos próprios diálogos platônicos ao invés de seu adversário explícito, a abordagem retórica e também (considerando a *Carta VII*) filosófica. De outro lado, mostrou-se como elementos de uma "doutrina dos princípios" estão presentes também nos diálogos, da *República* (prioridade ontológica do bem) ao *Filebo* (teoria do limite e do ilimitado), ao *Parmênides* (problemática lógico-ontológica do uno): isso demonstraria, portanto, que podem *ser escritos*, atenuando assim a distância entre escrita e oralidade. Recoloca-se, portanto, a pergunta sobre porque Platão não escreveu as "doutrinas não escritas": a ela se poderia responder que isso não se deve tanto à inadequação da escrita quanto ao caráter hipotético e "experimental" daquelas doutrinas, não ainda suficientemente elaboradas e compartilhadas para poderem ser transpostas para a escrita dialógica. Outras objeções têm um caráter mais marcadamente teórico. Observou-se que, levando a sério o *excursus* filosófico da *Carta VII* (além de numerosas asserções nos diálogos sobre a dialética), segundo Platão é impossível por princípio construir um sistema fechado e finalizado da verdade filosófica, sempre aberta ao questionamento dialético e ao confronto dialógico: nisso repousaria a contínua fidelidade de Platão ao espírito do magistério socrático. Desse ponto de vista, relevou-se também a "pobreza" teórica do sistema metafísico dos princípios em relação à imensa riqueza de análises filosóficas presentes nos diálogos. Mais especificamente, relevou-se que a identificação do uno com o bem implica – segundo uma lógica polar – a identificação complementar da Díade com o mal, o que faria do mundo o teatro de uma luta entre dois princípios axiologicamente opostos, segundo uma dinâmica que se mostra muito mais próxima do gnosticismo que do próprio neoplatonismo.

Diga-se que esse confronto – muito vivo em alguns momentos de contraposição radical – parece ter dado lugar nos últimos anos a algumas formas de reaproximação entre as duas tendências. Alguns estudiosos de orientação oralista-esotérica reabriram a investigação sobre a filosofia abordada na textualidade escrita dos diálogos, e sua referência às "doutrinas não escritas" tende a se tornar cada vez mais mediata, em termos de integração e não de alternativa àquela filosofia. De outro lado, afirma-se a tendência a não recusar *in toto* os testemunhos aristotélicos, e a aceitar a ideia de que Platão tenha efetivamente tentado experimentos de pensamento na direção de uma doutrina dos princípios, que se colocariam, contudo, ao lado das teorias dos diálogos sem substituí-las ou torná-las por princípio inadequadas.

Tudo isso, contudo, reabre o problema que o paradigma oralista-esotérico parecia ter drasticamente resolvido. À pergunta "Onde está, nos diálogos, a filosofia *de Platão*?" ele havia respondido que essa filosofia não podia ser encontrada nos diálogos, mas fora deles. O enfraquecimento – de uma parte e de outra – dessa resposta muito peremptória recoloca a questão, mas integrada pela necessidade de não menosprezar *também* os testemunhos indiretos.

3.2

Para garantir a coexistência entre a problemática aberta nos diálogos e um núcleo teórico atribuível *à* filosofia de Platão – contudo, não mais buscada fora dos próprios diálogos – foram recentemente tentadas outras duas vias.

A primeira consiste na aceitação da dependência de cada desenvolvimento dialógico dos interlocutores envolvidos e dos temas tratados, ou seja, do contexto dialético (segundo o princípio do *dialectical requirement* ou da *Kontextbezogenheit*), e, todavia, no supor que esses desenvolvimentos presumem a referência a um núcleo doutrinal estável, seja este encontrável em um conjunto teórico particular (por exemplo, o ético-psicológico) ou em um determinado texto (por exemplo, a *República*). Os diálogos representariam, então, no primeiro caso, uma estratégia retórica de persuasão dos diversos interlocutores, adaptada a seus níveis de crença e de preparação filosófica; no segundo, um procedimento "proléptico" de progressiva preparação do público para a aprendizagem e a aceitação de doutrinas preexistentes à posição em cena dialógica.

A essas propostas foi objetada a escassa verossimilhança historiográfica, além do arbítrio hermenêutico que consiste em decidir *a priori* a respeito das situações textuais qual seria o núcleo doutrinal que Platão *de facto* pretendia ensinar e tornar persuasivo. Com efeito, é difícil acreditar que o filósofo tenha concebido inteiramente o núcleo essencial de seu pensamento antes ainda de começar a expô-lo por escrito, e o tenha mantido deliberadamente escondido (a não ser por aproximações sucessivas) por longos anos preparatórios – como se se tratasse de um prolongado curso universitário no final do qual somente aquele pensamento fosse exposto de modo completo. Isso teria implicado a irrelevância de cada contexto problemático abordado, das contribuições recebidas no interior e no exterior da escola, da mudança das situações históricas e culturais como um todo. Ademais, porque adotar um percurso protréptico-proléptico tão cansativo se – como é totalmente razoável pensar – o *público* ao qual eram destinados os diálogos sempre foi aquele restrito e selecionado dos "companheiros" de investigação filosófica de Platão reunidos na Academia?

A objeções análogas presta-se a segunda das vias há pouco mencionadas, aquela da interpretação "irônica" dos diálogos encabeçada por Leo Strauss. Segundo essa perspectiva, Platão jamais teria escrito aquilo que *de fato* pensava, ou mesmo, em certos casos (como, por exemplo, naquele da utopia política da *República*), teria escrito *o contrário* do que pensava – talvez por temor de perseguições ou pelo desejo de selecionar, mediante a estratégia de uma leitura das "entrelinhas", um público adequado, ou ainda ao desejo de mostrar, graças ao distanciamento irônico, a incongruência das teses aparentemente professadas. Essa linha interpretativa, justificada em ambientes culturais de caráter teocrático-repressivo, como o islâmico, o judaico ou o da Contrarreforma, dificilmente pode ser referido ao mundo grego, tanto mais ao se pensar que as ideias expostas por Platão nos diálogos escritos são com frequência ousadamente inconformistas (basta pensar no "comunismo" e na paridade entre homens e mulheres na *República*), e que, como foi dito, o público dos diálogos não devia ir além do ambiente acadêmico.

O trabalho realizado segundo essas perspectivas hermenêuticas sem dúvida produziu resultados preciosos, chamando a atenção para as formas expressivas dos diálogos, seus dispositivos retóricos, o papel dos personagens envolvidos, o contexto problemático. Mas seus resultados podem ser considerados, em seu conjunto, não convincentes, por causa da comum assunção de que seria possível identificar uma filosofia de Platão *fora* dos textos dialógicos, acima, ao lado ou por trás deles, ou ainda que seria possível identificar um único diálogo, ou grupo de diálogos, como a expressão *verdadeira* e última daquela filosofia.

4

Diante desse conjunto de aporias abriu-se caminho, sobretudo em ambiente anglo-saxão, para a decisão hermenêutica de assumir a "abordagem dialógica" em toda a sua necessária radicalidade, que consiste em não transcender de modo algum a efetiva textualidade platônica e em aceitar sem intenções redutoras sua complexidade, seu caráter problemático, suas tensões teóricas.

Desse ponto de vista, o que ocorre nos diálogos não é a formulação de *uma* filosofia, mas o gesto fundador do *pensar filosoficamente*, a encenação dramática da filosofia em seu fazer-se. Em outras palavras, Platão teria representado o espaço problemático da nova forma de investigação e conhecimento, as teses rivais aí debatidas, os métodos e os procedimentos argumentativos próprios de seu estilo intelectual, e por fim também as pretensões reivindicadas por esse saber diante das ciências e da vida ético-política dos homens. O desenvolvimento teórico dos diálogos depende de seu contexto problemático específico, dos interlocutores que ali se confrontam, apresentando suas teses e mesmo suas formas de vida. Por princípio, portanto, os diálogos não podem conduzir a conclusões dogmáticas, válidas universalmente além do que ali é debatido: eles permanecem sempre "abertos" (*open-ended*), como provocações intelectuais laçadas ao leitor ao qual é confiado a tarefa de prosseguir na reflexão. Desse modo, Platão – por isso fiel ao espírito "socrático" – teria se furtado à acusação de dogmatismo que ele mesmo dirigia à tradição sapiencial em cujo âmbito havia se constituído a nova forma, filosófica, de conhecimento. Ao mesmo tempo, teria evitado o ceticismo radical, o "niilismo", que ele imputava aos sofistas, porque a dialética dialógica tinha como horizonte próprio a investigação da verdade e do valor, unidos no nexo incindível que conectava o *valor da verdade* à *verdade do valor*.

Creio que, desenvolvendo criticamente essa linha interpretativa, se possa chegar às primeiras conclusões de um estatuto metodológico relevante que tentarei aqui resumir de modo esquemático.

4.1

Do ponto e vista da forma literária, os diálogos são, sem dúvida – segundo a classificação proposta no livro III da *República* –, obras de caráter mimético (como o teatro) e, em menor medida, mimético-diegético (como a poesia épica). Seu efeito sobre o ouvinte/leitor será então justamente aquele cuja periculosidade ética e psicológica (se produzido de modo moralmente irresponsável) havia sido denunciada naquele contexto. A mimese (que oculta o autor por trás dos personagens) provoca dinâmicas de identificação nos próprios personagens por parte de quem compartilha razões, paixões, crenças, ideologias. Essa identificação é necessária e preciosa no *teatro filosófico* porque por seu intermédio é possível envolver o ouvinte/leitor na crítica das opiniões que ele havia antes compartilhado de modo passivo e acrítico, de modo a torná-lo disponível a uma reconfiguração ética de suas escolhas de vida. A representação dos personagens propostos para a identificação "projetiva", e também para a refutação crítica, compreende uma ampla gama de figuras intelectuais que transpõem para a "sociedade dialógica" toda a realidade político-cultural ateniense da época: as filosoficamente "ingênuas" que representam a política e a cultura da *polis* (governantes e militares como Nícias e Laques, rapsodos como Íon, sacerdotes como Eutífron); as dos rivais filosóficos, sofistas e retores como Górgias, Trasímaco, Protágoras; em alguns casos também as dos acadêmicos apegados a posições dogmáticas como os "amigos das ideias" do *Sofista* ou o "jovem" Sócrates do *Parmênides*; com frequência, enfim, as dos jovens intelectuais em formação, como Gláucon, Adimanto, Teeteto.

4.2

Dessa forma literária (que ao mesmo tempo é também um estilo intelectual e moral) segue-se a necessidade metodológica de uma compreensão de cada diálogo em sua *autonomia*, em relação tanto com outros diálogos quanto com uma suposta unidade sistemática. Trata-se, obviamente, de uma autonomia relativa, visto que sempre estão em questão obras do mesmo autor; mas a princípio isso torna incorreta a interpretação de um diálogo que faça reagir imediatamente sobre ele os desenvolvimentos teóricos delineados em outros textos (a menos que essa integração não seja explicitamente indicada pelo próprio diálogo, como ocorre em alguns casos), requerendo uma leitura que ao menos *prima facie* se limite à compreensão do diálogo específico em sua situação dialética peculiar e em seu contexto problemático particular.

4.3

Do reconhecimento da autonomia dos diálogos decorre o ulterior princípio metodológico da autonomia dos respectivos personagens, que com frequência foram considerados como meros pretextos para a refutação socrática. Na verdade, eles representam em muitos casos uma condensação *forte* operada por

Platão de posições intelectuais, filosóficas, morais, historicamente existentes (provavelmente superiores ao próprio nível de consciência possuído por seus correspondentes "históricos", quando existem, ainda que ligada a suas posições efetivas ao menos pelo vínculo do reconhecimento por parte do leitor). Esse é o caso não somente de grandes sofistas como Górgias e Protágoras, mas também de figuras menores como o Cálicles do *Górgias*, o Trasímaco da *República*, de Símias e Cebes no *Fédon*, para não falar dos irmãos de Platão, Gláucon e Adimanto, que exercem um papel de grande relevo como interlocutores-destinatários da própria *República*. A construção dos personagens de grande envergadura intelectual é além disso necessária para o sucesso do processo de identificação-refutação-reformulação crítica: o leitor deve ser induzido a reconhecer em suas razões as opiniões que antes havia compartilhado somente de modo inconsciente, sem compreender nem seus pressupostos nem suas consequências, a fim de em seguida poder ser orientado dialeticamente para um nível superior de conhecimento tanto teórico quanto ético.

4.4

O princípio metódico da autonomia dos personagens não pode ser senão estendido também ao "personagem" Sócrates (além de, naturalmente, aos outros protagonistas dos diálogos, como Timeu, o "estrangeiro" do *Político* e do *Sofista*, o Ateniense das *Leis*). É impensável que o autor tenha feito de Sócrates seu próprio porta-voz exclusivo (e tanto menos, naturalmente, que tenha se limitado a reportar fielmente suas conversações). Por diversas vezes são claramente notáveis tanto uma ironia do autor em relação ao personagem quanto um distanciamento marcado que assinala seus repetidos fracassos teóricos; Sócrates é exposto com frequência à refutação de outros não menos do que refuta, por sua vez, seus próprios interlocutores, ainda que isso facilmente tenha escapado a intérpretes apressados e prevenidos. Em um diálogo como a *República*, Platão traça mesmo uma espécie de *Bildungsroman* do personagem Sócrates, das limitações iniciais de uma moral individual com base religiosa até a abertura para a grande política que lhe é imposta por Trasímaco, Gláucon e Adimanto; no *Fédon*, Sócrates é chamado a traçar uma espécie de autobiografia intelectual que desenha sua evolução dos primitivos interesses naturalistas (do tipo daqueles atribuídos ao Sócrates "histórico" da sátira aristofânea das *Nuvens*) até a formulação de uma complexa teoria lógico-ontológica com base eidética.

É preciso, portanto, pensar que os diálogos não apresentam um único "porta-voz" privilegiado de Platão: segundo uma formulação sugestiva, à pergunta *"Who speaks for Plato?"* é preciso responder *"Everyone!"*. Em outras palavras, Platão é o autor de todos os personagens que apresenta na cena de seu teatro filosófico, exatamente como Sófocles o é de Édipo e de Tirésias, de Antígona e de Creonte. Cada um deles representa uma parte de sua formação intelectual, um momento – em positivo ou em negativo – de seu pensamento, de suas dúvidas, de sua incansável investigação filosófica. Platão certamente está *em* Cálicles e Trasímaco como está em Sócrates e Parmênides; mas, mais precisamente, Platão está *no* jogo dialético em que eles se confrontam e se encontram, mostrando mutuamente os erros, os limites, as incertezas das respectivas posições.

5

Creio que esses temas de método hermenêutico já podem ser dados por adquiridos. Isso quer dizer, então, que é preciso renunciar a qualquer tentativa de identificar *uma* filosofia de Platão além das singulares, específicas situações dialógicas? Talvez não seja assim; talvez seja possível seguir, como foi dito recentemente, uma "terceira via" entre a imagem sistemático-dogmática de Platão, que se mostra agora inaceitável, e a cético-refutatória, que o aproxima excessivamente dos sofistas e é, portanto, inadequada para explicar a rivalidade que o opôs a eles durante todo seu percurso filosófico.

Os passos a serem dados ao longo dessa exploração devem, contudo, ser metodicamente muito cautelosos. Não há atalhos: o trabalho de reconstrução não pode tomar nada como pressuposto e deve, portanto, recomeçar de uma análise acurada de cada diálogo, investigando seus procedimentos argumentativos, suas situações dramáticas, seu contexto cultural. De modo totalmente preliminar, pode-se indicar algum resultado ao qual é legítimo se deter, conforme as linhas provenientes das pesquisas recentes.

5.1

Em primeiro lugar, talvez seja possível atribuir diretamente a Platão um *estilo de pensamento* específico, articulado em dois aspectos fundamentais. De um lado, dele faz parte a introdução de uma série de *oposições polares* em dois níveis, tanto ontológicos quanto axiológicos: uno/múltiplo, invariável/devir, imortal/mortal, verdade/opinião, noético/empírico. É tipicamente platônica a introdução, entre essas cisões polares – de clara matriz parmenídica e pitagórica – de um terceiro elemento de mediação (*metaxu*): a alma, o limite/número, a opinião verdadeira, o filósofo/político, a própria dialética. De outro lado, pertence a esse estilo uma *estrutura triangular*, em cujo vértice estão a ontologia (questão do ser), a epistemologia (questão da verdade), a ética e a política (questão do bem): conforme as situações dialógicas, a proeminência pode ser dada a um ou a outro desses vértices, mas no horizonte parece permanecer imprescindível sua conexão recíproca, portanto, a pertinência teórica de todos os lados do triângulo.

5.2

Em segundo lugar, é provavelmente possível reconstruir segmentos teóricos transdialógicos, *redes locais* de teoremas filosóficos relativamente permanentes que atravessam uma pluralidade de contextos. Sua consistência deve ser abordada mediante a identificação de sinais textuais precisos. Nos casos mais claros, trata-se da retomada explícita de um diálogo em outros contextos (por exemplo, é o caso dos resumos parciais da utopia da *República* propostos tanto no livro VIII do mesmo diálogo quanto no *Timeu* e nas *Leis*, ainda que com diferenças significativas que devem ser interpretadas). Mas há, além disso, retomadas implícitas, assinaladas pela menção de um "consenso" dialético (*homologia*), dado já consolidado em outras ocasiões (tal como ocorre, na *República*, em relação à teoria das ideias discutida no *Fédon*), ou remissões a discussões ulteriores sobre um mesmo tema (como, por exemplo, no caso da dialética, a propósito da qual no livro VII da *República* parece ser reconhecível uma remissão ao *Fedro* e/ou ao *Sofista*).

Esses núcleos teóricos persistentes que atravessam os diálogos parecem consistir em um número restrito de teoremas, que por isso exerceriam um papel estratégico na reconstrução da *filosofia de Platão*. Um reconhecimento preliminar pode propor os seguintes elementos (a ordem é naturalmente arbitrária): *a)* uma teoria da alma e de sua imortalidade (*Fédon, República, Fedro, Banquete, Timeu, Leis*); *b)* uma crítica da política e uma proposta de reforma com fundamento ético-filosófico dos sistemas de poder (*Górgias, República, Político, Leis, Carta VII*); *c)* uma teoria onto-epistemológica das formas noético-ideais, de suas relações e de sua causalidade (*Fédon, República, Teeteto, Sofista, Parmênides,*

Timeu); *d)* uma teoria da dialética como procedimento eletivo da investigação filosófica (*República, Fedro, Parmênides, Sofista*). Naturalmente, os diálogos indicados são apenas os lugares de tematização desses teoremas: antecipações, ecos ou reflexos disso podem ser encontrados em numerosos outros textos pertencentes a cada uma das três grandes análises cronológicas.

Nenhum desses núcleos ou segmentos persistentes ao longo de diálogos diversos são, todavia, desprovidos de tensões teóricas, mudanças de perspectiva, problematizações ulteriores. A tentativa de escondê-las ou saná-las, além de metodicamente incorreto, é improdutiva do ponto de vista hermenêutico – comportando o custo de tornar o pensamento platônico filosoficamente menos interessante. Trata-se antes de reconhecê-las e, se possível, interpretá-las, não, contudo, segundo o parâmetro que assegura a "evolução", mas em relação a diversas ordens de fatores especificamente histórico-filosóficos. De um lado, pode-se identificar as questões teóricas que permanecem abertas ou resolvidas de modo insatisfatório, que impõem uma outra problematização (é o caso, por exemplo, das diversas "provas" da imortalidade da alma, da teoria das ideias entre o *Fédon* e o *Parmênides*, da configuração da dialética entre a *República* e o *Sofista*). De outro lado, é indispensável remeter-se à mudança das situações histórico-políticas externas (por exemplo, entre a *República* e as *Leis*) e à variação das influências culturais, em particular em relação aos movimentos do pitagorismo (é impensável que os eventos histórico-culturais do mundo grego não tenham deixado traços em um trabalho filosófico que se estende no arco de meio século). Enfim – e é provavelmente o aspecto mais importante, mas também o de maior dificuldade de interpretação historiográfica – seria preciso compreender o andamento dos debates internos à Academia, que acompanhavam as duas ordens de fatores precedentes: neles, sem dúvida, intervieram personagens de grande relevo como Eudoxo, o pitagórico Filipe de Opunte, o jovem Sócrates, o próprio Aristóteles, para citar tão somente alguns. Ainda que certos diálogos deixem transparecer vestígios desses debates (por exemplo, o *Filebo*, acerca do problema do prazer, ou as *Leis* sobre questões políticas) há ainda muito trabalho a ser feito nessa direção, interpretando o sentido posto pela variação dos interlocutores dialógicos (pense-se no papel do "estrangeiro de Eleia" em textos cruciais como o *Político* e o *Sofista*, ou em Timeu e outros enigmáticos interlocutores do *Timeu*). Mas se tratarão, de modo inevitável, de hipóteses altamente conjecturais, visto a insolubilidade – dadas as fontes de que dispomos – do que com razão foi chamado de "o enigma da antiga Academia".

6

Que uma "terceira via" entre o Platão dogmático-sistemático e o Platão cético inteiramente oculto por trás da problemática aberta dos diálogos, com a cautelosa reconstrução que ela comporta de teorias locais, de núcleos filosóficos relativamente constantes atribuíveis diretamente a seu pensamento, seja ao menos digna de ser explorada, é confirmado de resto pela própria tradição do platonismo. Qualquer tentativa de representar um "platonismo" unificado está de fato condicionada por uma das elaborações dessa tradição – o médio e o neoplatonismo – em vez de constituir seu pressuposto histórico. A fase cética da Academia merece ser considerada ao menos da mesma forma – como testemunho de uma possibilidade filosófica implícita no pensamento do fundador – daquela concedida a seus períodos posteriores metafísico-sistemáticos, no mais pesadamente condicionados por influências externas ao próprio platonismo (a sistemática estoica de um lado, as mudanças do espírito religioso de outro).

Ainda mais importante, contudo, é destacar que existem tradições diferentes, e em alguns casos desviantes, que dão lugar não ao "platonismo" em seu conjunto, mas a diálogos específicos ou grupos de diálogos. Há uma história da provocação utópica da *República*, de Aristóteles às tendências cínico-estoicas até Cícero e mesmo Agostinho, que procede com relativa independência. Há uma história do espiritualismo do *Fédon* que é bem distinta da herança cosmológica do *Timeu* (particularmente ativa em ambiente médio-platônico) bem como da interpretação neoplatônica do *Parmênides* em termos de metafísica do uno. Entre essas diversas possibilidades, a tradição exegética não cessou de fazer suas escolhas – todas legítimas, pois fundadas em interpretações dos textos do mestre, ainda que por vezes forçadas ao limite do irreconhecível, e todas, de outro lado, arbitrárias, justamente porque baseadas em uma seleção violenta dos textos e das temáticas filosóficas assumidas como centrais. Mas essa plurivocidade exegética experimentada pela tradição é, e provavelmente continuará sendo, insuperável, justamente porque se radica na intencional polissemia do pensamento de Platão, no caráter aberto de sua reflexão filosófica, mesmo na constância de um estilo facilmente reconhecível e distinguível, por exemplo, em relação ao aristotélico ou ao estoico.

O arbítrio interpretativo mais grave é precisamente aquele que consiste na pretensão de remover essa abertura originária e insuperável. Contudo, estar dela consciente não implica, como se tentou mostrar, a renúncia à tentativa de compreender os traços essenciais daquilo que nos diálogos pode ser reconhecido como propriamente *platônico*, e situar nessa base os limites metodicamente precisos diante das opções exegéticas legitimamente possíveis.

Referências bibliográficas

1

Sobre a questão da autenticidade da *Carta VII*, cf. as discussões (ambas talvez muito decididamente positivas) de ISNARDI PARENTE, M., *Filosofia e politica nelle lettere di Platone*, Napoli, 1970, 101-112; BRISSON, L. (ed.), *Platon. Lettres*, Paris, 1987, 133-166. Sobre a autenticidade do *excursus* filosófico, cf. TARRANT, H., Middle platonism and the Seventh Epistle, *Phronesis*, v. 28 (1983) 75-103.

2.1

Sobre a relação entre o *Timeu* e a *República*, cf. VEGETTI, M., L'autocritica di Platone: il Timeo e le Leggi, in: VEGETTI, M., ABATTE, M., (org.), *La Repubblica di Platone nella tradizione antica*, 13-27.

2.2

A versão mais autorizada dessa hipótese é a formulada por VLASTOS, G., *Socratic studies*, Cambridge, 1994. Id., *Platonic studies*, Princeton, 1973. Uma proposta recente da cronologia estilométrica é a de L. BRANDWOOD, L., *The chronology of Plato's dialogues*, Cambridge, 1990. Sobre a discussão das tentativas de ordenação cronológica e das teses evolutivas, cf. THESLEFF, H., *Studies in platonic chronology*, Helsinki, 1982; NAILS, D., *Agora, Academy, and the conduct of philosophy*, Dordrecht, 1995. Uma tentativa de reconstrução da ordem "dramática" dos diálogos encontra-se em TEJERA, V., *Plato's dialogues one by one*, Lanham, 1999.

3.1

Acerca da escola de Tübingen e a unificação da "metafísica clássica", cf. as obras de KRÄMER, H. J., Areté *bei Platon und Aristoteles*, Heidelberg, 1959; Id., *Der Ursprung der Geistmetaphysik*, Amsterdam, 1964, ²1967. Sobre os pressupostos culturais da escola cf. REPELLINI, F., Gli agrapha dogmata di Platone.

La loro recente ricostruzione e i suoi presupposti storico-filosofici, *Acme*, v. 26 (1973) 51-84. Sobre a teoria dos princípios e suas relações com os diálogos, cf. KRÄMER, H. J., *Platone e i fondamenti della metafisica*, Milano, 1982; SZLEZÁK, T. A., *Platon und die Schriftlichkeit der Philosophie*, Berlin-New York, 1985 (trad. it.: Milano, 1988 [trad. bras.: *Platão e a escritura da filosofia. Análise de estrutura dos diálogos da juventude e da maturidade à luz de um novo paradigma*, São Paulo, Loyola, 2009 (N. do T.)]); REALE, G., *Per una nuova interpretazione di Platone*, Milano, 1984 (nova ed.: Milano, 1997 [trad. bras.: *Para uma nova interpretação de Platão. Releitura da metafísica dos grandes diálogos à luz das "Doutrinas não-escritas"*, São Paulo, Loyola, 1997 (N. do T.)]).

Das numerosas intervenções críticas de M. Isnardi Parente sobre a questão das *agrapha dogmata* basta citar aqui Il problema della "dottrina non scritta" di Platone, *La parola del passato*, v. 226 (1986) 5-30, e Platone e il discorso scritto, *Rivista di storia della filosofia*, v. 46 (1991) 437-461; sobre os testemunhos aristotélicos cf. Id., *Testimonia platonica I*, Roma, 1997. Balanços críticos sobre o problema, cf. também BRISSON, L., Gli orientamenti recenti della ricerca su Platone, *Elenchos*, v. 15 (1994) 255-285 e VEGETTI, M., Cronache platoniche, *Rivista di filosofia*, v. 85 (1994) 109-129 (capítulo 1 deste volume). Cf. Também BERTI, E., Strategie di interpretazione dei filosofi antichi, *Elenchos*, v. 10 (1989) 289-315.

Sobre o *Fedro* e a questão da escrita, cf. TRABATTONI, F., *Scrivere nell'anima*, Firenze, 1994; Id., *Oralità e scrittura in Platone*, Milano, 1999 [trad. bras.: *Oralidade e escrita em Platão*, São Paulo/Curitiba, Discurso-Ed. UFC, 2013 (N. do T.)]. KÜHN, W., *La fin du* Phèdre *de Platon. Critique de la rhétorique et de l'écriture*, Firenze, 2002. Mais em geral cf. VEGETTI, M., Dans l'ombre de Theuth. Dynamiques de l'écriture chez Platon, in: DETIENNE, M. (ed.), *Les savoirs de l'écriture en Grèce ancienne*, Lille, 1988, 387-419 (trad. It.: Roma/Bari, 1989 [capítulo 9 deste volume]).

Sobre o caráter "aberto" das doutrinas não escritas, cf. FERBER, R., *Die Unwissenheit des Philosophen, oder, Warum hat Plato die "ungeschriebene Lehre" nicht geschrieben?* Sankt Augustin, 1991. Sobre a insistência no "socratismo" platônico na interpretação de Gadamer, cf. RENAUD, F., *Die Resokratisierung Platons, Die platonische Hermeneutik Hans-Georg Gadamer*, Sankt Augustin, 1999.

Para a crescente atenção dos intérpretes oralista-esotéricos na forma dialógica, cf. GAISER, K., *Platone come scrittore filosofico*, Napoli, 1984; MIGLIORI, M., *Arte politica e metretica assiologica. Commentario storico-filosofico al*

Politico *di Platone*, Milano, 1996. Para um confronto entre estudiosos de diversas tendências sobre o problema da ideia do bem cf. agora REALE, G.; SCOLNICOV, S. (ed.), *New images of Plato. Dialogues on the idea of the good*, Sankt Augustin, 2002.

3.2

Sobre o princípio do *dialectical requirement* cf., em formas diversas, FINE, G., Knowledge and belief in *Republic* V-VII, in: EVERSON, S., (org.), *Companions to ancient thought*, v. I: *Epistemology*, Cambridge 1990, 85-115; EBERT, T., *Meinung und Wissen in der Philosophie Platons*, Berlin, 1974. O princípio da *Kontextbezogenheit* foi formulado por BLÖSSNER, N., Kontextbezogenheit und argumentative Funktion. Methodische Anmerkungen zur Platondeutung, *Hermes*, v. 126 (1998) 109-201 (também publicado em *Dialogform und Argument. Studien zu Platons* Politeia, Stuttgart, 1997).

Sobre a tese "proléptica", cf. KAHN, Ch. H., *Plato and the socratic dialogue*, Cambridge, 1996 [trad. bras.: *Platão e o diálogo pós-socrático*, São Paulo, Loyola, 2019 (N. do T.)] (sobre o qual cf. GRISWOLD, Ch. L., E *Pluribus Unum? On the platonic Corpus, Ancient Philosophy*, v. 19 (1999) 361-397). Sobre o "público" dos diálogos cf. THESLEFF, H., Plato and his public, in: AMDEN, B., et al. (ed.), *Noctes Atticae*, Copenhagen, 2002, 289-301.

Para a interpretação "irônica", além de STRAUSS, L., *The city and man*, Chicago, 1964 (sobre o qual cf. BURNYEAT, M., Sphinx without a secret, *The New York Review of Books*, 30 mai. 1985, 30-36; GIORGINI, G., Leo Strauss e la *Repubblica* di Platone, *Filosofia politica*, v. 5 (1991) 153-160; FERRARI, G. R. F., Strauss' Plato, *Arion*, v. 5 (1997) 36-55), cf., por exemplo, BLOOM, A., *The Republic of Plato*, New York, ²1991; HYLAND, D. A., Taking the longer road. The irony of Plato's *Republic*, *Revue de métaphysique et de morale*, v. 93 (1988) 317-355; sobre alguns aspectos, também ANNAS, J., Politics and ethics in Plato's *Republic*, in: HÖFFE, O. (ed.), *Platon. Politeia*, Berlin, 1997, 141-160.

4

Sobre a tematização da "abordagem dialógica", cf. os ensaios contidos nas coletâneas organizadas por GRISWOLD, Ch. L., *Platonic Writings, Platonic Readings*, New York, 1988; KLAGGE, J. C.; SMITH, N. D., Methods of interpreting Plato and his dialogues, *Oxford Studies in Ancient Philosophy*, supl. (1992); PRESS, G. A., *Plato's dialogues. New studies and interpretations*, Lanham, 1993; GILL,

C.; McCabe, M. M., *Form and argument in late Plato*, Oxford, 1996; Casertano, G. (ed.), *La struttura del dialogo platonico*, Napoli, 2000; Cossutta, F.; Narcy, M., *La forme dialogue chez Platon*, Grenoble, 2001.

Acerca do caráter *open-ended* dos diálogos, cf. Nails, D., *Agora, Academy, and the conduct of philosophy*, Dordrecht, 1995.

4.1

Sobre o estatuto literário dos diálogos cf. Cerri, G., *Platone sociologo della comunicazione*, Milano, 1991; Nightingale, F., *Genres in dialogue. Plato and the construct of philosophy*, Cambridge, 1995. Acerca do conceito de "sociedade dialógica" cf. Vidal-Naquet, P., La société platonicienne des dialogues, in: Id., *La démocratie grecque vue d'ailleurs*, Paris, 1990, 95-119; Vegetti, M., Società dialogica e strategie argomentative nella *Repubblica* (e contro la *Repubblica*), in: Casertano, G. (ed.), *La struttura del dialogo platonico*, 74-85.

4.2

Para uma tentativa de análise ampla de um diálogo cf., por exemplo, Vegetti, M., (org.). Platone, *La Repubblica*, trad. e comentário, 7 v., Napoli, 1998-2007. Cf. a respeito Ferrati, G. R. F., Vegetti's Callipolis, *Oxford studies in Ancient Philosophy*, v. 23 (2002) 225-245.

Exemplos de análise do papel dos personagens dialógicos: Craig, L. H., *The war lover. A study of Plato's* Republic, Toronto, 1995; Vegetti, M., Trasimaco; Glaucone, in: Platone, *La Repubblica*, v. I, 233-256; v. II, 151-172 (sobre a *República*); Ebert, T., *Sokrates als Pythagoreer und die* Anamnesis in *Platons Phaidon*, Stuttgart, 1994 (sobre o *Fédon*); Gastaldi, S., La giustizia e la forza. Le tesi di Callicle nel *Gorgia* di Platone, *Quaderni di storia*, v. 52 (2000) 85-105 (sobre o *Górgias*).

4.3

Sobre o personagem Sócrates cf. Griswold, Ch. L., Irony and aesthetic Language in Plato's Dialogue, in: Bolling, D. (ed.), *Philosophy and literature*, New York, 1987 (trad. it.: in: *Philologica*, 3, 1994, 67-104); Beversluis, J., *Cross-Examining Socrates. A defense of the interlocutors in Plato's early dialogues*, Cambridge, 2000 (sobre o qual cf. Gill, C., Speaking up for Plato's interlocutors, *Oxford Studies in Ancient Philosophy*, v. 20 (2001) 297-321).

4.4

Foi citado o título do ensaio de OSTENFELD, E., in: PRESS, G. A. (ed.), *Who Speaks for Plato? Studies in platonic anonymity*, Lanham, 2000, 211-219.

5

Sobre a "terceira via" cf. GONZALEZ, F. G. (ed.), *The third way. New directions in platonic studies*, Lanham, 1995 (inspira-se nessa orientação, mas com elaborações diversas daquelas aqui delineadas, TRABATTONI, F., *Platone*, Roma, 1998 [trad. bras.: *Platão*, São Paulo, Annablume, 2010 (N. do T.)]).

5.1

Sobre o estilo polar em Platão cf. THESLEFF, H., Studies in Plato's Two-Level Model, *Commentationes Humanarum Litterarum*, Helsinki, 1999.

5.2

Uma exploração da possibilidade de reconstruir os elementos de uma filosofia "platônica" foi tentada por VEGETTI, M., *Quindici lezioni su Platone*, Torino, 2001 [trad. bras.: *Quinze lições sobre Platão*, São Paulo, Loyola, no prelo (N. do T.)]. Para o requisito dialético da *homologia* cf., em particular, GIANNANTONI, G., Il dialogare socratico e la genesi della dialettica platonica, in: DI GIOVANNI, P. (ed.), *Platone e la dialettica*, Roma-Bari, 1995, 3-27.

Sobre o problema da Academia cf. CHERNISS, H., *The riddle of the early Academy*, New York, 1945 (trad. it.: Firenze, 1974); ISNARDI PARENTE, M., *L'eredità di Platone nell'Accademia antica*, Milano, 1989; também VEGETTI, M., I filosofi a scuola e la scuola dei filosofi, in: PLATONE, *La Repubblica*, v. V, 603-624.

Sobre o papel de Aristóteles como interlocutor de Platão, cf., por exemplo, BODÉÜS, R., Pourquoi Platon a-t-il composé les *Lois*, *Études classiques*, v. 53 (1985) 367-372 e os ensaios reunidos em MIGLIORI, M. (ed.), *Gigantomachia. Convergenze e divergenze tra Platone e Aristotele*, Brescia, 2002.

6

Acerca da história das interpretações antigas de Platão cf. entre outros, TIGERSTEDT, E. N., *Interpreting Plato*, Stockholm, 1977; TARANT, H., *Plato's first interpreters*, London, 2000. Sobre a tradição dos diálogos específicos, cf. NESCHKE-HENTSCHKE, A. (ed.), *Le* Timée *de Platon. Contributions à l'histoire de sa reception*, Louvain/Paris, 2000; VEGETTI, M.; ABBATE, M. (ed.), *La* Repubblica *di Platone nella tradizione antica*; BARBANTI, M.; ROMANO, F. (ed.), *Il* Parmenide *di Platone e la sua tradizione*, Catania, 2002.

CAPÍTULO TERCEIRO

Como, e por que, a *República* de Platão se tornou impolítica?[1]

1

Ao longo de sua longa história, a *República* conheceu alguns amigos e muitos adversários. A hostilidade nem sempre constituiu um obstáculo para sua compreensão. É certo que um adversário como Aristóteles permite compreender a *República*, em suas boas razões e em sua criticidade, melhor que um defensor como Proclo; com o século XX, não tenho dúvidas de que um crítico violento como Popper tenha escrito sobre o diálogo páginas mais interessantes do que as tantas dedicadas à sua exaltação por obra de intérpretes filonazistas como Hildebrandt, Bannes e Guenther, ou fascistas como Marino Gentile.

Nem adversários nem amigos, contudo, quase nunca colocaram em dúvida, ao menos até a metade do século XX, que a *República* fosse um diálogo de caráter político, embora na extrema complexidade de seus desenvolvimentos teóricos, e que, portanto, o título de *Politeia* fosse apropriado para descrever seu tema e destinação principal, o *skopos*, como diziam os comentadores antigos.

Um severo guardião da pertinência disciplinar como Aristóteles havia certamente submetido o diálogo às suas habituais operações de cirurgia epistemológica. A discussão sobre a justiça e sobre a ideia do bem havia sido consignada ao campo da ética, e a sobre a alma ao âmbito da psicologia. Muitas outras coisas,

---

1. Este capítulo foi originalmente publicado em *Giornale critico della filosofia italiana*, v. 89 (2020), 431-452.

como os discursos sobre a educação dos governantes, são simplesmente consideradas "estranhas" (*exothen, Pol.* II 6 1264b39). Mas os temas tratados nos livros III-V e VIII são, sem dúvida, considerados por Aristóteles como sendo de pertinência política e, portanto, discussões no lugar oportuno, que é o tratado sobre a *Politikà*.

Isso se mostra perfeitamente natural se considerarmos os argumentos principais da reflexão política segundo Aristóteles e, em geral, no pensamento grego. As "coisas políticas" incluíam três questões centrais. Em primeiro lugar, a quem cabia o direito de aceder à cidadania (sentido restrito de *politeia*), e como devia ser organizado o corpo cívico (estes haviam sido os problemas decisivos da política grega de Sólon a Clístenes, e continuavam a ser atuais para utopistas como Hipódamo e teóricos como Aristóteles). Em segundo lugar, a questão do poder: a quem cabia o direito do comando, como e a quem deviam ser atribuídas as *archai* na comunidade (trata-se da questão discutida a partir do célebre *logos tripolitikos* de Heródoto). Em terceiro lugar, qual é a forma política, a *politeia*, mais apta para garantir uma boa vida para os indivíduos e a comunidade (pensemos no elogio da democracia ateniense na oração fúnebre de Péricles no livro II de Tucídides). Esses três temas são amplamente tratados na *República*, o que seria mais que suficiente para situar o diálogo no campo disciplinar da filosofia política.

Afinal de contas, o próprio Proclo recusava a tese dos intérpretes, como Albino, que faziam da justiça o tema central da *República*, e, portanto, a situavam no campo da ética: *dikaiosyne* e *politeia*, ele judiciosamente observava, são conectadas por um vínculo de implicações recíprocas, e não podem ser consideradas separadamente (*Diss.*, I, II.5 ss.). Em outros aspectos, todavia, como veremos, Proclo pode ser reconhecido como o fundador remoto e oculto da tradição exegética que conduzirá à tentativa de despolitizar a *República*. Na última década, essa tendência foi representada, de modos diversos, por Julia Annas, Norbert Blössner, Giovanni Ferrari e Dorothea Frede. Mas um antecedente próximo pode ser encontrado na discussão entre Wayne Leys e Francis Sparshott publicada em *Ethics* na metade dos anos de 1960[2]. Aqui, Platão era apresentado como *non-political* ou *anti-political thinker*, embora com motivações diversas

---

2. LEYS, W. A. R., Was Plato non-political?, *Ethics*, v. 75 (1965) 272-276; SPARSHOTT, F. E., Plato as anti-political thinker, *Ethics*, v. 77 (1967) 214-219 (ambos reproduzidos em VLASTOS, G. (ed.), *Plato. A collection of critical essays*, New York 1971, 166-186. As citações são deste volume: página 172 para as *Leis*, páginas 181 e 183 para Sparshott).

entre os dois estudiosos. Eles compartilham uma concepção da política como técnica de gestão e mediação de conflitos entre grupos sociais que têm aspirações e opiniões discordantes sobre os fins a serem visados na vida comunitária.

Na *República*, entretanto, não há nenhum interesse em uma política considerada nesse sentido. Antes, embora esse aspecto antipolítico subtraia Platão da crítica popperiana de totalitarismo, não resta menos, segundo Leys, "the saint of those who see only evil in their opponents and in the institutions that require concession to opponents" ["o santo daqueles que veem apenas o mal em seus oponentes e nas instituições que exigem concessão a seus opositores"]. Ainda, segundo Sparshott, a "fundamentally non political nature of Plato's thinking" ["natureza fundamentalmente não política do pensamento de Platão"] é demonstrada por seu desinteresse pelas "dynamics of politicking" ["dinâmica do jogo político"], isto é, como os órgãos de governo podem negociar acordos ou tomar decisões. Há, com efeito, propostas políticas em Platão, mas ele nutre um "quite unrealistic pessimism about the workability of ordinary political devices" ["tácito pessimismo não realista sobre a viabilidade de dispositivos políticos ordinários"]; por isso as suas soluções preferidas para os problemas políticos "are directed toward changing the social context itself" ["dirigem-se à mudança do contexto social em si"], e, nesse sentido, seu pensamento é certamente antipolítico (ainda que a elaboração pela qual se desenvolve constitua uma contribuição, embora negativa, para a filosofia política).

Não é difícil observar que Platão é antipolítico, nessa discussão, apenas em virtude de uma concepção decididamente restrita da política, tomada como administração do funcionamento de um sistema social liberal-democrático já instituído e concebido como não modificável. Não fica claro porque a intenção de uma mudança abrangente do sistema social deva ser considerada menos política que sua administração. No mais, como escreveu judiciosamente Christopher Rowe, "em princípio, parece não existirem boas razões pelas quais a construção de utopias não deva ser legitimamente vista como uma parte da teoria política; ou seja, ao se entender que há alguma via para *se aproximar* daquilo que é descrito na forma da utopia"[3], como é justamente o caso da *República*, ao menos segundo a clássica interpretação proposta por Immanuel Kant[4].

---

3. ROWE, Ch., The place of the *Republic* in Plato's political thought, in: FERRARI, G. R. F. (ed.), *The Cambridge Companion to Plato's* Republic, Cambridge, 2007, 27-54, aqui 28.

4. KANT, I., *Crítica da razão pura*, 1787, B 370-375, 595-599. Sobre a interpretação kantiana, veja-se VEGETTI, M., *Un paradigma in cielo. Platone politico da Aristotele al*

Mais complexo é o discurso relativo aos desenvolvimentos mais recentes da tendência a despolitizar Platão, e, em primeiro lugar, a *República*. Como se dizia, seu antecessor remoto deve ser visto em Proclo. Embora admitindo a impossibilidade de separar no diálogo o discurso ético do político, Proclo havia sustentado a prioridade ontológica dos vícios e das virtudes da alma, que "preexistem como modelos [*paradeigmata*]" aos das constituições políticas. Portanto, as formas de governo (*politeiai*) exteriores são "imitações das interiores e atividades secundárias em relação às primárias, e a autêntica arte política diz respeito às formas de governo interiores", das quais a exterior é apenas uma imagem (*eikon*) (*Diss.*, VII, 210.25-30). O verdadeiro objeto da *República* são, portanto, as *politeia* e a política da virtude da alma, em relação às quais as que pertencem à *polis* não são senão cópias e reflexos.

É o caso agora de delinear um quadro sumário dos principais argumentos sustentados pela tendência contemporânea a despolitizar Platão.

a) Em 1997, Julia Annas[5] sustentou que não existe nenhuma prova de interesses políticos diretos por parte de Platão e da Academia: a *Carta VII* é inautêntica e privada de qualquer valor documental[6]. Quanto às "ondas" do livro V da *República* (abolição da família e da propriedade privada para o grupo dos governantes, paridade feminina, poder filosófico), Annas escreve: "Essa parte mais abertamente política da *República* parece ignorar as realidades políticas de modo tão deliberado que sempre houve dúvida quanto à seriedade das intenções de Platão e, de modo mais geral, sobre o papel dos argumentos políticos na *República* em comparação ao argumento moral principal"; e ainda: "as propostas políticas, se tomadas ao pé da letra, são absurdas; parecem tanto arbitrárias quanto deliberadamente não realistas". Para concluir: as ideias políticas do diálogo são apresentadas "such sketchy, incomplete and extreme ways" ["como esboços, incompletas e extremadas"], que podem ser consideradas estranhas à séria tradição da filosofia política ao modo de Locke e Hobbes[7].

Novecento, Roma, 2009, 41-44 [trad. bras.: *Um paradigma no céu. Platão político, de Aristóteles ao século XX*, São Paulo, Annablume, 2012 (N. do T.)].

5. ANNAS, J., Politics and Ethics in Plato's *Republic*, in: HÖFFE, O. (ed.), *Platon. Politeia*, Berlin, 1997, 141-160.

6. Ibid., 155 (no entanto, esta não é a opinião de Annas, em seu importante livro *An introduction to Plato's* Republic, Oxford, 1981, 5-6).

7. Ibid., 144-145, 152-153. Cf. também ANNAS, J., The inner city. Ethics without politics in the *Republic*, in: ID., *Platonic ethics, old and new*, Ithaca (NY)/London, 1999, 72-95, aqui 82.

b) O que então é a *República* se não versa sobre a melhor *politeia*? Segundo Annas, que faz remontar essa interpretação ao médio-platônico Alcínoo (Albino), trata-se de um texto de ética que pretende argumentar pela autossuficiência da virtude com vistas à felicidade. É óbvio que se essa tese, de caráter socrático-estoico, está no centro do diálogo, a questão do estado ideal e de sua realizabilidade se torna totalmente irrelevante, pois isso não é necessário para a obtenção da virtude pessoal e da consequente felicidade. O delineamento da *kallipolis* tem, portanto, apenas a "função de permitir que o indivíduo forme uma noção da virtude que possa interiorizar e seguir na vida"; serve para "iluminar a alma" graças à metáfora da hierarquia das partes, que constitui um modelo para a ordem moral individual. Trata-se, em suma, mediante a metáfora política, de "tornar o indivíduo capaz de obter uma ideia de moralidade que pode internalizar" na vida pessoal[8].

c) Uma parte importante nessa discussão é naturalmente exercida pela interpretação da história paralela das formas constitucionais e dos tipos de alma degenerados no livro VIII do diálogo. Dorothea Frede foi a primeira a negar que se trate de uma verdadeira análise histórica das estruturas políticas por causa da falta de atenção aos aspectos institucionais e funcionais das diversas *politeiai*, que ademais não correspondem a nenhuma realidade histórica. É de fato difícil não recordar a esse respeito, por exemplo, a estreita proximidade das teses de Platão sobre a democracia com a análise de Tucídides das guerras civis (III 80-82), ou evitar a impressão que a análise da gênese da timocracia e da oligarquia a partir da *kallipolis* se inspire na tese do próprio Tucídides segundo a qual a decadência da Atenas pós-Péricles deveu-se a *idiai philotimiai* e *idia kerde*, à ambição e à atividade privada (II 65.7). Em todo caso, Frede – com base em uma concepção da política restrita, como a de Leys, aos aspectos institucionais e procedimentais – sustenta que o escopo do livro VIII é mais o de delinear uma *Entwicklungsgeschichte der Moralität* e, por contraste, uma psicopatologia dos cidadãos[9].

Essa é também a posição inicial de Blössner. A sucessão das *politeiai* do livro VIII não apresenta "historical statements or political analysis" ["teses históricas

---

8. Id., Politics and Ethics, 145 ss.; ID., *The inner city*, 80-81, 84 ss., 88 ss.

9. FREDE, D., Die ungerechten Verfassungen und die ihnen entsprechenden Menschen (Buch VIII 543a-IX 576b), in: HÖFFE, O. (ed.), *Platon. Politeia*, 251-270, aqui 259. Cf. também ID., Platon, Popper und der Historizismus, in: RUDOLPH, E. (ed.), Polis *und* Kosmos. *Naturphilosophie und politische Philosophie bei Platon*, Darmstadt, 1996, 74-107.

ou análises políticas"]: "what in a political or historical analysis would be the hub of things is mostly peripheral in the *Republic*" ["o que em uma análise política ou histórica deveria ser central é mais periférico na *República*"]. O sentido do livro consiste na denúncia dos falsos valores da injustiça individual, em uma "critique of ways of life and of the mistaken conceptions of happiness" ["crítica dos modos de vida e das concepções errôneas de felicidade"][10].

Nessa base, Blössner chega por outro caminho à tese de Annas. O aspecto político do diálogo "is in the service and subordinate to the ethical goal of consideration of the individual" ["está a serviço e subordinado à finalidade ética da consideração do plano individual"][11]. A dimensão política é considerada como um poderoso instrumento metafórico para convencer interlocutores como Gláucon e Adimanto: por exemplo, a evidência dos conflitos políticos pode ilustrar metaforicamente os conflitos interiores da alma. Portanto, o conjunto da *República*, e em particular o livro VIII, constituem um dispositivo destinado a argumentar a tese da conexão entre ordem moral da alma e felicidade, a convencer das elaborações eudaimonistas da justiça[12].

Giovanni Ferrari segue a mesma linha interpretativa, embora com maior cautela. Sua análise parte da evidente dificuldade de fazer coincidir em um perfeito isomorfismo as partes da alma e as partes da cidade, e da problemática correspondência entre os tipos de constituição e os tipos humanos no livro VIII (não é verdade, sustenta Ferrari, que os regimes timocráticos e oligárquicos sejam governados por homens psicologicamente homólogos). Não há, com efeito, uma relação de dependência causal entre cidade e alma, a primeira não determina a estrutura da segunda, e os tipos psicológicos não determinam os regimes políticos. A correspondência é apenas analógica: a razão está para a alma como o governo está para a cidade. Desta forma, a alma está radicalmente "disengaged" [desvinculada] da cidade. A analogia política permite compreender a estrutura

---

10. BLÖSSNER, N., The city-soul analogy, in: FERRARI, G. R. F., *The Cambridge Companion to Plato's* Republic, 345-385, aqui 367, 370. Deve-se dizer que Blössner segue sua própria versão metodológica acerca da *dialogical approach*, segundo a qual nenhuma doutrina contida nos diálogos, e, por decorrência, na *República*, nem "psicologia" nem "política" podem ser atribuídas como tal ao autor Platão. É sempre uma questão de estratégias argumentativas destinadas a convencer os interlocutores a aceitar a tese de Sócrates (no caso, que "a justiça compensa", 357-358).

11. Ibid., 346.

12. ID., *Dialogform und Argument. Studien zu Platons* Politeia, Stuttgart, 1997, 165, 169, 190 ss.

dos elementos postos em relação (por exemplo, a anarquia da cidade democrática ilustra a desordem da alma do homem democrático), mas sem causação recíproca: o regime político é irrelevante em relação à "constituição interior" da alma. A consequência de tudo isso, segundo Ferrari, é que a *República* "está focada na alma mais do que na cidade, e exalta o indivíduo acima da comunidade"[13]. A razão última desse privilégio do indivíduo está no fato de que este, ao contrário da cidade, é capaz de filosofia, e "a filosofia, não o reino, é o mais alto *achievement* humano". A *República* propõe, portanto, segundo Ferrari, a reivindicação da superioridade da vida filosófica sobre a política, da dimensão "divina", própria da primeira, sobre a "humana", que constitui o limite da segunda[14].

Trata-se, como é fácil de ver, de um conjunto de teses importantes, que considero destinadas a adquirir autoridade entre os estudiosos e os leitores de Platão. Não é possível, por isso, limitar-se a liquidá-las como uma das tantas tentativas, talvez paradoxais, de dizer algo de novo na longa história das interpretações platônicas; não basta sequer contrapor a elas uma série de evidências textuais que parecem em condições de refutá-las, como, entretanto, farei brevemente no final desta discussão. Creio antes que as posições que expus de modo sumário merecem ser consideradas no campo de um importante acontecimento da história intelectual do século XX, que supera os limites das interpretações de Platão, e do qual elas representam de algum modo um reflexo tardio.

2

Por isso, espero que me seja permitido percorrer um caminho mais longo, um *makrotera periodos*. Minha história começa, se quisermos indicar uma data simbólica, em 1938, e diz respeito a três personagens, três eminentes filósofos de língua alemã em fuga da expansão nazista. Dois deles, Leo Strauss e Karl Popper, eram judeus, o terceiro, Eric Voegelin, era cristão, mas perseguido porque autor de escritos críticos sobre o conceito de raça. Dois, Popper e Voegelin, provinham da Áustria, Strauss, por usa vez, da Alemanha. Strauss havia se refugiado nos Estados Unidos em 1937, Voegelin juntara-se a ele em 1938; Popper, ao contrário, aportara, em 1937, na longínqua Nova Zelândia. Em março de 1938, Popper receberia a notícia da invasão nazista da Áustria e no impulso emotivo

---

13. FERRARI, G. R. F., *City and soul in Plato's Republic*, Sankt Augustin, 2003, 50, 89.
14. Ibid., 90, 103.

causado por esse evento começou a escrever sua grande obra, *The open society and its enemies*, dedicada a reconstruir a genealogia cultural dos totalitarismos modernos e da crise europeia. Como todos sabem, o primeiro volume da obra, publicada em 1944, era dedicado a *The spell of Plato*.

Deixemos, por ora, Popper dedicado à escrita de seu livro e nos transfiramos para os Estados Unidos de Strauss e Voegelin. As diferenças entre ambos são, à primeira vista, profundas. Strauss era de tendências sionistas, Voegelin, por outro lado, inspirava-se em um cristianismo radical. Para o primeiro, a Lei transcendente de origem divina marca o limite superior da filosofia, mas não a suprime, tal como a filosofia marca o limite superior que a política não pode superar[15]. Para Voegelin, ao contrário, a filosofia é superada pela Revelação: Deus fala primeiro mediatamente, por intermédio de Sócrates e Platão, depois diretamente na palavra revelada[16]. Por maiores que fossem tais diferenças, contudo, Strauss estava convencido de que "so long as we have to combat the presently reigning idiocy, that shared objective is of greater significance than the differences" ["enquanto tivermos que combater a presente idiotia reinante, este objetivo compartilhado é mais importante do que as diferenças"][17]. E tinha boas razões para pensar assim: para os dois filósofos ultratradicionalistas a *present idiocy* estendia-se a toda a modernidade. Strauss se remetia a Platão e a Aristóteles como os fundamentos seguros contra as degenerações ateias e niilistas da modernidade, de Hobbes e Maquiavel ao Iluminismo e Hegel[18]; o abandono moderno da referência à Lei e à ordem da transcendência assemelhava as "sociedades abertas" do Ocidente liberal e a "sociedade fechada" construída na Alemanha do niilismo nazista[19]. Tratava-se de um processo ininterrupto de "autodestruição da razão", devido ao abandono do racionalismo clássico, ou seja, platônico-aristotélico e judaico-medieval[20].

---

15. Strauss já havia exposto essas teses em seu livro sobre Maimônides, *Philosophie und Gesetz*, Berlin, 1935.
16. Carta a Strauss datada de 22 de abril de 1951. Cf. EMBERLEY, P.; COOPER, B. (ed.), *Faith and political philosophy. The correspondence between Leo Strauss and Eric Voegelin, 1934-1964*, University Park (PA), 1993, 87; cf. também o comentário de Strauss na carta de 4 de maio de 1951, Ibid., 90.
17. Carta de 17 de março de 1949, Ibid., 59.
18. Carta de 9 de abril de 1943, Ibid., 17-18.
19. STRAUSS, L., *Il nichilismo tedesco*, palestra realizada em 1941 na *New School for Social Research*, New York, in: ESPOSITO, R., GALLI, C., VITIELLO, V., *Nichilismo e politica*, Roma-Bari, 2000.
20. STRAUSS, L., *Liberalismo antico e moderno*, Milano, 1973, 321.

Quanto a Voegelin, em um livro publicado justamente em 1938, *Die politischen religionen*, ele fazia remontar as dificuldades da modernidade, antes ainda que a Hobbes, Maquiavel e ao abominado Locke[21], ao "gnosticismo" originado da heresia medieval de Joaquim de Fiore. Este havia tomado "o ideal da existência cristã como algo realizável neste mundo", profetizando um "terceiro reino", após o de Cristo, ou seja, um estado final de realização da história. Daqui, segundo Voegelin, teriam derivado o Renascimento, o *Leviatã* de Hobbes, o Iluminismo, a filosofia da história de Marx e Engels, o Terceiro Reich, a Terceira Roma fascista, o Terceiro reino comunista; as novas formas de organização do reino da história seriam agora representadas pelas "ligas e elites comunistas, fascistas e nacional-socialistas"[22].

O traço comum dessas variegadas versões do "gnosticismo" é a tendência a ver na "political, prophane history" a possibilidade de realizar um mundo de ordem e de valores que, ao contrário, é transcendente: esse é, segundo Voegelin, o ponto de máxima distância entre a modernidade e a filosofia clássica de Platão e de Aristóteles[23]. Deve-se notar que tanto Voegelin quanto Strauss consideram essa filosofia como um conjunto unitário e indiferenciado, sem nunca levar em consideração, por exemplo, a áspera crítica de Aristóteles à *República* no livro II da *Política*. Afinal, para ambos, Platão é o autêntico porta-voz dessa "filosofia clássica".

Strauss respondia com pleno consenso: também para ele, a história é "infinitely unimportant" para a filosofia clássica[24]. Ademais, resenhando de modo violentamente crítico um livro de Wild, que tentava apresentar Platão como um democrático liberal, Strauss havia sustentado que seus escritos "cannot be used for any purpose other than for philosophizing. In particular, no social order and no party which ever existed or which will ever exist can rightfully claim Plato as its patron" ["não podem ser usados para nenhum outro propósito que

---

21. Definiu "one of the most repugnant, dirty, morally corrupt appearances in the history of humanity [...] one of the first very great cases of spiritual pathology" ["uma das aparências mais contundentes, impuras, moralmente corruptas da história da humanidade [...] um dos primeiros grandes casos de patologia espiritual"], Carta de 15 de abril de 1953, em EMBERLEY, P.; COOPER, B. (ed.), *Faith and political philosophy*, 96-97.

22. VOEGELIN, E., *Die politischen Religionen*, Wien, 1938, trad. it.: ID., *La politica. Dai simboli alle esperienze*, Chignola, S. (org.), Milano, 1993, 51-53.

23. EMBERLEY, P.; COOPER, B. (ed.), *Faith and political philosophy*, Carta de 4 de dezembro de 1950, 73.

24. Ibid., Carta de 10 de dezembro de 1950.

não o de filosofar. Em particular, nenhuma ordem social e nenhum partido que tenham existido ou que existirão podem legitimamente evocar Platão como seu patrono"][25].

Platão, portanto, sem história e sem política; situado antes, como o filósofo clássico *par excellence*, naquele espaço intermédio próprio da filosofia que está acima da história e da política e sob a Lei transcendente, a ordem da Revelação.

3

Voltemos agora a Popper e a seu livro publicado em 1944[26]. Também ele queria remontar às origens da tragédia europeia, compreender as raízes culturais do inimigo presente, o totalitarismo nazista e fascista, e daquele do futuro, o stalinismo soviético. Mas, para Popper, tais origens não estavam no liberalismo moderno, como para Strauss, mas em sua recusa por parte das grandes filosofias da história de Hegel e de Marx: aqui estava o fundamento teórico do totalitarismo de direita e de esquerda. Mas em seus ombros havia um outro "gênio do mal", Platão, que poderia oferecer razões a ambas as versões do totalitarismo. Ao de direita, pelo caráter violentamente autoritário do governo previsto na *República*, no *Político* e nas *Leis*; ao de esquerda, pelo coletivismo radical proposto pelo livro V da *República*.

Popper podia facilmente encontrar nos anos 30 justificativas e precedentes dessa sua interpretação: de um lado, os críticos de Platão na Inglaterra, de Russell a Toynbee e Crossman, que o haviam aproximado tanto do bolchevismo quanto do fascismo, e de outro, seus admiradores filonazistas na Alemanha. Mas certamente a amplidão de análises e a força teórica de seus argumentos, bem como a energia refutatória, não tinham paralelos e faziam de seu livro, como quer que se queira avaliá-lo, um núcleo decisivo na história das interpretações modernas do Platão político.

Algumas das críticas popperianas a Platão podem, com efeito, mostrar-se excessivas, injustificadas e fora de contexto: assim ocorre com a caracterização da

---

25. STRAUSS, L., On a new interpretation of Plato's political thought, *Social Research*, XIII, 1946, 326-364, aqui 351, sobre WILD, J., *Plato's theory of man. An introduction to the realistic philosophy of culture*, Cambridge (MA), 1946.

26. POPPER, K., *The open society and its enemies*, v. I. *The spell of Plato*, London, 1944, ([5]1966), trad. it.: *La società aperta e i suoi nemici*, Roma, 1973 [trad. bras.: *A sociedade aberta e seus inimigos*, Belo Horizonte, Itatiaia, 1987 (N. do T.)].

comunidade da *República* como "holismo tribal" ou com a atribuição a Platão de um "historicismo regressivo". Mas em sua questão central – aquela que Popper chama de "engenharia social utópica" (*utopian social engineering*) – não se pode negar a pertinência de seus argumentos.

A estrutura da engenharia social utópica é claramente circunscrita por Popper. Há, em primeiro lugar, a ordem dos fins: a teoria das ideias é o instrumento teórico que permite delinear, e fundar, o *modelo do Estado perfeito*, imutável e invariável por definição.

Posto isso, o problema do engenheiro social utópico é projetar os meios adequados para a atingir o objetivo assim estabelecido. Trata-se de uma dedução de tipo condicional (*se... então*), que não tem nenhuma necessidade de consenso e também não pode admitir o dissenso. Qualquer objeção se mostra irracional e reacionária. Aquilo que o ocorre é um sistema de poder centralizado que garante a realização sequencial da cadeia dos meios em vista do fim, em suma, a ditadura de quem conhece o modelo a ser realizado e está em condições de derivar dele a planificação racional de toda a sociedade.

Há em tudo isso, nota Popper de modo agudo, um componente significativo de *estetismo*: a perfeição do mundo assumido como modelo torna o engenheiro social utópico insensível diante da estratégia reformista que consiste na tentativa de "reagrupar" o existente. A política se torna, nesse quadro, uma arte, cuja obra-prima consiste justamente na nova sociedade que o engenheiro social está construindo. A beleza buscada o torna de todo indiferente em relação à violência eventualmente necessária ao longo da obra (Popper cita o dito de Lenin segundo o qual "não se pode fazer uma omelete sem quebrar os ovos"). Assim, Platão fala de um pintor de constituições que deve limpar a tela antes de começar a pintar seu quadro (*Resp.*, VI 501a): pouco importa se essa limpeza implicará, por exemplo, banir da cidade todos os habitantes maiores de dez anos (VII 541a), ou, como diz o *Político*, de "purgá-la" matando ou exilando parte de seus cidadãos (293d-e).

Quais são, segundo Popper, os erros inerentes a esse fascinante modo de pensar? Há, antes de tudo, o inevitável dogmatismo sobre os fins. O fim último não pode senão ser objeto de uma intuição, a qual é impossível argumentar racionalmente, de modo que é preciso recorrer à força para dirimir os dissensos. E, sobretudo, o modelo não é modificável, não obstante a duração indefinida dos tempos necessários para realizá-lo e a incerteza do processo: toda mudança do modelo ao longo da obra tornaria inúteis e vãos os meios usados até aquele momento para sua realização. Em suma, conclui Popper: pela arbitrariedade dos fins, a impossibilidade de controlar racionalmente a sequência dos meios e a consequente transformação inevitável dos meios em fins, é muito provável que a engenharia social utópica traga sobre a terra, ao invés do céu, o inferno.

Até aqui, Popper. Na Inglaterra, ele encontrou o consenso imediato de personagens ilustres como Bertrand Russell, Ernst Gombrich e Gilbert Ryle[27], e, em seguida, a aguda oposição filológica dos especialistas em Antiguidade.

4

Para Voegelin e Strauss, a imagem de Platão construída por Popper equivalia a uma mina em condições de destruir a "filosofia clássica" como fundamento de sua luta contra as degenerações da modernidade. Platão foi, ao contrário, configurado como um "gnóstico", que acreditava na possibilidade de realizar na história, mediante a política, a perfeição do gênero humano. Portanto, um "niilista", que recusava a transcendência da Lei e não aceitava a subordinação da política à filosofia, que antes encontrava naquela sua realização. Ao invés de contrapor-se aos modernos, Platão corria o risco de se tornar seu verdadeiro precursor. Como escreveu Myles Burnyeat sobre Strauss, se Platão é um "radical Utopian [...] there is no such thing as the unanimous conservatism of the 'classics', no such disaster as the loss of the ancient wisdom through Machiavelli and Hobbes, no such person as 'the philosopher' to tell 'the gentleman' to observe 'the limits of the politics'" ["utópico radical [...] não há nada igual ao unânime conservadorismo dos 'clássicos', nenhum desastre como a perda da antiga sabedoria com Maquiavel e Hobbes, ninguém como 'o filósofo' para dizer ao 'cavalheiro' para observar 'os limites da política'"][28].

Até abril de 1950, Strauss provavelmente não havia lido o livro de Popper. Havia, contudo, ouvido uma conferência em Chicago: uma prova, segundo Strauss, de "lifeless positivism [...] linked to a complete inability to think 'rationally'" ["inerte positivismo [...] combinado a uma completa inabilidade de pensar 'racionalmente'"]. Embora imaginando que esse tipo de personagem não pudesse ter escrito nada que fosse digno de ser lido, Strauss pedia a opinião do amigo

---

27. A crítica deste último em *Mind* (1952) está reunida no volume BAMBROUGH, R. (ed.), *Plato, Popper and politics*, Cambridge, 1967.

28. BURNYEAT, M., Sphinx without a secret, *The New York Review of Books*, 30 mai. 1985, 30-36, aqui 35.

Voegelin sobre suas obras[29]. A resposta não se fez esperar, Voegelin admite ter sido constrangido a ler *The open society* pelo dever profissional e pela pressão dos admiradores de Popper. A indignação é tal que o faz cair em turpilóquio: "this book is impudent, dilettantish crap. Every single sentence is a scandal" ["este livro é despudorada e diletantemente ruim. Cada frase é um escândalo"]. A conclusão é peremptória: o livro de Popper "in its intellectual attitude is the typical expression of a failed intellectual; spiritually one would have to use expressions like rascally, impertinent, loutish; in terms of technical competence, it is dilettantish, and as a result is worthless" ["em sua atitude intelectual é a expressão típica de um equívoco intelectual; espiritualmente, seria possível usar expressões como desonesto, impertinente, grosseiro; em termos de competência técnica, é diletante, e, como resultado, sem valor"][30].

De imediato, Strauss escreve a Voegelin que tencionava usar sua carta para impedir um eventual convite de Chicago a Popper. Mas, naturalmente, a verdadeira resposta dos dois amigos ao filósofo vienense – embora sem nunca o citar – será formulada em seus escritos sobre Platão: o terceiro volume de *Order and history*, de 1957, de Voegelin, e *The city and man*, de 1964, de Strauss.

Pode parecer surpreendente que no volume platônico de *Order and history*[31] Voegelin cite com aprovação e siga de perto, ao menos na parte inicial, o livro platônico de um autor declaradamente filonazista como Kurt Hildebrandt[32].

É justamente seguindo Hildebrandt que Voegelin lê no *Górgias* o sinal de uma crise na vida de Platão, ou seja, sua ruptura com a política ateniense. Essa ruptura permite um deslocamento de época. "A ordem que comporta a autoridade é transferida do povo de Atenas e de seus *leader* somente a Platão [...]. A ordem representada por Platão sobreviveu a Atenas e é ainda um dos componentes mais

---

29. EMBERLEY, P.; COOPER, B. (ed.), *Faith and political philosophy*, Carta de 10 de abril de 1950, 66-67.

30. Ibid., Carta de 18 de abril de 1950, 67-69.

31. VOEGELIN, E., *Order and history*, v. 3, Baton Rouge (LA), 1957 (^{2}1966), trad. it., da qual é citado: *Ordine e storia. La filosofia politica di Platone*, Bolonha, 1986 [trad. bras.: *Ordem e história. Platão e Aristóteles*, São Paulo, Loyola, 2011 (N. do T.)].

32. Cf., por exemplo, ibid., 104. O título do livro de Hildebrandt de 1933 sobre Platão já é significativo: *Platon. Der Kampf des Geistes um die Macht*. Voegelin também declara sua admiração por um intelectual caro aos nazistas como Stefan George, obtendo a aprovação, também surpreendente, de Strauss: "you are quite right: George understood more of Plato than did Wilamowitz, Jaeger and the whole gang" ["você tem toda razão: George entendia mais de Platão do que Wilamowitz, Jaeger e outros tantos"] (em EMBERLEY, P.; COOPER, B. (ed.), *Faith and political philosophy*, Carta de 4 de maio de 1951, 90).

importantes na ordem da alma daqueles homens que não renunciaram às tradições da civilização ocidental"; "the order of soul as revealed through Socrates has become the new order of relations between God and man: and the authority of this new order is unescapable" ["a ordem da alma tal como revelada por intermédio de Sócrates se tornou a nova ordem das relações entre Deus e o homem: e a autoridade dessa nova ordem é incontornável"][33].

Baseado nessas premissas, Voegelin pode começar sua refutação de Popper, naturalmente sem mencioná-lo: "se a evocação platônica de um paradigma de uma ordem justa for interpretada como se fosse a opinião política de um filósofo, o resultado será um completo *nonsense*, não merecendo sequer ser discutida"[34].

Todavia, Voegelin reconhece em Platão a presença de um "mistério" e de um perigo. O filósofo parece ter aos poucos pensado que a ordem da psique pudesse penetrar inteiramente na ordem política, sendo, portanto, posto o problema não necessário de sua realização, terminando em um *impasse* ontológico. Voegelin acrescenta: "que Platão pensasse sua autoridade espiritual como autoridade política deve ser acenado como um mistério imperscrutável do modo como sua personalidade responde à situação"[35]. O risco derivado desse "mistério", que parece emergir sobretudo no *Político*, é o de uma deriva gnóstica do pensamento platônico. O "royal restorer of order" evocado nesse diálogo remete de perto ao inimigo pessoal de Voegelin, o *dux* profetizado por Joaquim de Fiore. Daqui é curto o passo para "os representantes do orgulho da civilização e da perfeição imanente da civilização: dos progressistas do século XVIII, passando por Marx, Comte e Mill, até Lenin e Hitler"[36].

Não está, contudo, nesse "mistério" e nesse risco a palavra final de Platão, que Voegelin lê, ao contrário, na célebre página da *República* (IX 592) sobre o "paradigma no céu". Aqui, finalmente e com clareza,

> the inquiry into the paradigm of a good *polis* is revealed as an inquiry into man's existence in a community that lies, not only beyond the *polis*, but beyond any political order in history. The leap in being, toward the transcendent source of order, is real in Plato; and later ages have rightly recognized in the

---

33. VOEGELIN, E., *Ordine e storia*, 91, 96 (Cf. VOEGELIN, E., *Order and history*, v. 3. *Plato and Aristotle*, Germino, D. (ed.), Columbia, Missouri, 2000, 92, 97).
34. Ibid., 127. Convém lembrar que Strauss se expressou da mesma maneira ao fazer uma crítica a Wild.
35. Ibid., 145-148.
36. Ibid., 223-224.

passage a prefiguration of Saint Augustine's conception of the *Civitas Dei* [a busca de um paradigma de uma boa *polis* mostra-se como uma busca no interior da existência humana em uma comunidade que existe não apenas além da *polis*, mas além de qualquer ordem política na história. O salto em direção a uma fonte transcendente da ordem é real em Platão; e gerações posteriores reconheceram corretamente nessa passagem uma prefiguração da concepção de *Civitas Dei* de Santo Agostinho].

Então (e essa conclusão de Voegelin é atentamente considerada à luz dos desenvolvimentos que nos interessam) segue-se que

o político que está no filósofo [...] desapareceu. Passando da metáfora à realidade, a participação política significa agora participação na *politeia* transpolítica que se encontra no céu e que será realizada na alma de quem a observa. A alma é a "*polis* do indivíduo" [*one-man polis*] e o homem é o "político" que guarda sua constituição[37].

Portanto, Voegelin acrescenta, todo o processo de decadência política descrito no livro VIII da *República* ocorre na verdade na alma, e descreve a corrupção da ordem psíquica[38].

Temos, portanto, formuladas com grande clareza no livro de Voegelin as principais teses da interpretação impolítica da *República*. O que está de fato em questão são a ordem interior da alma, a moral individual, a relação entre o homem e a transcendência divina. A dimensão política do diálogo não tem senão a função metafórica de descrever a ordem da alma e seus desvios. Se houve uma tentação política no filósofo, ela é superada em direção a uma esfera superior à política.

Quanto a Strauss, em seu *The city and man*[39] Platão é configurado, mais do que como impolítico, como antipolítico. Não é o caso de discutir aqui a abordagem geral de Strauss dos diálogos platônicos e em particular da *República*; como é sabido, ele vê nesses textos uma forma de escrita reticente, esotérica, rica de dissimulação irônica.

Cada diálogo, destaca Strauss, é inevitavelmente parcial, no sentido de abordar sua questão abstraindo de outros aspectos relevantes para a própria questão.

---

37. Ibid., 150-151.
38. Ibid., 188.
39. STRAUSS, L., *The city and man*, Chicago (IL), 1964.

Essa parcialidade torna a solução do problema impossível, e o impossível apresentado como possível é aquilo que constitui o aspecto cômico dos diálogos, no sentido da comédia de Aristófanes.

O problema passa a ser então o de identificar aquilo de que a solução política do problema da justiça na *República* faz abstração e, portanto, torna impossível[40]. Mencionemos em primeiro lugar as características fundamentais dessa solução segundo Strauss: trata-se de um regime de "comunismo absoluto", governado por filósofos, que garantem que toda energia psíquica seja voltada ao interesse da comunidade e assegurem, pela persuasão e a coerção, essa dedicação também da parte de seus subalternos. Algo, portanto, escreve Strauss retomando Marx, mas sem citá-lo, que se assemelha à "sociedade de castas egípcia"[41]. Esse projeto, segundo Strauss, faz abstração, em primeiro lugar, do *corpo*. A dedicação total à comunidade pode caber apenas à *mente*: a corporeidade, com seus desejos, e primeiramente com o *eros* que origina, é irredutivelmente privada, e, portanto, preme em direção oposta à comunitária. A própria igualdade das funções políticas entre homens e mulheres, essencial no desenho platônico, ignora a diferença corpórea e, fazendo da reprodução uma tarefa exclusivamente política, "is based on a deliberate abstraction from *eros*" ["baseia-se em uma deliberada abstração do *eros*"]. Por isso, a comunidade platônica é *inatural*[42].

Disso deriva imediatamente a *impossibilidade* da cidade platônica. Escreve Strauss, repetindo nesse aspecto a crítica de Aristóteles: "the just city is against nature because the equality of sexes and absolute communism are against nature" [a cidade justa é contrária à natureza porque a igualdade entre os sexos e o comunismo absoluto são contrários à natureza][43]; portanto, a "cidade justa" (na qual Strauss reconhece a mais profunda expressão do *idealismo político*) é constitutivamente impossível (note-se que até agora Strauss nunca atribui explicitamente a Platão a consciência dessa impossibilidade, mas suas conclusões, como veremos, não deixam dúvidas a esse respeito).

---

40. Ibid., 62
41. Ibid., 113.
42. Ibid., pp. 109, 117. A esse respeito, deve-se lembrar que na *República* só é colocada sob controle a sexualidade reprodutiva, e não os comportamentos eróticos não reprodutivos, tanto heterossexuais quanto homossexuais, que recebem amplo espaço no livro V. Além disso, Platão reconhece que as "necessidades eróticas" são ainda mais fortes do que as geométricas (V 458d).
43. Ibid., 127.

Uma segunda razão de impossibilidade consiste em uma contradição radical: os filósofos são necessários para a realização do projeto platônico; mas, como mostra o livro VII, os filósofos não pretendem governar, pois estão dedicados à mais alta atividade concedida ao homem, desprezando os acontecimentos humanos que se desenvolvem no mundo da "caverna". Os filósofos podem ser constritos a governar somente pela coerção da cidade, mas aqui se forma um círculo vicioso: os filósofos deveriam convencer a cidade a constranger-lhes a governar contra sua vontade. A discrepância entre filosofia e cidade confirma, portanto, a *impossibilidade* estrutural da *kallipolis* platônica[44]. Ela se mostra, além disso, *indesejável* tanto para a maioria, que a ela deveria sacrificar a corporeidade e o *eros*, quanto para os próprios filósofos, que se veriam obrigados a renunciar à sua dedicação teórica.

Nesse ponto, Strauss está pronto para retirar suas conclusões tanto das premissas metodológicas sobre a natureza irônico-dissimuladora do diálogo quanto da análise das contradições estruturais que ele apresenta: "Sócrates esclarece na *República* que caráter a cidade deveria ter para satisfazer as mais altas necessidades do homem. Fazendo-nos ver que a cidade construída segundo essa exigência não é possível, nos permite ver os limites essenciais, a natureza, da cidade"[45]. Platão está, portanto, consciente dessa impossibilidade; o sentido do diálogo é refutar os aspectos "prometeicos" da engenharia utópica (para usar os termos de Popper), de esclarecer, mediante um experimento intelectual que leva suas ambições ao limite, como a política não pode ocupar o espaço que cabe à filosofia e, além dela, à teologia.

O limite insuperável dessa possibilidade da política leva, assim, Platão, nas *Leis*, a delinear o melhor ordenamento político compatível com a natureza humana e por isso possível e desejável. Portanto, conclui Strauss, "as *Leis* são a única obra propriamente política de Platão"[46]: uma tese de bom grado compartilhada também pelos intérpretes "impolíticos" da *República* à maneira de Annas.

Desse modo, Strauss havia levado a termo sua refutação de Popper, aliás nunca mencionado. Sua crítica havia ignorado o contexto porque havia tomado a *República* ao pé da letra, lendo-a como o projeto de uma grande política filosófica enquanto, na verdade, o diálogo pretendia mostrar a impossibilidade,

---

44. Ibid., 124 ss.
45. Ibid., 138.
46. Cf. STRAUSS, L.; CROPSEY, J., *History of political philosophy*, Chicago (IL), 1963, trad. it.: *Storia della filosofia politica,* Genova, 1993, 161 [trad. bras.: *História da filosofia política*, Rio de Janeiro, GEN, 2015 (N. do T.)].

e a periculosidade, de tal política. Atribuindo a Platão a tese dos limites insuperáveis da política, da superioridade da filosofia e, portanto, do caráter estrangeiro do filósofo em relação à política, Strauss, de outro lado, completava a futura panóplia dos argumentos voltados a tornar impolíticos, ou contrapolíticos, Platão e a *República*.

5

Parece, portanto, que as teses recentes sobre o caráter impolítico da *República* repitam no essencial, de modo mais ou menos consciente, os temas de um velho *dossier* que remonta à meados do século passado. Há naturalmente algumas novas análises textuais e algum suplemento metodológico, mas os argumentos principais e as interpretações gerais seguem a via da refutação de Popper traçada, como foi visto, por Voegelin e Strauss.

Podemos nos interrogar sobre as razões desse movimento cíclico do percurso interpretativo. Em minha opinião, ele pode ser explicado com base na substancial falência de uma outra linha de defesa de Platão da crítica de Popper, a que tentava demonstrar que a polêmica de Popper não considerava o contexto porque de fato Platão não era o progenitor de uma má política totalitária, mas nutria simpatias de tipo liberal e mesmo democrático. Esse *wishful thinking* benevolente teria resolvido o problema, mas não era de modo algum defensável com base nos textos[47]. A questão do aspecto político da *República* permanece, assim, evidentemente um nervo descoberto, que deve ser periodicamente tratado se não se quer recorrer à sua extração cirúrgica ao modo de Popper.

Essa estratégia é naturalmente discutida de modo analítico com base em argumentos textuais que são adotados por seus defensores. Mas ela comporta um perigo mais geral, que é prioritário também em relação à eventual validade de seus argumentos: ou seja, o perigo de um empobrecimento do nível teórico do debate interpretativo sobre Platão e a *República*. Esse debate deve estar à altura dos desafios postos por Platão ao pensamento filosófico e político, e à altura das perguntas postas a Platão por seus verdadeiros críticos, de Aristóteles a George

---

47. Para as análises críticas mais recentes sobre essa tendência interpretativa, Cf. PRADEAU, J. L., *Platon, les démocrates et la democratie*, Napoli, 2005; BERTELLI, L., Platone contro la democrazia (e l'oligarchia), in: PLATONE, *La Repubblica*, trad. e comentário de M. Vegetti, v. VI, Napoli, 2005, 295-396.

Grote[48] e Karl Popper. Gostaria de indicar de modo sumário alguns dos problemas que se impõem a esse nível de reflexão.

a) Um pensamento da utopia política é em alguma medida útil e produtivo, e como é eventualmente possível controlar os riscos que ele apresenta?[49] Quais são os limites do caráter desejável e praticável do projeto utópico? Qual pode ou deve ser o papel da filosofia na política, especialmente na política da utopia?[50]

b) Que tipo de antropologia está implícita no projeto de perfectibilidade utópica ou é com ele compatível? As resistências opostas a esse projeto pela "natureza humana" devem ser consideradas insuperáveis, segundo uma linha de pensamento que se inicia com Aristóteles (mas talvez também com o livro VIII da *República* e com as *Leis*)?

c) Quanto aos conteúdos da utopia da *República*: a estranha combinação de elitismo iluminista e de comunitarismo (ou comunismo republicano) que está no centro de seu programa é em alguma medida sensata e reconhecível como uma opção possível no âmbito do pensamento político? Se não é assim, por quais razões é insensata ou inaceitável? Creio ser em todo caso muito melhor seguir a via da refutação, mostrando, como Aristóteles, que se trata de "má política", do que negar que se trate *tout court* de política, pois nesse caso a única política "verdadeira" é implicitamente aquela considerada como tal pelo intérprete, que se subtrai tanto à tarefa de declarar as próprias opções quanto à da crítica.

d) Juntamente com esse tipo de reflexão, permanece naturalmente o problema de reintroduzir Platão em seu ambiente histórico, político e cultural. Por exemplo: as relações com Aristófanes, Tucídides, a literatura oligárquica dos sofistas e dos socráticos; o sentido da crítica à democracia e à oligarquia, a abordagem ambivalente, de recusa e de atração, dos tiranos do século IV; a relação entre *República*, *Político*, *Leis* e a crítica de Aristóteles. É claro que essas complexas questões podem ser abordadas de modo sensato somente ao se reconhecer o caráter político da *República*.

---

48. Cf. GROTE, G., *Plato, and the other companions of Sokrates* (1865), v. IV, London, 1888.

49. Na minha opinião, as reflexões mais significativas neste sentido são as de BURNYEAT, M., Utopia and fantasy. The practicability of Plato's ideally just city, In: HOPKINS, J.; SAVILE, A. (ed.), *Psychoanalysis mind and art*, Oxford, 1992, 157-187; SCHOFIELD, M., *Plato. Political philosophy*, Oxford, 2006, capítulo 5.

50. Considerações interessantes sobre este argumento são propostas por um estudioso de inspiração parcialmente straussiana, como ROSEN, S., *Plato's Republic. A study*, New Haven-London, 2005, 6 ss.

6

Para finalizar, podemos discutir de modo muito breve, com base no texto, alguns dos argumentos principais adotados pelos intérpretes do diálogo como texto impolítico ou antipolítico[51].

Em primeiro lugar, o tema straussiano *par excellence* da incompatibilidade entre filosofia e política, e da superioridade da primeira em relação à segunda. Bastará aqui citar uma das passagens mais célebres, e de tom mais fortemente normativo, de toda a *República*:

> A menos que os filósofos reinem na cidade, ou que aqueles que agora são chamados de reis e poderosos se dediquem a filosofar com esforço autêntico, e isso possa reunificar o poder político e a filosofia, *e enquanto aqueles muitos cuja natureza tende a um desses polos com exclusão do outro não forem forçosamente impedidos*, não haverá alívio dos males da cidade nem, creio, daqueles do gênero humano (473d, grifo nosso).

Os filósofos da *kallipolis* podem com efeito mostrar relutância em governar, mas esse *não* é o ponto de vista do legislador Platão; trata-se de uma tendência unilateral que é corrigida com a persuasão ou a constrição. De outro lado, pode-se certamente dizer que no *Fédon* e no *Teeteto* Platão sustenta uma visão diferente da relação entre filosofia e política. Isso, sem dúvida, instaura um problema na interpretação da relação entre esses diálogos e a *República*. Mas não vejo como é possível sustentar que na própria *República* Platão afirme a incompatibilidade entre as duas formas de vida e de conhecimento quando, ao contrário, sua separação é considerada como uma das causas da patologia que aflige a humanidade. De resto, *polis* e filosofia se salvam e perecem juntas (497d8-9).

Há, em seguida, a questão da relação entre alma e cidade: uma relação que se tende a interpretar, como vimos, como puramente metafórica e não causal. Também aqui não há dúvida de que a *homologia* entre alma e cidade apresente diversas dificuldades tanto no livro IV quanto no livro VIII. É, contudo, bem difícil negar que entre psicologia individual e ambiente político haja um nexo de condicionamento recíproco.

A influência da cidade sobre a alma pode ter um papel negativo ou positivo. No que diz respeito ao negativo, basta pensar na corrupção das naturezas

---

51. Discuti esses problemas mais extensamente em *Un paradigma in cielo*, capítulos 7-9.

potencialmente filosóficas por obra de um ambiente social hostil amplamente analisada no livro VI. Aqui, a pressão da cidade democrática, seu condicionamento, tem um poderoso efeito conformista mesmo sobre os melhores de seus jovens:

> Que educação particular poderia resistir em um jovem sem ser invertida por um tal fluxo de clamores e de louvores e não se deixaria transportar para onde o leva a corrente? Não dirá, talvez, que são belas ou feias as coisas que a multidão pensa, e não se entregará ao mesmo modo de vida, às mesmas ocupações, tornando-se um deles? (492b-c).

Em uma má *politeia*, portanto, a alma filosófica não pode se salvar a menos que seja protegida, diz Platão, por uma *theia moira*, um conjunto de circunstâncias excepcionais.

Em sentido positivo, não há dúvida de que o programa educativo desenvolvido pela *polis* justa esteja em condições de plasmar à sua própria imagem a alma de seus cidadãos: essa é, em certo sentido, a ideia central de toda a *República*. O condicionamento pode ocorrer de forma consciente, como na educação propriamente dita, ou também de forma inconsciente, quando o ambiente social positivo age "como uma aura que produz saúde proveniente de lugares benéficos, e desde crianças, de modo inconsciente, os conduz à empatia, à amizade, ao acordo harmônico com a bela razão" (401c-d).

Contudo, é certamente verdade, ao contrário, que as disposições psicológicas dominantes entre os cidadãos condicionam o tipo de *politeia* no qual eles vivem: as constituições não nascem "de um carvalho ou de uma rocha", mas "da índole [*ethe*] de quem vive na cidade, que se esconde por trás de todo o resto, como os pesos que fazem pender uma balança" (544d-e).

Nessas e em outras passagens similares, entre os planos individuais da alma e os políticos da cidade, é, portanto, descrito um vínculo não apenas metafórico, mas de causalidade recíproca[52]. O próprio Blössner, afinal, escreveu recentemente que a cidade influi nos cidadãos construindo "the structure of their souls and their goals in life, and it either creates the conditions for reaching these

---

52. Se assim não fosse, não faria sentido a tese da não responsabilidade subjetiva pela má conduta, reiterada no *Timeu*: "Se a indivíduos tão mal constituídos [no corpo] se acrescentam as más *politeiai* das cidades e se mantiverem, em privado e em público, discursos conformes a estas, então todos os maus entre nós se tornarão assim por duas razões, e sem o pretender: disso devemos responsabilizar sempre mais os pais do que os filhos, aqueles que educam mais do que aqueles que são educados" (87b).

goals or impedes their development" ["a estrutura de suas almas e seus objetivos na vida, criando as condições para alcançar esses objetivos ou impedindo seu desenvolvimento"]⁵³. Mas se isso é verdade, como podem ser separados em Platão, e na *República*, política e moralidade individual? A justiça individual não requer, como condição de possibilidade própria, um ambiente social justo e, de outro lado, não é a condição para que esse ambiente possa ser formado? Em torno dessa problemática circularidade se constrói toda a *República*, e o sentido do diálogo corre o risco de se perder se ela for eliminada.

Tratemos, por último, da passagem do livro IX que constitui a referência textual mais forte para as interpretações impolíticas da *República*. É o caso, portanto, de discuti-la com alguma atenção.

Após uma longa análise, que descreveu a conduta moral do homem justo em uma sociedade diversa da *kallipolis*, Sócrates conclui que quanto à atividade política ele a "exercerá, e muito, na cidade que lhe é própria, mas talvez não em sua pátria, a menos que lhe sobrevenha alguma sorte divina". Gláucon comenta: "Compreendo: dizes na cidade sobre cuja fundação estávamos discutindo, aquela que está nos discursos, pois não penso que ela exista em algum lugar".

> Mas talvez – responde Sócrates – esteja no céu como um modelo [*paradeigma*], dado a quem queira contemplá-lo, tendo em vista *heauton katoikizein*. Mas não faz qualquer diferença se ela existe em algum lugar ou se existirá no futuro: ele poderia agir apenas com vistas à política dessa cidade e de nenhuma outra (592a-b).

O problema crucial está na interpretação das duas palavras que foram deixadas em grego. No início do século XX, o respeitabilíssimo comentador inglês James Adam as traduzia como "found a city in himself" ["fundar uma cidade em si mesmo"], legitimando, assim, um tenaz preconceito exegético. O texto parecia então dizer claramente: 1. a realização no tempo histórico do projeto da *kallipolis* é impossível; 2. entretanto, isso é irrelevante, pois sua função consiste em fornecer um modelo a ser interiorizado para construir a virtude individual, para "ser fundado em si mesmo" segundo o paradigma da justiça; 3. na medida em que o homem justo agiria politicamente apenas na cidade justa, que não pode existir, disso depreende-se seu radical caráter estrangeiro à política. O sentido da *República* consistiria, portanto, em última instância, na separação da moral

---

53. BLÖSSNER, N., The city-soul analogy, 374-375.

individual (na qual é possível praticar a virtude) da dimensão política (na qual é impossível fundar a cidade justa).

Creio, todavia, ter demonstrado[54] que a tradução de Adam, tão propícia a confirmar a exegese impolítica da *República*, não pode ser sustentada do ponto de vista linguístico. *Katoikizein* com acusativo equivale normalmente, em grego e em Platão, a "situar", "fazer habitar" alguém em algum lugar; com frequência designa o "fundar uma colônia", estabelecendo a população em uma nova localidade. Em nossa passagem, o sujeito que decidiu abandonar a política da própria pátria histórica "situará a si mesmo" no "céu" do paradigma, ou seja, na perspectiva teórica da cidade justa (tal como soa, aliás, a tradução de Grube-Reeve: "There is a model of it in heaven, for anyone who wants to look at it and *to make himself its citizen* on the strength of what he sees" ["Há dela um modelo no céu para quem quiser contemplá-la e *tornar-se a si mesmo seu cidadão* conforme aquilo que vê"])[55]. A esse respeito, são necessárias duas discussões. A primeira, de ordem intelectual, consiste em querer compreender o paradigma teórico (compare-se 472d: "produzimos no discurso o paradigma da cidade boa"); a segunda, de ordem moral, implica querer mudar o próprio *habitat* político, continuando a ter em visto aquele paradigma. À luz dessas premissas compreende-se melhor o que segue, que significa literalmente: "fará as coisas dessa cidade somente, e de nenhuma outra" ("he would take part in the practical affairs of that city and no other"). Nessa frase está em jogo muito do sentido político da *República*. Ela reúne dois significados que podem ser separados. O primeiro é que obviamente o homem justo (o filósofo) desenvolverá a plenitude de sua atividade política na nova cidade com vistas à sua conservação. O segundo é que ele, *se* agirá na pátria histórica, o fará *apenas* em vista e em função do advento da outra cidade: isso não é excluído, mas pode ocorrer apenas com o favor daquelas circunstâncias excepcionais que Platão indica como uma "sorte divina", *theia tyche*.

Corretamente traduzida e interpretada, nossa passagem não constitui de fato uma prova do caráter substancialmente não político, e voltado à interioridade moral do indivíduo, da *República*. Ele retoma de perto a passagem importante do livro VI, em que se afirma que ao invés de se limitar a "plasmar apenas a si mesmo" o filósofo pode ser induzido pelas circunstâncias a transformar a cidade

---

54. Cf. VEGETTI, M., Il tempo, la storia, l'utopia, in: PLATONE, *La Repubblica*, v. VI, 156-162 (capítulo 7 deste volume).

55. In: PLATO, *Complete works*, Cooper, J. (ed.), Indianapolis, 1997.

segundo "a ordem que lá vê" (500d), ou seja, no "céu" da teoria normativa. Não se trata, portanto, em ambos os casos, de se limitar à interiorização da norma moral, mas de empreender uma ação política transformadora da cidade histórica, ainda que ela seja possível apenas em condições excepcionalmente favoráveis.

A *República* é, portanto, um diálogo político, um diálogo em que Platão expõe suas "most striking ideas in political philosophy" ["mais impressionantes ideias em filosofia política"][56]. Essas ideias podem ser compartilhadas ou refutadas, mas sobretudo se deve tentar compreendê-las. Mas negar sua existência e sua força a fim de tentar proteger Platão de si mesmo antes ainda que de seus críticos não é uma boa estratégia historiográfica e é, como já advertia Bambrough, *unprofitable* no plano da reflexão crítica[57]. Melhor menosprezar a *República*, se a consideramos inaceitável, do que dela apresentar uma imagem edificante, enfraquecida, em suma, "normalizada" do ponto de vista do senso comum de nossos tempos.

---

56. SCHOFIELD, M., *Plato*, 9.
57. BAMBROUGH, R., Plato's modern friends and enemies, in: ID., *Plato, Popper and Politics*, 3-19.

parte dois

Teorias

CAPÍTULO QUARTO

Megiston mathema.
A ideia do "bom" e suas funções[1]

"A metafísica é uma metáfora tomada ao pé da letra."
H. Blumenberg

Analítica do "bom" e teorema das ideias

A discussão sobre a ideia do "bom"[2] – tema que a tradição interpretativa antiga e moderna consideraram como um dos vértices e, ao mesmo tempo, dos enigmas mais inquietantes da *República* e de todo o pensamento platônico – é introduzida, na última parte do livro VI, sem qualquer ênfase e até com um certo tom de irritação de Sócrates. Ele havia sustentado que a questão da formação dos futuros *archontes* deve ser retomada do início (502e) em relação às diretrizes oferecidas nos livros II e III, que já naquela ocasião eram consideradas "privadas de rigor" (III 414a). Essa retomada é tanto mais inevitável quanto agora não se

---

1. Este capítulo foi publicado em PLATONE, *La Repubblica*, trad. e comentário de M. Vegetti, v. V, livros VI-VII, Napoli, Bibliopolis, 2003.
2. *To agathon* é um adjetivo neutro substantivado, exatamente como *to kalon*, *to dikaion* e assim por diante (tecnicizados na linguagem das ideias com o sintagma *auto to*). Portanto, não há razão para traduzir, como tradicionalmente acontece em italiano e francês, com os substantivos "bene", "bien" (por vezes com inicial maiúscula). Traduz-se, portanto, como "o bom", como "o belo", "o justo" (tal como o inglês "Good" e o alemão "das Gut"). Deve-se ainda notar que no grego da época de Platão o substantivo *agathotes* não é atestado.

trata somente de formar um núcleo político-militar capaz de gerir a nova *polis*, mas de construir, em seu âmbito, um grupo de governantes-filósofos capazes de compreender e preservar o sentido originário e o fundamento de justiça de sua constituição, o *logos tes politeias* (497c8 s.). Estes deverão dedicar aos estudos um esforço muito maior do que aquele que havia sido então previsto, a fim de alcançar com o máximo rigor (*akribei*) possível aquele conhecimento (*mathema*) que para eles é o mais importante (*megiston*) e o mais adequado (*prosekon*) à função que devem desempenhar (504d-e). À surpresa de Adimanto, que pergunta o que pode haver de mais importante do que a justiça e o âmbito da virtude política (504d4-5), Sócrates responde então como uma certa irritação: "não raramente ouvistes falar disso, e agora ou não te ocorre ou pensas em colocar-me em dificuldade com as tuas objeções. Considero, contudo, que seja este o caso: porque já ouvistes frequentemente dizer que a ideia do bom é o máximo conhecimento" (505a2: ἡ τοῦ ἀγαθοῦ ἰδέα μέγιστον μάθημα).

As razões pelas quais o conhecimento do "bom" em sua forma essencial deve desempenhar um papel decisivo na formação dos *archontes* filosóficos são reiteradas muitas vezes nos livros VI e VII. O "bom" constitui antes de tudo a motivação para se perseguir a justiça e as virtudes do âmbito político (505a). Ele representa o fim (*skopos*), o parâmetro em relação ao qual é preciso orientar a conduta tanto privada quanto pública (519c), portanto, um "horizonte de orientação" e um "centro de integração"[3] da vida e, com maior razão, de seu governo. Para quem tem tal tarefa, o conhecimento do "bom", que é de nível ontológico e epistemológico superior ao mundo da mutação histórica e das opiniões relativas, constitui, todavia, o fundamento para as opiniões corretas e verdadeiras nesse mesmo mundo (520c). Ela representa, com efeito, o modelo de referência, o *paradeigma*, referindo-se à necessidade de que quem tem a tarefa do poder deve reordenar (*kosmein*) a *polis*, seus cidadãos e a si mesmo (VII 540a8-10). De resto, já no início do livro VI havia sido dito que os novos governantes estabeleceriam as normas de justiça (*nomima*) no mundo histórico (*enthade*) tendo como referência a visão daquilo "que há de mais verdadeiro" (*to alethestaton*), uma expressão na qual, como se verá melhor adiante, é possível discernir uma antecipação implícita da ideia do "bom" em sua função de *paradeigma* (484c8-d3).

---

3. Sobre essas expressões, cf. KERSTING, W., *Platons Staat*, Darmstadt, 1999, 235-238; no mesmo sentido também STEMMER, P., *Platons dialektik*, Berlin-New York, 1992, 171-172, que retoma para esse aspecto as teses de WIELAND, W., *Platon und die formen des wissens*, 163, 180.

De tudo isso, sustenta Sócrates, Adimanto está perfeitamente informado (*oistha*: 504a4, 7, 505b5), pois disso já ouviu falar muitas vezes (504e9: οὐκ ὀλιγάκις ἀκήκοας; 505a3: πολλάκις ἀκήκοας).

Todavia, o que exatamente Adimanto deveria saber, visto que da ideia do "bom" não foi feita até aqui nenhuma menção explícita no diálogo? E por que, então, o conhecimento do "bom" deveria desempenhar aquele papel central e determinante que nessa passagem lhe é conferida? A resposta à segunda questão permite responder também à primeira, sem recorrer à hipótese que aqui seja feita uma alusão a um ensinamento oral-esotérico que Adimanto teria recebido em outras ocasiões e que não seria repetível no diálogo escrito[4].

A supremacia do "bom" em relação a qualquer conduta pública e privada, seu papel motivacional em relação à justiça, são, com efeito, deriváveis da semântica especificamente "socrática" (mas, de um modo mais em geral, do uso linguístico) do termo *agathon*. Ele significa "eficaz, bem feito, útil, vantajoso"[5] (em oposição ao sentido de "defectividade", expresso com *kakon*). Algo bom é algo útil para a realização de uma vida boa, isto é, completa, prospera, feliz; aquilo que torna as coisas boas vantajosas e desejáveis é essa instrumentalidade em relação ao fim último, àquilo que é bom em si mesmo, a felicidade privada e pública. Tudo isso é reafirmado com muita clareza na passagem da *República* que estamos discutindo. O "bom" é aquilo que torna úteis e vantajosas as coisas justas (505a3-4): ninguém seria motivado a se comportar segundo a justiça se isso não fosse "bom", ou seja, útil para a felicidade; não há nenhuma vantagem, e nada de desejável, na posse ou no conhecimento de algo que não seja bom (505a7-8). Na verdade, o "bom" é, por fim, o escopo das condutas de todos, mas o que as torna incertas e oscilantes é a incapacidade de identificá-lo plenamente: por isso, em contrapartida, é tanto mais necessária

---

4. Esta é uma tese reiterada várias vezes por G. Reale, por exemplo, em REALE, G., Ruolo delle dottrine non scritte di Platone "Intorno al Bene" nella Repubblica e nel Filebo, in: ID. (ed.), *Verso una nuova immagine di Platone*, Milano, 1994, 295-332 (ver 314, 299). Ver, no mesmo sentido, KRÄMER, H. J., Die Idee des Guten. Sonnen- und Liniengleichnis (Buch VI 504a-511e), in: HÖFFE, O. (ed.), *Platon. Politeia*, 179-203 (ver 182-183).

5. Veja-se a ênfase na expressão ἀγαθοὶ πρὸς τὸν πόλεμον no livro III 408a1 da *Resp.*, Sobre a semântica de *agathon* e sua conexão com a noção de felicidade (*Gutsein*), cf. STEMMER, P., *Platons dialektik*, 153 ss.; 171-172. Sobre essa primeira parte da argumentação platônica (distinta daquela que se segue acerca da relação entre "bom" e ideias), cf. também SANTAS, G., The Form of the Good in Plato's *Republic* (1980), agora em FINE, G. (ed.), *Plato*, Oxford, 2000, 249-276 (ver 252-253).

sua sólida compreensão por parte de quem está destinado a guiar a vida de todos (505d11-506a2).

O conhecimento daquilo que de fato é bom, isto é, da forma e do sentido de uma vida perfeitamente feliz para a *polis* e para os indivíduos – um conhecimento que implica também, como veremos, a capacidade de refutar as descrições falazes do "bom" – é, portanto, necessária para os futuros *archontes*, e é, naturalmente, desejável para todo ser humano em particular.

Portanto, não há razão para se surpreender pelo fato de que Adimanto, frequentador de Sócrates, conhecesse bem tudo isso por tê-lo ouvido repetir várias vezes, e não apenas na *República*[6]. Havia sido sustentado no *Górgias* que cada um faz o que faz em vista do "bom" (*to agathon*) que desejam, quer estejam, em maior ou menor grau, em condições de identificá-lo corretamente (468b-c). No *Cármides*, a "ciência do que é bom e mau" era considerada como a única em condições de nos trazer vantagens, *ophelein* (174d). E, naturalmente, no *Protágoras* havia sido argumentada a célebre tese "socrática" de que ninguém escolhe voluntariamente (isto é, conscientemente) aquilo que é mau (portanto, inútil e desvantajoso) ao invés daquilo que é bom, portanto, eficaz para os fins de uma vida feliz: o erro deriva sempre da incapacidade de exercer a "ciência do bom e do mau" (358c s.).

É, entretanto, verdade que em todas essas passagens fala-se genericamente do "bom", *to agathon*, e não daquela ideia do "bom" que, segundo a *República*, deve constituir o máximo conhecimento dos governantes. Adimanto ouviu falar também dela? A resposta a essa questão suscita uma delicada questão de método interpretativo: pois envolve o recurso necessário para um diálogo diverso, um recurso que nunca deveria ser tomado como pressuposto[7] e do qual é preciso,

---

6. Cf., neste sentido, STEMMER, P., *Platons dialektik*, 173, n. 78.

7. O princípio metódico da autonomia dos diálogos individuais é amplamente difundido entre os estudiosos que se referem à posição que leva o nome de "abordagem dialógica": cf. por exemplo, os ensaios coletados em PRESS, G. A. (ed.), *Plato's dialogues. New studies and interpretations*, Lanham, 1993; e GONZALEZ, F. J. (ed.), *The third way. New directions in platonic studies*, Lanham, 1995. De diferentes pontos de vista, compartilham esta interpretação FREDE, M., Plato's arguments and the dialogue form, in: Methods of interpreting Plato, *Oxford studies in ancient philosophy*, supl., 1992, 201-219; BLÖSSNER, N., Kontextbezogenheit und Argumentative Funktion: methodische Anmerkungen zur Platondeutung, *Hermes*, v. 126 (1998) 109-201, e mais recentemente GRISWOLD, Ch. L., E Pluribus Unum? On the platonic *Corpus*, *Ancient Philosophy*, v. 19 (1999) 361-397. Algumas observações a esse respeito também em VEGETTI, M., Società dialogica e strategie argomentative nella *Repubblica* (e contro la *Repubblica*), in: CASERTANO, G. (ed.), *La struttura del dialogo platonico*, Napoli,

em todo caso, comprovar a legitimidade. Trata-se nesse caso do *Fédon*, no qual é formulado aquele "teorema das ideias" sem cujo conhecimento Adimanto não teria condições de compreender o discurso de Sócrates, e que, além disso, é explicitamente referido mais adiante (507a-b).

De modo esquemático, segundo esse teorema, o fato de que muitos objetos diversos possuam uma propriedade comum que pode lhes ser predicada (x é F, y é F, z é F), comporta o isolamento (que Aristóteles definirá como *ekthesis*) dessa propriedade e a postulação (*hypothesis*) da existência de um ente noético Φ do qual F seja predicável de modo unívoco, estável e invariável, isto é, que seja perfeitamente F e nada mais que F. A causa do fato de que x, y, z apresentem (ainda que de modo imperfeito, relativo e instável) a propriedade F consiste em sua "participação" (*methexis*) em Φ, ou na "presença" (*parousia*) nela de Φ (que, contudo, não é fragmentada ou parcializada por essa participação ou presença, constituindo sempre uma unidade noética de significado em relação à multiplicidade de x, y, z: cf., por exemplo, *Phaed.*, 100b-c).

Este não é certamente o lugar para se discutir o sentido teórico, altamente controverso, dessa "participação" ou "presença". Sobre dois aspectos do "teorema" é, contudo, necessário insistir brevemente. Em primeiro lugar: a descrição (ou definição) de Φ como perfeita unidade de significado constitui o critério ou o *standard* para avaliar a correção da atribuição da propriedade F à suas instanciações singulares, múltiplas e parciais. O conhecimento do que é justo em si (a descrição ou a definição da ideia do justo) é o parâmetro para a atribuição a estados de coisas e ações da propriedade da justiça, ou para a sua negação; isso serve para "explicar" porque alguns objetos são justos e outros injustos. Trata-se, naturalmente, de um critério e um parâmetro absolutos, pois derivam da descrição de um ente noético imutável; o significado de justiça não depende do arbítrio de indivíduos nem de maiorias políticas, como sustentava, segundo Platão, o relativismo protagórico, mas continua permanente e universalmente idêntico. Em segundo lugar: não obstante alguns aspectos da linguagem platônica relativa às ideias e seu modo de existência e cognoscibilidade poderem induzir a equívocos e tensões teóricas, as próprias ideias – ao menos no âmbito do *Fédon* e da *República* – não devem ser concebidas como superobjetos que existem em paralelo aos objetos nos quais são instanciadas, isto é, ao modo como os deuses existem ao lado dos homens ou uma maçã perfeita no cesto com as

---

2000, 74-85. Sobre a questão dos personagens dialógicos, cf. mais recentemente, os ensaios coletados em PRESS, G. A. (ed.), *Who speaks for Plato?*, Lanham, 2000.

outras maçãs; em outras palavras, as ideias não são "os melhores exemplares de sua espécie"[8]. Um quilograma não é um objeto, mas uma unidade de medida que permite estabelecer o peso das maçãs, peras e assim por diante; do mesmo modo, a ideia de círculo não é um círculo, mas aquilo pelo que todos os objetos que compartilham suas propriedades são ditos círculos (Vlastos), e a ideia de justiça não é um comportamento justo ou justíssimo (como Céfalo e Polemarco sustentam no início do livro I), mas aquilo que constitui o critério para julgar justos os injustos os comportamentos individuais.

Com base nesse "teorema" é, portanto, possível concluir que a ideia do "bom" deriva por *ekthesis* da propriedade da bondade instanciada dos casos singulares de coisas boas, e que reciprocamente é por participação nela que as coisas se tornam (isto é, podem ser julgadas) boas, ou seja, úteis e proveitosas, como é claramente indicado em 505a3-4 (ᾗ δὴ καὶ δίκαια καὶ τἆλλα προσχρησάμενα χρήσιμα καὶ ὠφέλιμα γίγνεται).

Sócrates está perfeitamente seguro de que basta "recordar" a seus interlocutores (que aqui representam provavelmente o primeiro grupo acadêmico) as diretrizes desse desenvolvimento teórico, remetendo-se de modo implícito ao *Fédon*, a fim de obter o "consenso", aquela *homologia* que é necessária para o procedimento dialético[9]: "É preciso que eu esteja em acordo convosco, [...] recordando-vos aquilo que já foi dito anteriormente e em muitas ocasiões" (507a7-9: διομολογησάμενος [...] καὶ ἀναμνήσας ὑμᾶς τά τ'ἐν τοῖς ἔμπροσθεν ῥηθέντα καὶ ἄλλοτε ἤδη πολλάκις εἰρημένα).

---

8. Estas são as teses sustentadas por SANTAS, G., The form of the Good, 258, e por STEMMER, P., *Platons dialektik*, 54-55, 164-165. A posição de Stemmer foi discutida neste sentido por GIANNANTONI, G., La dialettica platonica, *Elenchos*, v. 15 (1994) 105-115 (ver 110-111). A "não coisalidade" ontológica das ideias é sustentada também por WIELAND, W., *Platon und die formen des wissens*, 142-143 (o que não implica, entretanto, o caráter não proposicional de seu conhecimento, como o autor afirma em 281 ss.). Cf., nesse sentido, também FRONTEROTTA, F., Μέθεξις. *La teoria platonica delle idee e la partecipazione delle cose empiriche*, Pisa, 2001, 179-180.

9. Sobre o papel central da *homologia* na dialética socrático-platônica, cf., por exemplo, GIANNANTONI, G., Il dialogare socratico e la genesi della dialettica platonica, in: DI GIOVANNI, P. (ed.), *Platone e la dialettica*, Roma-Bari, 1995, 3-27 (ver 14-15). Notam a falta de *homologia* que mais tarde intervém entre Sócrates e Gláucon DIXSAUT, M., L'analogie intenable. Le Soleil et le Bien, in: ID., *Platon et la question de la pensée*, Paris, 2000, 146 e EBERT, T., *Meinung und Wissen in der Philosophie Platons*, Berlin, 1974, 173 (que, no entanto, o atribui à insuficiência intelectual de Gláucon e não, como será o caso, à transgressão socrática no que diz respeito ao nível de consenso teórico consolidado).

Eis do que se trata:

Afirmamos [...] que muitas são as coisas belas, muitas as boas, e assim também para cada grupo, definindo-as no discurso [...]. E afirmamos que há o belo em si e o bom em si, e igualmente a todas as coisas que então apresentávamos como múltiplas, agora, ao contrário, remetamos cada uma delas a uma ideia apenas, que consideremos única, e a denominemos "essência" [*ho estin*] (507b2-7).

Que se trate de um núcleo teórico que permanece constante ao longo dos diálogos é confirmado pelo fato de que ele é considerado um reservatório doutrinal, reafirmado por Sócrates no livro X e muitas outras vezes atribuído aos platônicos por outros interlocutores, como o Estrangeiro de Eleia no *Sofista* (246b7-8, 248a11-12) e Parmênides no diálogo homônimo (132a1-3)[10].

Aplicando o teorema ao caso em discussão, verifica-se, portanto, que a pluralidade das coisas que é atribuída à propriedade da bondade remete a uma única ideia, aquela do "bom", que possui tal propriedade de modo perfeito e invariável, e que constitui, portanto, a "causa" ou ainda o critério e a norma daquela atribuição[11].

É, portanto, perfeitamente justificada e compreensível o pedido de Gláucon e Adimanto para que Sócrates proceda na discussão acerca do "bom" do mesmo modo que havia tratado, no livro IV, a justiça e a moderação. Como a primeira fora descrita nos termos da *oikeiopragia*, com os corolários ético-políticos que dela derivam, assim se deveria fazer em princípio com a ideia do bom, que poderia, por exemplo, ser definida em termos de felicidade, de *eu prattein* (o sintagma com o qual se conclui o diálogo), ou outros similares. Haveria, é certo, um problema teórico ulterior, determinado pelo fato de que a bondade não se atribui somente a estados de coisas ou a condutas, mas também, em primeiro lugar, às outras ideias, o que situa a ideia do bom em uma posição hierárquica de fato supraordenada em relação às outras (cada ideia seria "primeira" por sua

---

10. Essas passagens resumem inequivocamente um dos principais teoremas acadêmicos: "estamos habituados [*eiothamen*] a estabelecer uma única ideia para cada grupo de coisas múltiplas" (*Resp.*, X 596a6-7), "Afirmas que participamos com a alma, mediante o pensamento, da essência que realmente é e que sempre permanece inalterada em sua identidade" (*Soph.*, 248a11-12); "Penso que tu [Sócrates] crês que haja apenas uma única ideia" (*Parm.* 132a1-3).

11. Esta é exatamente a interpretação que Aristóteles formula e discute em *EE* I 8 1217b1-16.

essência específica, mas "segunda" e subalterna ao gozar em acréscimo a ela a propriedade comum da bondade).

Não é, todavia, esse o problema teórico que Sócrates enfrentará de modo direto, nem é esse o percurso que ele decidirá seguir em sua discussão sobre o "bom".

O excesso de Sócrates: o "bom" além das ideias

Que não é possível proceder nessa direção demonstra a rápida refutação à qual são submetidas as duas hipóteses definidoras evocadas pelo próprio Sócrates: aquela da maioria, que reconhece o "bom" no prazer (*hedone*) e aquela dos mais refinados (*kompsoteroi*), que o identificam na inteligência (*phronesis*, 505b5-6); essa segunda posição, reformulada a seguir por Adimanto, que substitui "ciência" (*episteme*) por *phronesis* (506b2-3), não podia não parecer muito próxima daquela muitas vezes sustentada por Sócrates em outros diálogos, e provavelmente por seu grupo "histórico"[12].

A primeira tese é afastada com base na constatação de que seus próprios defensores devem admitir que existem também prazeres maus (*kakas*, 505c8), como Cálicles havia sido forçado a reconhecer no *Górgias* (499b-c). A posição dos "refinados" é exposta ao "ridículo", pois sustentam, de modo circular, que a inteligência (ou a ciência) da qual falam é o "bom" porque versa sobre o próprio "bom", deixando-o, portanto, indefinido (505b-c).

O sentido desses dois *elenchoi*, muito sucintos para serem convincentes (pense-se, por exemplo, na bem mais elaborada discussão sobre o prazer no *Filebo*), deve ser aquele de mostrar, de modo negativo, que a via de acesso à compreensão do "bom" não pode ser aquela habitual da discussão sobre "o que é X?".

Sócrates recusa-se, portanto, a tratar do "bom" como fez em relação à justiça e à moderação, e propõe abandonar a questão: "Deixemos, portanto, de lado, por ora, a questão do que seria o bom em si; parece-me muito, em comparação com o fundamento do qual agora dispomos, chegar à opinião que agora formulei"

---

12. Cf. as passagens citadas a esse respeito por Adam *ad loc.*, 52. Além disso, mesmo a tese do prazer como bem, ao menos em uma de suas variantes (pensemos no *Protágoras*), pode ser remontada ao grupo socrático: cf. a este respeito IRWIN, T. H., *Plato's moral theory*, Oxford, 1977, 224-225.

(506d8-e3: αὐτὸ μὲν τί ποτ'ἐστὶ τἀγαθὸν ἐάσωμεν τὸ νῦν εἶναι – πλέον γάρ μοι φαίνεται ἢ κατὰ τὴν παροῦσαν ὁρμὴν ἐφικέσθαι τοῦ γε δοκοῦντος ἐμοὶ τὰ νῦν).

Essa célebre fórmula de reticência socrática[13] deve ser atentamente analisada. Dela se depreende, em primeiro lugar, que Sócrates, *ao menos momentaneamente*, dispõe de uma *doxa* sobre o "bom", não um conhecimento epistêmico[14] (Sócrates reafirma muitas vezes possuir somente "pareceres", *phainomena*, no que tange ao "bom", 517b7-8, bem como no que tange à natureza da dialética, 533a3-4, ignorando se correspondem ao "verdadeiro"). Ele propõe, portanto, deixar de lado a discussão, porque a tarefa de expor sua *doxa* lhe parece *momenteamente* excessiva, dada a atual *horme*. O significado dessa dupla restrição temporal (*ta nun*, *parousan*) foi muito discutido.

Os intérpretes oralistas-esotéricos sustentam que ela se refere à situação da escrita, que é em si mesma inadequada – por sua natureza e pelo despreparo de seus ouvintes – para expor os vértices mais elevados (*timiotera*) do pensamento filosófico[15] (Mas por que a mesma restrição, *ta nun*, é referida à *doxa* de Sócrates independentemente do fato de ser ou não exposta?).

---

13. Uma fórmula semelhante encontra-se em *Tim.* 48c, em que o protagonista do diálogo se recusa a expressar suas opiniões (*ta dokounta*) sobre o princípio, ou os princípios, de todas as coisas (cf. aqui o "princípio de tudo" de 511b8). No caso do *Timeu*, porém, a reticência se deve à "presente abordagem", ou seja, à forma mítica do discurso narrado, e não à falta de uma *horme* adequada.

14. De diferentes pontos de vista, sublinham este aspecto tanto KRÄMER, H. J., Die Idee des Guten, 183, quanto TRABATTONI, F., *Scrivere nell'anima*, Firenze, 1994, 140-147 (o primeiro considera que na *República* Platão não se identifica completamente na "máscara de Sócrates", o segundo que a verdade não pode ser expressa senão como a opinião de alguém, aberta a uma "possibilidade progressiva e infinita de verificação").

15. Reale, na Introdução a KRÄMER, H. J., *Dialettica e definizione del Bene in Platone*, escreve que "Platão diz claramente o que tem em mente, isto é, que sabe qual é a *essência do Bem*, mas que não quer dizê-la", temendo "atrair escárnio", como aconteceu com ele, de acordo com alguns testemunhos, no decorrer de sua famosa conferência sobre o bem, na qual havia dito que este era o Uno e não riqueza, saúde e assim por diante (16: mas o perigo do ridículo é explicitamente enfrentado várias vezes na própria *República*). Nesse ensaio, Krämer pensa, ao contrário, com base na *Carta VII*, que os interlocutores de Sócrates não são suficientemente treinados no exercício dialético para receber este ensinamento supremo, que, entretanto, não é comunicável por escrito. SZLEZÁK, T. A., *Platone e la scrittura della filosofia*, 398-405, interpreta as reticências e omissões como referências a ulteriores "estruturas de auxílio", cuja última referência, entretanto, consiste nas doutrinas não-escritas e na identificação do "bom" e Uno com aquilo que eles tomariam de acordo com o testemunho aristotélico. O mesmo autor, no ensaio L'idée du Bien en tant qu'*archè* dans la *République* de Platon, in: FATTAL, M. (ed.), *La philosophie de Platon*, Paris, 2001, 345-372, por outro lado, supõe

De um ponto de vista oposto, sustentou-se que a restrição tem um valor essencialmente irônico, pois (como veremos mais adiante) a própria natureza da ideia do "bom" tornaria impossível uma definição ou mesmo uma discussão no plano proposicional[16].

Uma possibilidade intermediária consiste em tomar Sócrates ao pé da letra: se trataria de um *impasse* provisório do pensamento platônico, talvez destinado a ser superado por seus desenvolvimentos posteriores, como, conforme alguns intérpretes, ocorre no *Filebo*[17]. No entanto, fica por explicar por que razão Platão teria, justamente neste texto, posto o problema do "bom" apenas para declará-lo insolúvel.

Uma saída para essa séria aporia interpretativa pode ser sugerida por uma reconsideração da reticência socrática no contexto que lhe é próprio, o dialógico-dialético. Em diversas ocasiões, com efeito, Sócrates se declara perfeitamente disposto (*hekon*) a desenvolver a discussão até onde permita a situação presente (*to paron*) (509c10; com os mesmos termos Sócrates aborda a questão das relações entre *polis* e filosofia em 497e3-4)[18]. A reticência não diz respeito, por isso, tanto à forma escrita da exposição, nem à natureza de seu objeto; em nosso caso, ela se deve sem dúvida à inadequação da *horme* disponível. Em contextos

---

que a cautela de Sócrates prefigura o que deve ser adotado no Estado ideal para evitar os abusos da filosofia por parte dos jovens e dos indotados (366 ss.).

16. Cf., a esse respeito, a discussão em VEGETTI, M., L'idea del bene nella *Repubblica* di Platone, 207-230.

17. É a tese de GADAMER, H. G., *L'idea del bene tra Platone e Aristotele* (1978), trad. it. em *Studi platonici 2*, 151-261. Para Gadamer, na tentativa de restaurar a unidade da tradição clássica ("a filosofia platônico-aristotélica do *logos*", 151), parece que o *Filebo* traduz a transcendência "mítica" do bem na *República* em sua presença nos entes como medida e ordem (229-230). Aristóteles daria, portanto, "respostas conceituais", desenvolvendo o *Filebo*, ao que Platão havia "antecipado de forma simbólica" (261). RENAUD, F., *Die Resokratisierung Platons. Die platonische Hermeneutik Hans-Georg Gadamers*, Sankt Augustin, 1999, observa que com essa "imanência do bem" (76ss.), "o Platão de Gadamer parece mais aristotelizante do que platônico ou socrático" (134).

18. Em 533a1-2, Sócrates duvida que Glauco seja capaz de segui-lo em sua abordagem da dialética, apesar do empenho (*prothymia*) por ele despendido. Quase com as mesmas palavras, em *Symp.*, 210a2-3, Diotima duvida que Sócrates possa segui-la no discurso sobre as coisas do amor, nas quais ele também dispenderá toda a sua *prothymia*. Em ambos os casos, a dúvida não tem a ver com a forma escrita do discurso, nem com a qualidade intelectual do interlocutor (como isso poderia se referir ao próprio Sócrates?), mas com o fato de que se está preparando para dar um salto teórico a respeito do que se acredita que o interlocutor esteja preparado para compreender e aceitar.

epistemológicos, esse termo não tem o significado psicológico de "lance" ou "impulso", mas o de "ponto de partida" (cf. 511b6-7: ἐπιβάσεις τε καὶ ὁρμάς; cf. também *Phaed.*, 101d4), ou seja, de fundamento que, por sua vez, é constituído, no contexto dialético, pela *homologia*, pelo consenso dos dialogantes (cf. 510d2-3, 354b4-5, *Leg.*, VII 799d2-3)[19].

Por essa razão Sócrates teme expor-se ao ridículo (506d8: γέλωτα ὀφλήσω) com a proposta de um experimento teórico sem precedentes e destinado, portanto, a suscitar incredulidade e dissenso: o mesmo "ridículo" que no livro V, e com os mesmos termos, Sócrates previa ter encontrado suas inauditas e controversas propostas sobre a condição feminina e sobre o reinado dos filósofos (451a1: γέλωτα ὀφλεῖν; cf. 452a7, 473c7). A falta de uma base consensual sobre a qual fundar uma construção de tipo teoremático, similar àquela que no livro IV havia conduzido, com a satisfação de seus interlocutores, à definição da justiça, acaba por obrigar Sócrates a recorrer, a fim de expor sua concepção do "bom", a uma estratégica metafórica, como habitualmente faz não apenas a respeito dos grandes temas filosóficos (os *timiotera* dos intérpretes oralistas-esotéricos), mas em geral sobre os temas mais expostos à controvérsia dialética: é o caso, no mesmo livro VI, do emprego da metáfora "náutica" da *polis* com a intenção de justificar a proposta do governo dos filósofos (esse hábito socrático do recurso à metáfora para obter o consenso é ironicamente sublinhado por Adimanto em 487e7).

No final, contudo, e ainda que apenas mediante a metáfora solar, a pressão de seus interlocutores constringe Sócrates a superar a reticência e a expor sua *doxa* acerca do "bom" (509c3-4: ἀναγκάζων τὰ ἐμοὶ δοκοῦντα περὶ αὐτοῦ λέγειν).

Contudo, como temia, Sócrates expôs-se desse modo ao ridículo. Gláucon, cujo papel em todo o diálogo é o de destacar impiedosamente obscuridades ou debilidades argumentativas, recorrendo com frequência justamente à arma do ridículo, intervém de modo irrisório (509c1: μάλα γελοίως)[20]. Que Sócrates se

---

19. Na primeira dessas passagens é dito dos matemáticos que τελευτῶσιν ὁμολογουμένως ἐπὶ τοῦτο οὗ ἂν ἐπὶ σκέψιν ὁρμήσωσι. Na segunda, Sócrates se censura por ter empreendido (*hormesai*) a investigação acerca das propriedades da justiça sem ter antes definido sua essência. Nas *Leis* é formulado o preceito metódico de "não se mover" (*hormeseien*) antes de ter consolidado (*bebaiosaito*) a investigação sobre onde leva o caminho. Sobre a *homologia* como ponto de partida dialético, cf. a expressão aristotélica ἐξ ὁμολογίας διαλέγεσθαι em *Top.* 110a33.

20. A expressão foi atribuída à atitude do interlocutor (Brisson) e, portanto, "ao sorriso" (Cf. SHOREY, P., *ad loc.*: o riso de Gláucon "is Plato's way of smiling at himself" ["é a maneira de Platão sorrir para si mesmo"]). Nesse sentido, cf. também FERBER, R., *Platos Idee*

sinta agredido pelo riso de Gláucon é confirmado por sua reação imediata, que atribui à insistência de Gláucon a responsabilidade da desconcertante proposta teórica sobre a natureza do "bom" (509c3: σύ [...] αἴτιος; a mesma fórmula com a qual Sócrates havia acusado Gláucon de tê-lo obrigado a formular a "ridícula" proposta do poder filosófico em 474a5).

Contudo, o que Gláucon considera intoleravelmente controverso e, por isso, ridículo, no discurso socrático sobre o "bom"? Trata-se da δαιμονία ὑπερβολή que lhe é atribuída (509c1-2). Essa expressão não pode de modo algum significar "transcendência divina" como muitos intérpretes consideraram, mas antes – não obstante uma certa ambiguidade que, como veremos, é considerada intencional – "extraordinário exagero"[21]. *Hyperbole* significa em geral "excesso" e está de forma polar ligado aos termos que indicam "defeito", como *endeia* e *elleipsis*[22]; o adjetivo *daimonios* é empregado pelo próprio Gláucon em relação ao projeto de uma teoria dos números harmônicos (VII 531e5), certamente extraordinário e inaudito, mas em nada divino, se Sócrates pode comentar que ele é útil somente se dirigido à investigação do "bom", caso contrário permanece *achreston*. Por isso, se é verdade, como sustenta Szlezák, que *hyperbole* remete àquele *hyperechein*, àquela superioridade da ideia do bem em relação à *ousia* (509b10), no que consiste o *clímax* teórico do discurso socrático, é propriamente a isso que se refere a incredulidade de Gláucon.

Mais seriamente, essa incredulidade é reformulada em relação a dois importantes desenvolvimentos do discurso socrático. A propósito da referência implícita ao "bom" como princípio anipotético do todo, ao qual a dialética deve chegar, Gláucon declara "não compreender adequadamente" (*hikanos*: talvez uma referência ao *hikanon* hipotético de *Phaed.*, 101e1) a difícil empresa da qual

---

des Guten, 14 ss. A mesma expressão é usada por Gláucon em relação aos *kompsoteroi* que identificam o "bom" com a *phronesis* em 505b11, e por Sócrates contra os maus geômetras em VII 527a6. Cf., no mesmo sentido, III 406c6, VII 531a4.

21. "Transcendência divina" é a tradução de Adam, seguida, por exemplo, por G. Reale e T. A. Szlezák ("göttliches Überragen"). No sentido de excesso interpretam B. Jowett, L. Brisson, R. Ferber ("wunderbares treffen"). KERSTING, W., *Platons Staat*, 218, vê na expressão de Gláucon uma "Selbstironie" platônica.

22. Assim em *Tim.*, 85c4; *Pol.*, 283c3, 285b8, *Prot.*, 356a2, b2. *Hyperbole* também significa "excesso" em *Tim.*, 75e7 (em relação às estações), 86e3 (para o fogo), *Ep. VII* 326d1 (comida e prazeres), *Leg.*, 776a6 (plenitude). Apenas em *Leis* 739d4 *hyperbole pros areten* significa "superioridade em virtude", mas com referência à constituição proposta na *República*, cuja perfeição se considera exceder as possibilidades da natureza humana.

Sócrates fala (511c3-4). De modo mais explícito, a respeito do programa dialético como um todo, Gláucon reafirma sua perplexidade:

> Aceito tudo isso. Todavia, parecem-me coisas estranhamente difíceis de serem admitidas [*apodechesthai*], mas também, de um outro ponto de vista, difíceis de não se admitir. Contudo, porque não se deve dela ouvir falar somente nesta ocasião, mas será preciso a ela retornar muitas vezes, estabeleçamos [*thentes*] que as coisas sejam como foi dito (VII 532d2-5).

Como é fácil ver, trata-se de uma clara indicação de que os desenvolvimentos teóricos que ocupam os livros VI e VII do diálogo requerem uma discussão ulterior (na Academia?), e que seus resultados são considerados provisórios.

Isso se deve, como já foi acentuado, ao fato de que eles forçam os limites e os vínculos da teoria das ideias, que, ao contrário, é objeto da *homologia*. Esse excesso – que, aliás, corresponde, como veremos, a exigências teóricas imprescindíveis no contexto da *República* – é assinalada, nas passagens sobre a ideia do "bom", pelo imiscuir-se de alusões de tipo religioso. A respeito do sol, fala-se naturalmente de "deus do céu" (508a4), e o âmbito solar ressoa na exclamação "Apolo!" atribuída a Gláucon (509c1)[23]; a descendência do sol do "bom" tem uma ressonância quase teogônica (508b12-13), e a própria injunção *euphemei* dirigida a Gláucon, que evoca a possibilidade de identificar o "bom" com o prazer, soa como um convite a não blasfemar contra a divindade. Todas essas indicações podem ter uma dupla significação: de um lado, assinalar que o discurso está se movendo no limite sutil entre argumentação teórica e mito, de outro, que a perspectiva filosófica delineada ocupará um espaço de tradicional pertinência religiosa[24].

---

23. Em várias ocasiões G. Reale (cf. *Per una nuova interpretazione di Platone*, 339) propôs uma interpretação desta exclamação como uma referência à doutrina do Bem-Uno, com base na etimologia plotiniana do nome Apolo (α privativo + *pollon* = Uno), atribuído, além disso, aos "pitagóricos" (*Enn.*, V 5.6). Mas nada parecido ocorre nas etimologias platônicas de *Crat.*, 404e ss., segundo o qual o nome ilustra a habilidade do deus como músico, médico, adivinho e arqueiro.

24. J. Adam, 62, definiu a concepção platônica como "não menos poética e religiosa que filosófica". Do ponto de vista crítico, cf. CASSIRER, E., *Da Talete a Platone*, 155, observou que se pensarmos a relação entre bem e mundo como "uma relação causal, pensando no derivado como aquilo que *surge* da origem, então certamente não falamos mais a linguagem do conhecimento puro, mas a linguagem do mito"; Cassirer identificou por contraste o bem como uma "unidade suprema de sentido" (158). Sobre a validade teológica da ideia do "bom",

A metáfora solar e as funções do "bom"

Sócrates decide, portanto, falar do "bom" não diretamente, mas mediante a metáfora do sol, "prole" (*engonon*) que o próprio "bom" gerou como seu próprio *analogon* no mundo "visível" na medida em que pertence ao noético (508b12-c2).

Essa "geração" é, por sua vez, naturalmente metafórica, não sendo possível conceber a derivação direta de um objeto empírico de um ente noético. A relação pai-filho significará, portanto, uma analogia de posição e função deslocadas, mas em duas esferas de valor e consistência ontológica diferentes, a superior ocupada pelo "pai", a inferior pelo "filho".

Dessa situação originária da metáfora derivam imediatamente duas consequências, que caracterizam todo seu movimento.

A primeira: o discurso sobre o *explicans*, o sol, nunca diz o que ele é, embora isso não seja identificado com ele: a luz, a visão, o olho (508a11ss.), a geração dos objetos naturais (509b4: o que constitui uma aporia, pois o sol, por sua vez, é um objeto empírico, visível – 508b10 –, portanto deve pertencer ao âmbito da *genesis*). Do sol, são bem descritas as funções e aquilo que faz na esfera que lhe é própria[25]. Essa curvatura do discurso sobre o sol se reflete naquele sobre o *explicandum*, o "bom" (e, por sua vez, é implicitamente governada por ele). Também a determinação do "bom" se caracteriza, como veremos, em termos negativos, sobretudo como uma *aitiologia*, uma análise de suas funções causais mais do que uma descrição daquilo que ele é por si mesmo[26].

A segunda consequência é também a mais relevante. A divisão dos campos entre sol e "bom" confina este último na esfera noética; portanto, não está em

---

BENITEZ, E. E. The Good or the Demiurge. Causation and the Unity of Good in Plato, *Apeiron*, v. 28 (1995) 113-140 (o autor atribui a Platão a aspiração a uma unificação da dimensão ética e da dimensão metafísico-teológica do "bom", representado pelo Demiurgo do *Timeu*, que, todavia, permanece teoricamente sem solução; a descrição "escolástica" da ideia do "bom" como *ens realissimum* é altamente discutível, 117ss.).

25. Cf., a este respeito, GRISEI, P., Visione e conoscenza. Il "gioco" analogico di *Repubblica* VI-VII, in: CASERTANO, G. (ed.), *La struttura del dialogo platonico*, 262-296 (ver 269, 275).

26. Cf., nesse sentido, DIXSAUT, M., L'analogie intenable, 121-151 (em particular 122-123, 127: se o "bom" não é uma essência, mas uma potência, "la détermination de ce que fait le Bien, la détermination de sa manière propre d'agir et d'être cause, est aussi la définition de sa manière d'être: comme une cause" ["a determinação do que o Bem faz, a determinação de sua maneira própria de agir e de ser causa, é também a definição de sua maneira de ser: como uma causa"]).

questão, no âmbito metafórico, sua relação com a esfera empírica. Ora, é propriamente nesta que o "bom", exatamente como o justo e o belo, é causa, por participação, da atribuição da propriedade de serem boas (justas, belas) a coisas e ações. Na esfera noética, a causalidade do "bom" deve ser naturalmente referida somente às ideias, e a respeito delas, como veremos, ele não é imediatamente causa de bondade, mas de outras propriedades que são comuns a todas as ideias enquanto tais.

Vejamos, portanto, a estrutura da metáfora de modo esquemático[27]. O sol é origem da luz (508b9), e, através dela, condição de possibilidade da visão, a relação que conecta o olho aos objetos visíveis (509a). Além disso, o sol, presumivelmente devido ao calor que emite, é causa da geração (*genesis*), do crescimento e da nutrição dos objetos visíveis, isto é, pertencentes ao mundo da natureza (509b3-4).

Transferida ao âmbito noético, a primeira parte da metáfora ilustra a estrutura da relação cognitiva. O "bom" confere aos objetos do conhecimento (as ideias) verdade e ser, ἀλήθειά τε καὶ τὸ ὄν (508d5). O nexo τε... καὶ, recorrente nas passagens que estamos analisando, indica a estreita conexão entre os dois termos: a verdade resulta em uma propriedade ontológica do ser das ideias (no sentido, provavelmente, de autoidentidade), e, por sua vez, esse ser é primariamente ser-verdadeiro (perfeitamente cognoscível em suas propriedades invariáveis). Para o polo subjetivo do conhecimento, o "bom" é causa de ciência e verdade, ἐπιστήμης [...] καὶ ἀληθείας (508e3), ou também de γνώσεώς τε καὶ ἀληθείας (508e5). Aqui a verdade do conhecido é a condição de possibilidade do estatuto epistêmico do conhecimento, que em Platão é normalmente determinado por seu objeto. Até aqui, a "explicação" metafórica pode ser interpretada de modo mais linear. Como o sol, mediante a luz, é a condição de possibilidade da visão, o "bom" o é do conhecimento. Isso é diretamente conciliável com o valor semântico de *to agathon*. Pode-se pensar que a intencionalidade cognitiva (*a latere subjecti*) seja causada pelo fato de que as ideias são boas para serem conhecidas, portanto desejáveis, e que bom e desejável é o próprio conhecimento[28]. *A latere objecti*, as ideias apresentam, em acréscimo a suas

---

27. Esquematizado em Adam, 60; acerca do problema da simetria e os problemas vinculados a ela, cf. DIXSAUT, M., L'analogie intenable, 136ss.

28. O recurso à intencionalidade cognitiva pode talvez superar a severa crítica de ANNAS, J., *An introduction to Plato's Republic*, da funcionalidade explicativa desta parte da metáfora (284: "for all the grand language we are left without any idea of how to go about taking the

propriedades essenciais (o ser-justo, o ser-belo, o ser-quadrado), também propriedades comuns, em primeiro lugar, o ser-verdadeiro que deriva do "bom": é a sua verdade que constitui de modo mediato sua bondade, isto é, o serem desejáveis como objetos de conhecimento.

Como condição de conhecimento, ciência e verdade, o "bom" não será identificável com elas (508e5, 509a6-7), mas lhes é superior em "valor" (*timeteon*, 509a5) e "beleza" (*kallos*, 509a6): a sua superioridade à esfera cognitiva pertence, portanto, conforme a semântica de *to agathon*, não à ordem epistêmico-ontológica, mas à da valoração.

A segunda parte da metáfora solar induz, todavia, um desenvolvimento que excede, ao menos à primeira vista, esse horizonte. Como o sol é condição da geração dos objetos "visíveis", assim os noéticos derivam (*pareinai*) do "bom" não apenas o serem conhecidos, mas também τὸ εἶναί τε καὶ τὴν οὐσίαν (509b6-7): o ser e a essência, ou seja, o modo de ser próprio das ideias, que existem como essências (por isso, novamente, enquanto verdadeiras)[29]. Note-se que, desse modo, exclui-se que as ideias sejam *noemata* produzidos pela intencionalidade cognitiva, embora dela representem a polaridade "passiva" (cf. *Soph.*, 248e2-4).

Em todo caso, sendo condição da existência das ideias como ideias, o bem é ulterior em relação à *ousia* que constitui o plano ontológico das ideias: é, portanto, ἐπέκεινα τῆς οὐσίας (509b9), mas o é ainda uma vez na ordem da valoração, em "dignidade e potência" (πρεσβείᾳ καὶ δυνάμει ὑπερέχοντος).

Antes de discutir as consequências derivadas do estatuto ontológico e epistemológico da ideia do "bom" dessa colocação ulterior em relação ao plano da *ousia* (o modo de ser das ideias)[30], é oportuno abordar dois paradoxos que emergem dos desenvolvimentos da metáfora solar. O primeiro consiste no fato de que as ideias, entes ingênitos por definição, derivam, contudo, do "bom" seu "ser e essência", equivalentes à *genesis* do mundo empírico. Esse paradoxo é talvez mais aparente que real, pois as ideias não são "geradas" como as coisas;

---

first step" ["diante de qualquer idioma importante, ficamos sem saber como lidar com o primeiro passo"]).

29. Cf., neste sentido, SANTAS, G., The Form of the Good, 255; DIXSAUT, M., L'analogie intenable, 142-143; GRAESER, A., "Jenseits von Sein". Mutmassungen zu Status und Funktion der Idee des Guten, *Freiburger Zeitschrift für Philosophie und Theologie*, v. 28 (1981) 70-77 (ver 72).

30. Sobre a *ousia* como modo do ser e as ideias, Cf. DIXSAUT, M., *Ousia, eidos* et *idea* dans le *Phédon*, *Revue Philosophique*, v. 181 (1991) 479-500; KRÄMER, H. J., Die Idee des Guten, 186, n. 9.

na medida em que seu modo de ser como essências consiste primariamente na verdade e na invariabilidade, são essas propriedades que derivam do "bom", e que garantem sua peculiar "existência" como normas e paradigmas[31]. A "geração" das ideias não consiste, portanto, na passagem da não-existência à existência, mas na realização da relação cognitiva entre polaridade subjetiva e objetiva.

O segundo paradoxo é mais sério e representa de certo modo uma reformulação do primeiro. Na medida em que o "bom" não é imediatamente causa de "bondade" para as ideias, mas antes de ser e verdade, essa ideia não deveria ser chamada *auto to agathon*, mas *auto to alethes*, ou melhor ainda, *auto to on*: contudo, essa expressão designa no *Sofista* (258b), um dos "gêneros" mais extensos que uma ideia em sentido estrito. Que a ideia do "bom" seja causa de propriedades que não lhe pertencem de modo específico, diferente do que ocorre em relação às outras ideias como "justo", "belo" ou "grande", representa uma clara violação do teorema das ideias formulado no *Fédon*. Isso coloca, de um lado, o difícil problema teórico de como se pode pensar o tipo de causalidade do "bom", e, de outro, o de seu estatuto como ideia de tipo anômalo. É preciso agora dirigir a investigação para esse aspecto.

O estatuto onto-epistemológico da ideia do "bom"

Enquanto causa (fundamento e condição) do conhecimento e do ser, a ideia do "bom" não pode estar senão "além", ser superior, em relação a um e a outro. Isso significa que ela é "transcendente" em relação ao ser e ao conhecimento, portanto – segundo uma inferência tipicamente neoplatônica – não-essente e, por isso, não cognoscível?[32]

---

31. Muito preciso nesse sentido é CAMBIANO, G., *Platone e le tecniche* (1971), Roma-Bari, 1992, 174: "a ideia do bem é a causa das ideias – ou seja, de sua substância, à qual a normatividade é intrínseca, permanecendo normativa em relação a elas"; "A conformidade à normatividade da ideia do bem torna a multiplicidade das ideias uma ordem coerente, cognoscível, apreciável e útil".

32. A transcendência do bem tomado como Uno em relação ao ser foi muitas vezes sustentada por Krämer, que falou de "Uberseiendenheit des Einen" (*Epekeina tes ousias*. Zu Platon *Politeia* 509b, 5), do bem "über das Sein" e de "Übertranszendenz des Einen" (Die Idee des Guten, 186, 192). Há, no entanto, uma certa oscilação de Krämer entre as posições de inspiração heideggeriana de *Areté bei Platon und Aristoteles*, em que a transcendência do Uno é concebida como "o antigo *analogon* da 'diferença ontológica'" de Heidegger (555, n. 4), e, portanto, pertence à esfera da relação entre o ser e o ente, e os contrastes subsequentes, muito

A resposta a essa pergunta, como Baltes recentemente demonstrou, não pode senão ser negativa[33].

Que o "bom" não possa ser considerado como externo ao âmbito do ser é assinalado, em primeiro lugar, pelo fato de que ele é muitas vezes designado como *uma ideia* (505a2, 508e3, 517c1, 526e1, 534c1). Não creio, como por vezes foi sustentado, que seja possível identificar na linguagem platônica uma clara diferença de ordem ontológica entre *idea* e *eidos*[34], termo que nunca é referido ao "bom"; se esse uso lexical não é casual, isso pode significar no máximo que o "bom" é uma ideia cujo estatuto é diferente em relação ao das *eide* de tipo *standard*, mas a diferença não pode levar a considerá-lo transcendente em relação ao ser, o que nunca é indicado por Platão pelo termo *idea*. A pertença da ideia do "bom" ao campo do ser, juntamente ao caráter excepcional de sua condição, são aliás assinaladas em numerosos lugares do texto. Ela é descrita como aquilo que há de mais luminoso (*phanotaton*, 518c9) e de mais feliz (*eudaimonestaton*, 526e3-4) no âmbito do ser, como o melhor (*ariston*) entre os entes (532c6). A linguagem dessas passagens indica de modo inequívoco como o exceder-se do "bom" em relação aos outros entes (ideais e não) não é de ordem ontológica, mas axiológica (como *telos* e condição de conhecimento e felicidade) e também

---

mais de inspiração neoplatônica, entre o Uno e o ser. Para a posição de M. Heidegger, cf. HEIDEGGER, M., *I concetti fondamentali della filosofia antica* (curso de 1926), trad. it. Milano, 2000, 235: "O ser é o *telos*, o 'fim', o *agathon* [...]. A ideia do bem é o ser e o ente autêntico"; cf. também HEIDEGGER, M., La dottrina platonica della verità (1942), in: ID., *Segnavia*, trad. it. F. Volpi, Milano, 1987: o bem é aquilo graças ao qual o "*Seiende* é mantido e salvo no ser" (184). Sobre esses problemas, cf. FRANCO REPELLINI, F., Gli agrapha dogmata di Platone, 51-84; e VEGETTI, M., Cronache platoniche, *Rivista di Filosofia*, v. 85 (1994) 109-129 (capítulo 1 deste volume). A transcendência do Uno em relação ao ser é sustentada também por Reale (cf., entre outros, Ruolo ele dottrine non scritte di Platone, 301 ss.). Uma interessante oscilação encontra-se também em FERBER, R., *Platos Idee des Guten*, 67, que situa o bem "enseits des seienden Wesen", isto é, além das ideias, mas na página 68 além de "Sein und Wissen". Sobre a posição de Ferber, ver também infra, nota 35.

33. BALTES, M., Is the idea of the good in Plato's *Republic* beyond being?, in: JOYAL, M. (ed.), *Studies in Plato and the platonic tradition*, Aldershot, 1997, 3-23. Se a parte crítica deste ensaio é absolutamente convincente, sua proposta parece mais problemática, visto que parece identificar o "bom" com o ser em si ou com o conjunto unificado das ideias (12). Mas se o "bom" está "no limite extremo" do ser, não pode coincidir com o todo do ser, e está ainda mais longe do que as ideias que o compõem; sob outro ponto de vista, a identificação "bom"-ser parece, antes, de inspiração aristotélico-escolástica e determina a identificação da dimensão ética com a ontológica.

34. Gadamer insistiu nesta distinção em *L'idea del bene tra Platone e Aristotele*; cf. também DIXSAUT, M., L'analogie intenable, 126-127.

estético. A forte validade ético-estética do "bom" é, ademais, sublinhada nas extraordinárias passagens conclusivas do *Filebo*, em que ao termo da investigação é dito que "a potência [*dynamis*] do bom refugiou-se na natureza do belo" (64e), e que, portanto, a fim de circunscrevê-la não bastará uma só ideia, mas será preciso recorrer a três características, "beleza, proporção e verdade" (65a).

A luminosidade e a verdade do "bom" remetem, além disso, ao âmbito do conhecimento, ao qual pertence de modo tão eminente como ao do ser. Que o "bom" seja cognoscível é indicado desde o princípio por sua condição de ideia e (portanto) de *mathema*, objeto de conhecimento (505a2), e o confirma implicitamente a analogia com o sol, que é ao mesmo tempo condição e objeto da visão (508b10). A ideia do "bom" pertence, portanto, ao campo do cognoscível (*gnoston*), embora se coloque em seu limite extremo (*teleutaia*) e, portanto, seja visível apenas com dificuldade (517b8s.); ela está situada no *telos* do noético (532b2), o que significa simultaneamente a tarefa do processo cognitivo, a realização de seu fim último e o seu limite extremo.

A ideia do "bom" não transcende, portanto, o conhecimento, assim como não transcende o ser, mas também nesse caso tem uma posição excedente em relação a todos os outros objetos do conhecimento. Entretanto, isso coloca um problema ulterior: a não pertença do "bom" ao plano da *ousia* impede, a princípio, que seu conhecimento possa ser esgotado no *logos tes ousias*, na definição de essência que é própria das outras ideias. É verdade que em 534b8 Sócrates afirma que o dialético deve proceder em relação ao "bom" de modo similar (*hosautos*) ao que faz em relação às outras ideias, das quais compreende o *logos tes ousias*. Contudo, a semelhança deve ser limitada à oposição entre o procedimento dialético e os não-dialéticos, por exemplo, matemáticos; isso não exclui que o dialético se comporte em relação à ideia do "bom" de modo diverso das outras ideias. Isso parece ser confirmado pela descrição de seu procedimento como eminentemente crítico-negativo (534b-c), e de sua apreensão de *auto ho estin agathon* como ato puramente noético (532b1: αὐτῇ νοήσει λάβῃ).

Tudo isso será discutido em outro lugar (cf. o capítulo 10). É preciso agora chegar a alguma conclusão sobre o sentido da colocação do "bom" não no exterior, mas no extremo limite do conhecimento e do ser, o que faz dele certamente um "terceiro" vértice em relação a um e a outro (como sustentou, parcialmente com razão, Ferber)[35].

---

35. Algumas das posições deste autor, em minha opinião, devem ser enfatizadas e compartilhadas. O "bom" é um princípio prático, fundamento da ética platônica, não identificável

A supremacia entre os entes (em sentido ético, estético, veritativo) exclui, portanto, que o "bom" possa ser considerado em sentido extensivo como equivalente à totalidade ou ao conjunto dos próprios entes. Se X é melhor que A, B, C, não se pode dizer que X = A + B + C. Dito em outros termos, o "bom" não entra no *logos tes ousias* de nenhuma outra ideia, e é certamente menos extenso que o ser, pois de outro modo se chegaria à conclusão, absurda em Platão, que todo ente (ideal ou não) é bom enquanto tal[36]. Recorde-se a esse respeito que o primeiro movimento do procedimento dialético dirigido ao conhecimento do "bom" é de tipo negativo, isto é, consiste em "distinguir" e em "separar" (*diorisasthai, aphairein*) o "bom" de todas as outras ideias (534b9 ss.) – uma operação que não teria sentido se realizada, por exemplo, em relação aos *megista gene* do *Sofista*.

O "bom" não é, por isso, um "elemento" ou "gênero" das ideias e dos entes em geral, como o sol não o é daquilo do que é condição de crescimento. É certamente verdadeiro que o bom em si (*auto to agathon*), de tal modo separado dos entes em sua colocação além da *ousia* e no limite do ser, é origem daquela bondade residual (*allo agathon*, 534c5) que pode ser atribuída às ideias e aos entes em geral (esse é o caso clássico no qual o conhecimento de Φ permite a atribuição de F a entes diversos, ou seja, a compreensão do "resto do bom"). A não-identidade do "bom" com o ser das ideias (do qual é causa e condição)

---

com o ser e o intelecto, um fundamento não imediatamente realizável porque não pode ser exaurido no existente por obra de uma, ainda que necessária, política racional ("a política racional é, para Platão, filosófica, e a filosofia é política"): cf. FERBER, R., *Platos Idee des Guten*, 131-133. A (fecunda) contradição epistemológica de Platão consiste no seguinte: o pensamento tem necessariamente a ver com objetos, mas o "bom" tem um estatuto de metaobjeto, embora pertença, na linguagem platônica, como Ferber reconhece, ao reino do ser (150-153). A contradição é assim caracterizada: o "bom" é o "terceiro" em relação a ser e a pensar; "Das Denken des Dritten hat das Undenkbare, Unsagbare und Nichtseiende zu denken [...]. Was kein Gegenstand der Theorie sein kann, soll es werden" (278). Todavia, a intencionalidade filosófica assim delineada acaba transpondo-se ao misticismo neoplatônico, como Ferber reconhece (153), para além da letra e do arcabouço teórico geral do texto platônico.

36. SILLITTI, G., Al di là della sostanza. Ancora su *Resp.*, VI 509b, *Elenchos*, v. 1 (1980) 225-244, argumenta de forma convincente que a ideia do bem não pode ser considerada conversível com o ser (assim como com o Uno), não é "amplamente inclusiva de todos" (232-233), e que também possui muitas notas características ("compreensão") para que seja mais extenso ou equiextensa em relação ao ser (243). Uma posição diferente, que não parece adequadamente demonstrada, parece ser sustentada, além de Baltes (ver n. 32), também por SANTAS, G., The Form of the Good, segundo a qual a ideia do bem é "ideality common to all the Forms" ["idealidade comum a todas as Formas"] (269-270).

exclui a possibilidade de considerar os entes como dotados de valor enquanto tais, e torna, além disso, problemática a redução do "bom" ao Uno que alguns testemunhos aristotélicos atribuem à Academia platônica[37]. É provável que essa redução (como aquela análoga discutida no *Filebo* ao "limite" e à "medida")[38] tenha sido experimentada no interior da Academia na tentativa de oferecer uma resposta teoricamente linear à pergunta "O que é o bom?", pergunta que, no contexto da *República*, não parece suscetível, como foi dito, de uma resposta que possa ser formulada em termos de *logos tes ousias*. Mas dizer que o "bom" *é* o Uno significa realizar um deslocamento semântico não justificado nesse contexto[39], e implica ou aceitar a equiextensão aristotélica entre Uno e ser, e, portanto, voltar por essa via a uma valorização pouco plausível de todos os entes como tais, negando a ulterioridade e a separação do "bom", ou recusá-la à maneira neoplatônica, e então o problema da relação Uno-múltiplos reduplica, em outra e menos pertinente linguagem, aquela da relação entre o bom em si, o ser e a *ousia*.

Muitos desses problemas são abordados na crítica aristotélica à ideia do "bom" em *Ética nicomaqueia* I 4. Se o "bom" se diz nos mesmos termos do ser, então deveria aparecer em primeiro lugar na categoria da substância, sendo identificável substancialmente como "o deus e o pensamento" (1096a25); mas o "bom" platônico obviamente não é *ousia* e, portanto, sequer um princípio cosmoteológico como o primeiro motor imóvel ao qual Aristóteles alude aqui. A separação do "bom" platônico significa, ao contrário, segundo Aristóteles, que

---

37. Como é bem sabido, esta é a tese defendida, por exemplo, por KRÄMER, H. J., *Platone e i fondamenti ele metafisica*, 184-198; REALE, G., *Per una nuova interpretazione di Platone*; e SZLEZÁK, T. A., *Platone e la scrittura della filosofia*. Este autor também argumentou (L'idée du Bien) que a *República* desenvolve uma teoria do princípio (o Bem), que é diferente, mas não incompatível, em relação à teoria dos *dois* princípios (o Uno e a Díade) atribuída a Platão por testemunhos aristotélicos: o Bem não pode ser considerado a causa dos males que seriam devidos à Díade (345-359). A versão "abreviada" do princípio seria atribuída à reticência socrática por razões político-educacionais. Mas é preciso pensar numa "causa" do mal que não consista no componente irracional da alma e na mesma estrutura espaçotemporal da gênese, como o *Timeu* parece indicar?

38. Como observado, GADAMER, H. G., *L'idea del bene tra Platone e Aristotele*, vê no *Filebo* a imanência do bem como uma medida, como uma garantia da ordem do mundo (229-230, 261). Uma posição semelhante encontra-se em FERBER, R., Did Plato reply to those critics, who reproached him for the "emptiness" of the platonic idea of form of the Good?, in: OSTENFELD, E. (ed.), Essays on Plato's *Republic*, Aarhus, 1998, 53-58.

39. KERSTING, W., *Platons Staat*, 240-241, justamente aponta que as identificações do "bom" com o ser (Heidegger) e com o Uno (Krämer-Reale) "distorcem semanticamente" o valor de *agathon* na linguagem da *República*.

a ele não são inerentes os "bens" efetivamente buscados e desejados, e que, ao contrário, não seja inerente a esses bens destituindo-os, portanto, de valor; mas se é assim, a ideia do "bom" é vazia e vã (*mataion*, 1096b20), impossível de praticar e possuir (*prakton oude kteton*, 1096b33 s.): que o "bom" não seja *ousia* exclui de fato justamente esse caráter patrimonial[40]. O "bom" sequer pode ser horizonte de referência, *paradeigma*, para os bens que podem ser utilizados e possuídos: médicos e generais não fazem, nem poderiam fazer, nenhum uso dele ao perseguir os bens próprios a suas técnicas, a saúde e a vitória (1097a1 ss.). Algo mais persuasivo, acrescenta Aristóteles, parecem dizer os pitagóricos e Espeusipo[41] (não, portanto, o Platão da *República* discutido passo a passo), quando colocam o uno na *systoichia* dos bens (1096b5 ss.), mas a discussão aristotélica a respeito será, todavia, adiada para uma outra ocasião.

A crítica aristotélica é preciosa porque confirma, de modo negativo, a separação do "bom" em Platão, sua não equiextensão em relação ao ser, sua diferença em relação à *ousia* e também ao Uno.

Considerações análogas podem ser feitas em torno da colocação do "bom" no limite extremo do campo cognoscível. Possuindo em máximo grau a "luz" do ser-verdadeiro, o "bom" é certamente cognoscível. Seu conhecimento – que não pode ser concluído na enunciação de um *logos tes ousias* – é, todavia, difícil, requer um longo percurso pelos saberes, presume o trabalho crítico-negativo da refutação dialética. Se o "bom" funda a ciência, entretanto, provavelmente não pode ser possuído ao modo de seus teoremas, e seu conhecimento coincide talvez com a própria *dynamis tou dialegesthai*, a "potência do discorrer dialético" (511b4, 533a8). Esta última está, por sua vez, em estreita relação com uma outra *dynamis*, a do próprio "bom".

---

40. O sentido da crítica aristotélica a Platão parece retornar, radicalizado e em uma nova articulação teórica, na *Enciclopédia* hegeliana: "esse cume do *fenômeno* do querer, que se volatizou até a vaidade absoluta – até uma bondade não objetiva, mas que só é certa de si mesma, e uma certeza de si mesma na nulidade do universal – arruína-se imediatamente em si mesma", transformando-se em *mal*. A isso Hegel contrapõe "a *substância*, que se conhece *livremente*, na qual o *dever ser* absoluto é também *ser*" e que "tem sua realidade como o espírito de um *povo*" (*Enciclopedia delle scienze filosofiche in compendio*, trad. it. B. Croce, Roma-Bari, 1984, §§512, 514).

41. Em *EE* I 8 1218ª16 ss. Aristóteles critica aqueles que "agora" (*nyn*, repetido duas vezes) tentam demonstrar o bem em si mesmo a partir dos números (não há consenso, *homologia*, de que estes possuam o "bom"). Esse argumento é diferente do clássico argumento acerca da teoria das ideias discutido em 1217b1-16, e pode, portanto, ser referido aos acadêmicos pitagorizantes "atuais", como o próprio Espeusipo.

A potência do "bom"

O problemático excesso do "bom" em relação ao ser e ao conhecimento deve ser pensada em sua modalidade específica: Platão descreve a relação entre causa e causado afirmando que o "bom" está além (*epekeina*) da *ousia* em *presbeia* e *dynamis* (509b9), "dignidade e potência". Os dois termos evocam em seu conjunto uma posição de realeza, que é de fato retomada pelo *basileuein* do "bom" noético em 509d2 (é o caso de recordar que o mesmo verbo descreve o poder dos filósofos em V 473c11: a ideia do "bom" é, portanto, equivalente ontológico do governo filosófico em política, ou é, por assim dizer, seu representante na história).

Portanto, o "bom" supera (*hyperechein*) o plano das ideias e do conhecimento por sua *dynamis* (sobre o sintagma ἡ τοῦ ἀγαθοῦ δύναμις, cf. *Phil.*, 64e5). O termo não significa aqui certamente "faculdade", mas capacidade de causação, potencialidade de produzir (e sofrer) efeitos e nexos relacionais[42]. Que o "bom" assuma, em sua ulterioridade em relação às ideias, a configuração de uma *dynamis*, tem consequências relevantes no que diz respeito à sua compreensão. Sabemos, com efeito, por uma passagem importante do livro V, que é impossível "definir" (*diorizesthai*) uma *dynamis*, e que ela é compreendida a partir do objeto ao qual se aplica e dos efeitos que produz (477d1: ἐφ' ᾧ τε ἔστι καὶ ὃ ἀπεργάζεται). Se é assim, o modo correto de colocar a questão em torno da ideia do "bom" não consistirá em se perguntar "O que é" (isto é, em tentar uma definição impossível enunciando seu *logos tes ousias*), mas "O que faz", quais efeitos produz uma vez que tenha sido delimitado o lugar onto-epistemológico que ocupa (nos limites extremos do ser e do pensável), a função causal que desempenha e os objetos aos quais primeiramente se refere (as ideias). Quais são, portanto, os efeitos produzidos pela *dynamis* do "bom"? Podemos, por simplicidade de análise, nele distinguir uma classe negativa e uma positiva.

A primeira está claramente implícita no "maior valor" que o "bom" apresenta em relação à ciência, verdade e *ousia* (509a4-5), e é explícita sobre o primeiro movimento da "potência" dialética, que consiste no "separar" (*aphairein*) a ideia do "bom" de todas as outras (534b9), negando, assim, a possibilidade

---

42. Para importantes análises platônicas do conceito de *dynamis*, cf. *Phaedr.*, 270d e *Soph.*, 247d-e: em ambos é a capacidade intrínseca de produzir efeitos ou de agir (*poiein*, *dran*) sobre algo, ou de sofrer (*pathein*) a ação de um elemento externo. No *Sofista* se propõe ainda um consenso (*homologia*) sobre a identificação do ser com a *dynamis*.

de identificar as segundas com a primeira. Em outros termos, isso significa que nenhuma ideia, nenhum sistema de conhecimento ou estado de coisas é tal que pode exaurir em si o "bom": podem dele participar (constituindo, assim, algo que pertence ao "resto do bom", *allo agathon*, 534c5), mas não o possuem em sua totalidade. O horizonte absoluto de valor permanece ulterior à verdade das ciências e também às formações ético-políticas como uma eventual *kallipolis*: tudo isso pode ser "similar ao bom" (*agathoeides*, como escreve Platão com um eficaz neologismo, 509a3), mas é diverso do próprio "bom" e não é, portanto, autofundado do ponto de vista do valor. Isso vale, sem dúvida, também para o mundo em seu conjunto: a ideia do "bom" é o fundamento do valor, mas não a garantia de sua presença no mundo, e não constitui, portanto, o princípio de uma ontoteologia, e menos ainda o de um providencialismo imanentista[43]. Desse ponto de vista, é verdade que o "bom" não é causa do mal (II 379b15 s.; VII 517c), mas isso não significa, como é óbvio, que o mal seja providencialmente ausente do mundo.

A ulterioridade da ideia do "bom" em relação ao plano do existente tanto noético-ideal quanto histórico-empírico determina, portanto, um ponto de vista crítico-negativo que assinala a ausência de fundamento axiológico do próprio existente, a impossibilidade de que um seu estado qualquer pretenda a posse ou a realização exaustiva do "bom".

De outro lado, contudo, é justamente a *dynamis* do "bom" que produz efeitos nos quais é reconhecível o "resto do bom", sua presença mundana, dando lugar a um movimento construtivo-positivo.

Em primeiro lugar, ela produz conhecimento e verdade, isto é, ciência como lugar no qual uma e outra se encontram; é "senhora" (*kyria*) do pensamento (*nous*) e de seu conteúdo, *aletheia* (517c4). Isso significa que a ideia do "bom" é causa da intencionalidade cognitiva porque apresenta a verdade cognoscível como boa, isto é, desejável e eficaz com vistas a uma vida feliz. A intencionalidade cognitiva estabelece um nexo que conecta uma polaridade subjetiva – motivada pela bondade da verdade – e uma polaridade objetiva, constituída pela

---

43. ANNAS, J., *An introduction to Plato's* Republic, 247, enfatiza a necessidade de não se confundir a soberania do bem com um "shallow optimism about Providence and all being for the best" ["otimismo superficial sobre a Providência e tudo que se conserva para o bem maior"]. O "entusiasmo" platônico pela ideia de "bom" coexiste com um pessimismo extremo sobre "the amount of goodness to be found in the actual world" ["a quantidade de bondade que pode ser encontrada no mundo atual"].

existência imutável das ideias. A ideia do "bom" é a condição desse nexo entre consciência, verdade e existência noética.

Há um outro efeito positivo, produtivo, da ideia do "bom". Ela confere valor (portanto, desejabilidade e eficácia) às ideias como normas ético-políticas (por isso, em última instância, confere-lhes existência como normas). O "bom" é o princípio e o fundamento de todo o sistema dos paradigmas e modelos reguladores das condutas privadas e públicas: com efeito, é em todo caso "a causa de tudo que há de reto e de belo"[44] e a ele deve se referir quem quer que "pretenda agir sabiamente [*emphronos*] tanto na vida privada quanto na pública" (517c). Sendo dotada da máxima verdade (*alethestaton*) normativa, a ideia do "bom" constitui, como foi visto, o cânon de referência para as normas legislativas (*nomima*) relativas à justiça e à moralidade (484c9 ss.).

Se no âmbito da intencionalidade cognitiva a ideia do "bom" era a condição de possibilidade da ciência, no ético-político ela aparece, portanto, mais como a garantia de validade da opinião verdadeira (*alethes doxa*) que governa as condutas justas na dimensão histórica da comunidade humana.

Para a *praxis*, tanto cognitiva quanto ético-política, a ideia do "bom" opera, portanto, como *telos* e causa final, princípio de desejabilidade de ciência e justiça; mas, ao mesmo tempo, também como causa eficiente geradora de verdade e normatividade do campo noético.

A *dynamis* do "bom" estende-se, portanto, em uma complexa gama de efeitos, crítico-negativos de um lado, positivo-produtivos de outro. Ela se apresenta certamente desse modo como o correlato objetivo do trabalho da dialética filosófica. Reciprocamente, seu problemático estatuto onto-epistemológico, que torna o conhecimento por princípio mais difícil do que o das outras ideias, torna igualmente problemático o estatuto metodológico e cognitivo da própria dialética, como Gláucon nunca deixa de destacar no livro VII (532d-e; cf. aqui o capítulo 10).

Quanto mais ampla e complexa é a gama dos efeitos da *dynamis* do bom, tanto mais profunda é a transgressão em relação ao teorema das ideias introduzida em sua discussão no livro VI, e tanto mais "extraordinária" a *hyperbole* que lhe é reconhecida, segundo as palavras de Gláucon. Deve se perguntar, nesse ponto, porque Platão – na ausência, ao menos provisória, de uma *horme* adequada, de

---

44. Se na τοῦ παντὸς ἀρχή de 511b7 pode-se reconhecer o "bom", essa declaração, no entanto, parece delimitar o âmbito do que é simultaneamente a causa e o princípio do conjunto de valores morais.

uma condição de *homologia* dialética – decidiu tentar o difícil experimento de atribuir ao "bom" não apenas uma função de norma e de *telos*, mas também principalmente de fundação metaideal e metaepistêmica, da qual aquela função é derivada apenas em segunda instância.

Na medida em que esse papel excedente do "bom" aparece apenas na *República*, e tão somente em seus livros centrais, a resposta deve, sem dúvida, ser buscada nesse contexto dialógico específico, segundo o princípio metódico da *Kontextbezogenheit*[45]. Desse ponto de vista, fica claro que na estratégia argumentativa da *República* é de vital importância que a natureza onto-epistemológica das ideias em seu conjunto (isto é, prescindindo da essência específica de cada uma) funde-se em um princípio de valor tal como é, com efeito, *to agathon*. As ideias existem e são verdadeiras na medida em que são produzidas por esse princípio, que por sua própria natureza as torna, além disso, úteis, vantajosas, desejáveis, por isso podendo ser tomadas como normas e critérios para a valoração e a orientação da conduta ético-política. A destinação dos filósofos ao poder parece legitimada pelo fato de que somente eles, diferente dos políticos e de seus conselheiros sofistas, podem fazer referência – fundada sobre o conhecimento dialético – a esse princípio supremo de verdade e de valor, ou de verdade do valor.

A exigência antiprotagórica de uma fundação ética absoluta, que fuja ao risco da arbitrariedade e da mutabilidade das opiniões individuais e coletivas[46], é levada por Platão ao ponto "hiperbólico" de fazer do próprio "bom" o fundamento do ser e da verdade das ideias e, portanto, também da ciência e do conhecimento em geral. No triângulo formado por ética, ontologia e epistemologia, que caracteriza o estilo de pensamento próprio de Platão, o papel fundador do "bom" constitui a garantia do primado do vértice ético tal como é requerido pelo contexto de um diálogo sobre a justiça e sobre o poder justo como é a *República*[47].

---

45. O princípio foi formulado por BLÖSSNER, N., Kontextbezogenheit und Argumentative Funktion.

46. A formulação mais clara do relativismo protagórico, que nega qualquer *ousia* aos valores ético-políticos, está em *Theaet.*, 172b.

47. Cf. as ainda relevantes observações de CHERNISS, H., The philosophical economy of the theory of ideas (1936), in: ID., *Selected papers*, Leiden, 1977, 121-132. Que a ideia de "bom" funda a primazia da razão prática foi a tese de filósofos neokantianos como RICKERT, H., *Der Gegenstand der Erkenntnis. Einführung in die Transzendentalphilosophie*, Tübingen, ²1904, 117ss.; e NATORP, P., *Platos Ideenlehre*, Leipzig, ²1921, 191ss. Além disso, cf.

O custo teórico dessa operação é certamente elevado. De um lado, a ideia do "bom" é descrita como causa de propriedades diversas da bondade, como a verdade e o ser; de outro, sua colocação "além da *ousia*" põe em questão seu próprio estatuto de ideia, e com isso a possibilidade da dialética de oferecer sua definição de essência. Todas essas aporias suscitam tanto a dúvida metódica de Gláucon quanto as reticências de Sócrates, sua incapacidade "provisória" de superá-las com respostas teoricamente explícitas.

Não há dúvida de que o próprio Platão, e a discussão acadêmica, tenham retomado muitas vezes essas dificuldades, explorando diversas possibilidades de solução teoricamente mais controláveis. O *Filebo* parece conceber o "bom" mais como uma estrutura de ordem e simetria imanente ao âmbito ontológico do "misto", um princípio de limite talvez não diverso, como é dito, dos experimentos teóricos que nas doutrinas não escritas levavam a concebê-lo como "princípio" e/ou "elemento" de unidade no múltiplo. Por outro lado, como mostra o *Sofista*, a elaboração platônico-acadêmica parece se mover na direção de rescindir ou ao menos diminuir os vínculos estreitos com os quais a *República* havia tentado conectar fundação ontológica, princípio de valor e método dialético.

Esse esforço inaudito de unificação entre as três dimensões estava, no entanto, destinado a se tornar, da crítica aristotélica na *Ética eudemia* e na *Ética nicomaqueia* às árduas elaborações metafísicas do neoplatonismo, um terreno aberto de encontro teórico e de exercício hermenêutico. Ainda o é para nós, e essa "abertura" é provavelmente legitimada pela intrínseca problematicidade, pela polissemia teórica do texto da *República*.

Como se buscou indicar, há, todavia, limites para o pluralismo interpretativo e para a gama de opções exegéticas: elas consistem no respeito ao contexto do diálogo, da intenção geral que domina suas estratégias teóricas, dos ouvintes e dos escopos peculiares aos quais era destinado. Se esses limites são violados, a legítima abertura das interpretações se torna arbítrio hermenêutico, aplicação redutora de esquemas de leitura exógenos, que anulam a especificidade do diálogo e dissolvem sua extraordinária, embora problemática, potência filosófica: a *dynamis*, em suma, não tanto do "bom", mas da dialética.

FERBER, R., *Platos Idee des Guten*, 149. Sobre essa função da ideia do "bom", cf. agora também FRONTEROTTA, F., Μέθεξις, 137-139.

CAPÍTULO QUINTO

To agathon: bom para quê? O conflito das interpretações sobre a ideia do bom na *República*[1]

1

Podemos começar fornecendo algumas indicações textuais. A discussão sobre o estatuto ontológico e epistemológico específico da ideia do bom é desenvolvida em cinco páginas do livro VI da *República* (504a-509c); algumas referências à ideia do bom tomada nesse sentido, e considerada como fundamento normativo em âmbito ético-político, estão também presentes no livro VII (517b-c, 519c-d, 526e, 532b-c, 534b-c). Nos três livros restantes do diálogo, a *idea tagathou* volta a desaparecer; além disso, em todo o *corpus* platônico, *to agathon* é mencionado no mesmo plano e no mesmo sentido das outras ideias-valor (*to kalon*, *to dikaion*, *to alethes*). Também no *Filebo* o "bom" é considerado unicamente como finalidade da vida humana, isto é, em âmbito ético-prático, e no final a discussão assinala sua dissolução (*pheugein*) na rede formada pelas ideias de belo, *symmetria* e verdade (64e).

Esses dados – sobretudo se comparados com a amplidão da abordagem que Platão dedica a temas como justiça, ciência, ser e ser verdadeiro – parecem indicar uma relativa marginalidade, ou ao menos um caráter excepcional, da discussão "metafísica" em torno da ideia do bom. Tanto mais singular mostra-se o contraste com a imensa literatura crítica dedicada à interpretação das páginas

---

1. Este capítulo foi originalmente publicado em *Argumenta in dialogos Platonis*, 2 (2012).

da *República* nas quais essa discussão é apresentada, e ao papel central que lhe foi conferido no quadro da compreensão integral do pensamento platônico.

Esse desequilíbrio entre dimensões textuais e trabalho exegético pode sugerir uma pergunta à primeira vista paradoxal: seria possível construir uma imagem de conjunto da filosofia de Platão que prescinda da "metafísica" do bom? A resposta não pode senão ser positiva e se funda em um exemplo ilustre. Em suas *Vorlesungen*, que dedicam a Platão cerca de 130 páginas da edição Michelet, Hegel não o aborda nem nunca menciona a célebre analogia solar, embora cite e comente por extenso o modelo epistemológico da "linha", que a segue imediatamente no texto platônico (509d-511e)[2].

Neste texto pretendo propor uma hipótese de explicação dessa anomalia exegética: a "metafísica" do bom se tornou um terreno de encontro no qual se coloca a questão do "elo perdido" da filosofia platônica: a teologia. Nesse terreno, abordam-se, portanto, as teses que sustentam a existência de uma teologia platônica e as que a negam; no caso afirmativo, o encontro se desloca depois em torno dos modelos teóricos nos quais se pode identificar essa teologia (que são, em suma, essencialmente dois: o neoplatônico, centrado no Uno, e o aristotélico-escolástico, centrado no Ser).

2

O primeiro grande intérprete crítico da ideia do bom, Aristóteles, parece, entretanto, excluir a possibilidade de sua concepção teológica. Se o bom

---

2. Na *Enciclopédia de ciências filosóficas em compêndio* (§§512, 514) Hegel parece retomar a crítica de Aristóteles ao "vazio" da ideia do bom em Platão (sem, contudo, mencionar nem um nem outro) quando escreve: "esse cume do *fenômeno* do querer, que se volatizou até a vaidade absoluta – até uma bondade não objetiva, mas que só é certa de si mesma, e uma certeza de si mesma na nulidade do universal – arruína-se imediatamente em si mesmo", transformando-se em *mal*. A isso Hegel contrapõe "a *substância*, que se conhece *livremente*, na qual o *dever ser* absoluto é também *ser*" e que "tem sua realidade como o espírito de um *povo*". *Si minima licet...*, posso recordar que duas breves apresentações recentes do pensamento platônico como um todo reservam um lugar quase tão marginal à "metafísica" do bom quanto à hegeliana. Em ERLER, M., *Platon*, Munique, 2006 [trad. bras.: *Platão*, São Paulo, Annablume, 2013 (N. do T.)], quatro páginas (de 224) são dedicadas à passagem crucial da *República*; em VEGETTI, M., *Quindici lezioni su Platone*, Torino, 2003 [trad. bras.: *Quinze lições sobre Platão*, São Paulo, Loyola, no prelo (N. do T.)] o "bom" é tratado em um apêndice de sete páginas (de 243).

pertencesse à categoria da substância, ele observava, deveria ser entendido como "o deus e o pensamento" (*EN* I 1096a25), mas o caráter transcategorial e metasubstancial (*epekeina tes ousias, Resp.*, VI 509b8) do "bom" platônico impedia essa identificação[3].

Mas é naturalmente com a tradição neoplatônica, de Plotino a Proclo, que *to agathon* se torna "bom para" uma teologia. Essa concepção envolvia, contudo, algumas operações teóricas trabalhosas, e um êxito arriscado. A primeira dessas operações consistia no deslocamento da posição ontológica do "bom" de *epekeina tes ousias* para *epekeina tou ontos*, assegurando-lhe, assim, um estatuto extraontológico (portanto, também extraepistêmico). A segunda consistia em uma decodificação semântica de *agathon* que o reduzia ao Uno. Para dizer a verdade, algo do gênero – segundo os célebres testemunhos aristotélicos – já havia sido tentado por Platão nas *agrapha dogmata* (as doutrinas esotéricas confiadas ao ensinamento oral), ou ao menos em sua lição sobre o bem; mas esse experimento envolvia a introdução de um segundo princípio, a Díade infinita, inaceitável para os neoplatônicos, para os quais as "doutrinas não escritas" de Platão parecem não ter sido influentes, ou ao menos marginais. A regra para a decodificação era, ao contrário, buscada no *Parmênides*. Para Proclo, a abordagem da *República* sobre o "bom" (em virtude de uma aplicação *ante litteram* do assim chamado *dialogical approach*) era voluntariamente dissimulada por causa da presença de sofistas como Trasímaco e Clitofonte entre os interlocutores do diálogo, indignos de receber a revelação dos *mystikotata* possíveis, ao contrário, no *Parmênides*, na presença dos filósofos eleáticos (*Comm. in Remp., Diss.*, XI 274.1-11). *To agathon* é, portanto, o nome imperfeito do Uno e ambos são inadequados para designar o Princípio inefável. As duas operações convergem, em todo caso, no fazer do "bom" o vértice de uma teologia negativa, que, como veremos, parte da tradição posterior não estaria disposta a aceitar[4].

---

3. As críticas acadêmicas à ideia do bom nos primeiros livros da *Ética eudemia* e da *Ética nicomaqueia* são ricas em indicações exegéticas esclarecedoras, embora sejam frequentemente ignoradas pelos intérpretes esotérico-sistemáticos e não apenas por eles (nenhuma análise aparece no rico volume editado por REALE, G.; SCOLNICOV, S., *New images of Plato. Dialogues on the idea of the good*, Sankt Augustin, 2002). Apesar das preciosas análises de BERTI, E., Multiplicité et unité du bien selon EE I 8, in: MORAUX, P.; HARLFINGER, D. (ed.), *Untersuchungen zur Eudemischen Ethik*, 157-184, esses textos provavelmente mereceriam uma investigação mais aprofundada.

4. Sobre a elaboração neoplatônica do "bom", cf. BALTES, M., Is the idea of the good in Plato's *Republic* beyond being?, 3-23; e ABBATE, M., Il bene nell'interpretazione di Plotino

Contudo, mesmo fora da elaboração neoplatônica, a passagem do livro VI da *República* parecia predispor o "bom" para uma concepção teológica por assim dizer espontânea. *To agathon* (tornado nesse ínterim, mediante o latim de Cícero e da escolástica medieval, *summum bonum*), era interpretado como Deus, por exemplo, por um tradutor do século XV ignaro de Proclo como Pier Candido Decembrio, que anotava à margem de 509b3: "de Deo loquitur".

3

Com a modernidade termina a idade da inocência, a espontaneidade da equação *summum bonum sive Deus*; doravante, a concepção teológica do "bom" deverá se apoiar em argumentações mais complexas.

Para esquematizar ao extremo a questão que nos interessa entre os séculos XIX e XX – estou bem consciente de que essa esquematização é redutora em relação à rica articulação das posições em jogo, mas é indispensável para tentar fazer uma exposição inteligível a seu respeito nos limites desta conversação – gostaria de propor circunscrever dois paradigmas maiores da exegese do bom: o que chamarei de *paradigma negacionista* e o contraposto *paradigma teológico* (ou mesmo *ontoteológico*). Indicarei duas variantes do primeiro, a lógico-gnosiológica e a ético-prática; e três variantes do segundo, uma primeira que chamarei de "pré-crítica", uma segunda de matriz neoplatônica e uma terceira de matriz aristotélico-escolástica.

Começarei pelo paradigma negacionista, não porque seja o mais influente (nem tampouco em razão de minha preferência pessoal), mas porque ele é cronologicamente anterior no arco temporal que agora nos interessa. Nas origens desse paradigma estão, de um lado, uma posição teórica, a de Kant, de outro uma razoável consideração semântica relativa à linguagem platônica. Esta segunda, na qual insiste sobretudo a variante ético-prática do paradigma, destaca que o âmbito semântico de *agathon* mostra por si a irredutibilidade ao campo dos conceitos ontoteológicos próprios do segundo paradigma (Uno, Ser, Deus)[5].

---

e di Proclo, in: VEGETTI, M. (ed.), PLATONE, *La Repubblica*, trad. e comentário, v. V, Napoli, 2003, 625-678.

5. Assim, por exemplo, STEMMER, P., *Platons dialektik*, 153 ss.; 171-172; KERSTING, W., *Platons Staat*, 240-241.

Voltemos, contudo, a Kant. Nas poucas, mas decisivas páginas da *Crítica da razão pura* dedicadas ao confronto com Platão (370-375, 595-599 da edição de 1787), ele não discute especificamente sobre a Ideia do bem, mas sobre a Ideia (e o Ideal) em geral. Kant reconhecia que a Ideia possui um papel *regulador*, no duplo sentido de critério dos juízos de valor e de *telos* da *praxis* moral, nunca totalmente alcançável, mas infinitamente aproximativo. Em campo prático (isto é, no âmbito fundado sobre a *liberdade*), as ideias da razão exercem, portanto, o papel de causas eficientes do juízo e da ação. Mas Kant não segue Platão no terreno insidioso do *Timeu*, negando esse papel causal das ideias no plano físico e ontológico; ele não pode sequer aceitar a "dedução mística" das ideias a partir de uma inteligência divina, nem os "exageros" (como a hipostasiação hiperurânia) e a "linguagem elevada" pela qual o velho filósofo se deixa levar. Parecem aqui ressoar as irônicas palavras sobre a *daimonia hyperbole* com as quais Gláucon comentava a descrição enfática da ideia do bom na *República* (509c).

3.1

A partir desses pressupostos, o papel de fundador do paradigma negacionista, em sua variante lógico-gnosiológica, não é reconhecido a um incerto Zeller, mas sobretudo a Paul Natorp. Em sua *Platos Ideenlehre*[6], Natorp voltava-se contra a possível identificação do "bom" com o Demiurgo e a divindade, uma "aparência" sugerida por diálogos como o *Fedro*, o *Filebo* e o *Timeu*:

> A essa aparência se apegarão avidamente todos aqueles aos quais não posso exigir aquele apaziguamento de ânimo que consiste em crer que Platão tenha sido no fundo um teísta correto, que ele não tenha destronado Deus em favor de um princípio prevalentemente formal e mesmo – o que mais do que qualquer outra coisa incute pânico em nossa época – lógico.

O Bem não é de modo algum "Ser último, anterior e transcendente ao pensamento – nenhum Ser é mais fortemente rejeitado por Platão que esse – mas

---

6. NATORP, P., *Dottrina platonica delle idee* (1903, ²1921), trad. it. Milano, 1999 [trad. bras.: *Teoria das ideias de Platão*, São Paulo, Paulus, 2012 (N. do T.)], 198 (sobre o "bom" ver 235-250, que correspondem a 188-201 da edição de 1921, na qual foi acrescentada a *Anhang* 14).

unicamente a Lei [*Gesetz*] última, própria do pensamento mesmo". Para Natorp, portanto, que significativamente interpreta a metáfora solar reconduzindo-a ao modelo da linha, e em particular ao conceito de *anhypotheton* ("incondicionado"), "na Ideia pura, na ideia do bem como supremo *conceito metódico da dialética*, a teologia não tem absolutamente nenhum papel"[7]. Natorp não aceita, todavia, a restrição kantiana da ideia do bem somente ao âmbito ético-prático e não vê nela, portanto, o sinal da supremacia da razão prática (*Anhang* 14).

O "bom" não constitui somente a "legalidade" da ação, mas é a "Lei do pensamento puro" que torna possível todo conhecimento particular e a constituição de toda "objetualidade" particular do próprio conhecimento. Diga-se que aqui Natorp se libera com certa desenvoltura da dificuldade implícita na tese platônica segundo a qual *to agathon* é causa não apenas de conhecimento e verdade, mas também de ser e essência (509b6-7). O "bom" é princípio do conhecimento e *por isso* do ser, visto que ele é uma posição do pensamento (*Setzung des Denkens*)[8]: recordemos aqui o subtítulo da obra, *Introdução ao idealismo*.

Natorp, ao contrário, aborda com mais atenção o problema semântico de *agathon*: por que designar o princípio noético incondicionado ao invés de chamá-lo, por exemplo, de Ideia em si ou Ideia da Ideia? Essa semântica indica que a Lei é um dever-ser, um *Sollen*, antes de tudo como tarefa do conhecimento em sua elevação metódica para ideias cada vez mais superiores, portanto "princípio lógico último" (como condição do *Ser* das ideias) e "princípio ético último" como *dever ser* prático (no conhecimento e na ação moral)[9].

Parece interessante, neste ponto, assinalar alguns desenvolvimentos significativos dessas posições natorpianas na exegese recente. Em 1951, David Ross, que em seu *Plato's theory of ideas*[10] ocupava-se da ideia do bom sobretudo para negar qualquer valor teológico, reconhecia nela a "grande ideia genérica da excelência em si", o conceito limite de uma *areté* não limitada ao campo moral, mas dotada de um valor ontológico universal.

Também mais próxima a Natorp aparece a posição de Santas. Em um interessante ensaio de 1980[11] esse autor reconhecia na ideia do bom o princípio da

---

7. Ibid., 194-195, 199-200.
8. Ibid., 194.
9. Ibid., 196ss.
10. ROSS, D., *Platone e la teoria delle idee* (1951), trad. it. Bologna, 1989 (sobre o bem, ver 69-75).
11. SANTAS, G., The Form of the Good in Plato's *Republic* (1980), 249-279.

idealidade das ideias, o que lhes confere as características ideias comuns enquanto distintas das particularidades de cada uma (invariabilidade, inteligibilidade, autoidentidade): uma relação similar ao que ocorre em Natorp entre Lei incondicionada do pensamento e objetos singulares de conhecimento.

Já a importante tese de Cambiano[12] lança uma ponte entre a variante lógico-gnosiológica e a ético-prática do paradigma negacionista. Considerando que "as ideias são condições do uso correto das coisas", Cambiano conclui que a "ideia do bem é causa das ideias – ou seja, de sua substância, à qual a normatividade é intrínseca –, permanecendo normativa em relação a elas, como condição de seu uso correto"; portanto, a conformidade à ideia do bem faz das ideias "uma ordem coerente, cognoscível, apreciável e útil". Será possível notar aqui o deslizar da Lei natorpiana para o conceito de norma no sentido "técnico" de condição de uso (Cambiano, em consequência, entende a dialética como suprema técnica de uso das outras *technai*).

Retornando a Natorp, ele acrescentava algumas considerações que parecem decididamente exceder as premissas kantianas. A eficácia da ideia do bom se estende até a cosmologia porque a lei vige enquanto "subsiste" aquilo que é posto mediante ela; o mutável, o devir, são por isso "salvos" no pensamento que garante a persistência do ser no devir[13]. Parece que Heidegger não estaria distante da memória de seu mestre de Marburg quando escrevia, em seu horizonte e em sua linguagem, que "o 'bem' permite o aparecimento da evidência na qual aquilo que é presente possui a consistência de seu ser. Graças a essa concepção, o *Seiende* é mantido e 'salvo' [*Gerettet*] no ser"[14].

Contudo, certamente o herdeiro mais direto e legítimo de Paul Natorp foi outro grande marburghiano, Ernst Cassirer. Em seu perfil histórico da filosofia grega[15] ele concebia a ideia do bom de um lado como "fim comum ao qual se remetem todas as configurações particulares da Ideia", uma finalidade a ser concebida em sentido tanto gnosiológico quanto ético, como "a via que da forma basilar do saber, da forma do agir ético [...] conduz pouco a pouco à ideia do Bem como suprema unidade de sentido". Cassirer acrescenta, kantianamente, que ao se pensar a relação entre Bem e mundo como "uma relação causal, pensando o derivado como *proveniente* da origem, certamente não falamos mais a

---

12. CAMBIANO, G., *Platone e le tecniche*, 174.
13. NATORP, P., *Dottrina platonica delle idee*, 199-200, *Anhang* 14.
14. HEIDEGGER, M., La dottrina platonica della verità, 184.
15. CASSIRER, E., *Da Talete a Platone* (sobre o bom, ver 154-158).

linguagem do conhecimento puro, mas a linguagem do mito": nesse sentido, o Demiurgo do *Timeu* pertence à forma mítica do pensamento, dando voz à exigência de representar o início temporal, e não apenas lógico, do ser.

3.2

A segunda variante do paradigma negacionista, a ético-prática, tem também origem no âmbito do pensamento neokantiano; não contudo naquele de Marburg, mas no assim chamado neokantismo "sul-ocidental" ou de Heidelberg. Ele remontava a Lotze (de cuja interpretação platônica Natorp havia se distanciado), e, no plano historiográfico, tinha suas figuras dominantes em Windelband e Rickert. Havia sido sobretudo este último a sustentar, contra Natorp, que o *Sollen* indicado pela ideia do Bem "sancionava o primado especulativo da razão prática"[16]. No neokantismo de Heidelberg inspirava-se, de modo um tanto original, Julius Stenzel, por vezes ligado ao ambiente jaegeriano do Terceiro humanismo (o que explica os nexos que ele estabelece entre a dimensão gnosiológico-transcendental e a dimensão ético-prática de sua exegese platônica)[17].

No *Platão educador* de Stenzel[18], a ideia do bem constituía a fundação de um "campo espacial ideal do espírito" que dá lugar, no plano da experiência intersubjetiva, a uma "comunidade das almas" chamada a garantir "a unidade estatal": de tal modo, Stenzel fazia culminar os diversos planos prospectivos da *República* em um desenho unitário, do "bom" à *polis*. Fundamento ético-cognitivo da comunidade política, a ideia do bem é, além disso, (na esteira de Cassirer) o centro de sentido da coesão do mundo. Justamente por isso, ela não pode consistir em "uma Ideia declarável e que pode ser ensinada", que seria "a mais monstruosa presunção da razão humana, condenada a cair no ridículo" (Stenzel, de tal modo, esbarrava novamente no caminho para seu eventual uso teológico), mas somente na perspectiva do conhecimento e de seu valor ético-político[19].

---

16. RICKERT, H., *Der Gegenstand der Erkenntnis*, 117-118.
17. Cf., neste sentido, as observações importantes em FRANCO REPELLINI, F., Note sul "Platonbild" del Terzo umanesimo, *Il Pensiero*, v. 1-3 (1972) 91-122.
18. STENZEL, J., *Platone educatore* (1928), trad. It. Bari, 1966, 267 ss., 315.
19. No mesmo sentido e nos mesmos anos A. Diès exprimiu-se na sua *Introdução* à edição Budé da *República* (1932): sobre a função política do "bom", cf., LXIII ss.

A variante ético-prática do paradigma negacionista, por sua vez, encontrava sua realização no âmbito da tradição neokantina, mas totalmente fora e contra o horizonte intelectual do Terceiro humanismo, na obra de Wolfgang Wieland[20]. Wieland recupera integralmente a dupla função kantiana da Ideia (aqui, da ideia do bom): de um lado, ela opera como regra e princípio da faculdade do juízo prático quando se trata de subsumir coisas e comportamentos concretos sob predicados normativos; de outro, ela garante "a ordem teleológica do comportamento". A análise de Wieland – que se apoia sobretudo no texto de 505d-506a – desenvolve-se de modo original, aproximando a semântica de *agathon* daquela de *chresimon*: ao qualificar a justiça como "boa" e "útil", o "bom" fornece as motivações necessárias para o comportamento moral e garante a convergência entre utilidades individuais e coletivas, portanto, a vinculação entre moral individual e âmbito político. O saber do "bom", conexo com o tema da utilidade, torna-se um "supremo saber de uso [*Gebrauchwissen*]", determinando, de um lado, o sentido ético-político do conhecimento, de outro, a utilidade da virtude, e, nos governantes, integrando-se com sua *politische Kunst*.

Quanto à posição ontológica do "bom" como *epekeina tes ousias* (que Wieland entende como "*jenseits des Seins*"), ela é interpretada como descrição do caráter não substancial, não-objetual da ideia (*Ungegenständlichkeit*), ou seja, como indicação de seu papel formal-fundacional. Diga-se, a esse respeito, que a análise compacta e persuasiva de Wieland é muito facilitada pelo modo descomprometido com o qual são abordados os aspectos propriamente ontológicos da metáfora solar e de sua aplicação ao "bom", em favor das passagens introdutórias em que Platão insiste na utilidade do conhecimento dessa ideia para os futuros governantes.

As posições de Wieland tiveram uma notável repercussão na exegese ético-prática do "bom": Kersting, por exemplo, dela fala como um "horizonte de orientação" e um "centro de integração" da vida e a maior razão de seu governo político[21]. É interessante notar, em âmbito analítico, uma certa proximidade entre a interpretação de Wieland e a de Terence Irwin. Ele nega que o bom seja "uma espécie de ser ulterior em relação às formas" e o concebe

---

20. WIELAND, W., *Platon und die formen des wissens*, (sobre o "bom", ver 159-185).
21. KERSTING, W., *Platons Staat*, 235-238; no mesmo sentido, STEMMER, P., *Platons dialektik*, 171-172.

mais como o sistema teleológico que conecta as próprias formas, das quais explica a "bondade"[22].

3.3

Se quiséssemos fazer um balanço dos resultados adquiridos pelo paradigma negacionista estaríamos diante de uma série de argumentos de fato conspícua. Pode-se dela fazer um elenco sumário.

— Quer pertença ou não ao campo do ser (sobre isso há alguma oscilação), o "bom", em virtude de sua ulterioridade em relação à *ousia*, não pode ser considerado como um "objeto" ou Ente determinado (o fato de que Platão o qualifique como *ideia* não é problemático para nenhum desses autores, que consideram, por sua vez, as ideias como *leis* ou *normas*).
— O "bom", como aliás todas as ideias, não possui nem vida nem pensamento (sobre esse tema é verdadeiramente peremptória a discussão de Ross sobre a passagem do *Sofista* (248e s.) que pareceria indicar o contrário)[23].
— O "bom" não pode ser um *criador* ontológico, nem das ideias (que são ingênitas) nem do mundo empírico que lhe é ontologicamente estranho (é preciso observar, ademais, que quando Platão fala, como no livro V da *República*, de ser e não-ser, os predicados não são compreendidos em sentido primariamente existencial, mas predicativo, ou seja, no sentido de ser X ou não ser X).
— O "bom" não pode coincidir com o demiurgo do *Timeu*, porque, como todo o plano das ideias, é ontologicamente superior a ele (o demiurgo é

---

22. IRWIN, T. H., *Plato's moral theory*, 225-226. É preciso dizer que em geral os intérpretes com orientação analítica manifestam um forte desconforto em relação à passagem sobre o "bom" da *República*. Vale para todos o desagrado de J. Annas, *An introduction to Plato's Republic*, 284: "for all the grand language we are left without any idea of how to go about taking the first step" ["diante de qualquer idioma importante, ficamos sem saber como lidar com o primeiro passo"] para se compreender a ideia do bem. Mas já GROTE, G., *Plato, and the other companions of Sokrates*, 213, argumentou que se Sócrates é incapaz de responder a Gláucon é porque Platão "has no key to open the door" ["não tem a chave para abrir a porta"] do conhecimento do "bom".

23. ROSS, D., *Platone e la teoria delle idee*, 151-152: de acordo com Ross, Platão quer apenas dizer que tanto a vida da mente (pensante) quanto a imobilidade das ideias fazem parte do ser.

bom, mas não é "o bom"). Além disso, é convicção comum neste âmbito exegético que o demiurgo represente a projeção mítica da capacidade ordenadora do pensamento, ou então constitua o modo, igualmente mítico, com o qual Platão gere a dificuldade teórica, de outro modo insuperável, da atribuição de uma causalidade eficiente às ideias no plano físico (considerada absurda por Kant)[24].

— Seguindo a caracterização platônica da superioridade do bom em termos de *dynamis* e *presbeia* (509b8), *to agathon* é interpretado (e considerado cognoscível) sobretudo com base nos efeitos que ele produz, por suas *funções*[25]: a produção de legalidade e normatividade, o conferir sentido e valor ao conhecimento e à prática, a posição de *telos* da conduta em vista de autêntica utilidade e felicidade.

Nessa perspectiva, em suma, *to agathon* é sobretudo "bom para" julgar o mundo e para orientar a vida.

4

4.1

Defini como "pré-crítica" a primeira variante do paradigma teológico (e ontoteológico) porque ela se vincula diretamente às antigas certezas do *bonum sive Deus* e à tendência de aproximar estritamente, senão de identificar, o "bom" com o demiurgo do *Timeu*. Isso não significa que não existam razões textuais para refutar, ou ignorar, ou argumentos negacionistas. Como é bem conhecido, Platão escreve no livro VI da *República* que as ideias tomam do bom *to einai te kai ten ousian* (509b6-7); no livro X fala-se também de um "deus" produtor das ideias (597b5); sempre no livro VI, o "bom" aparece como o "gerador" do sol (508b13). Na mesma passagem fala-se do "bom" como "pai" (506e4),

---

24. Esse problema foi amplamente discutido por Zeller em ZELLER, E.; MONDOLFO, R., *La Filosofia dei greci* ([5]1922), parte III, v. III/1, ISNARDI PARENTE, M. (ed.), Firenze, 1974, 82 ss.

25. Nesse sentido, ver, entre outros, DIXSAUT, M., *Platon et la question de la pensée*, 121-127.

o que parece aludir ao demiurgo do *Timeu* definido justamente como *pater kai poietes* (28c)[26].

Isso significa a persistência de teses sobre a imediata natureza divina do bom e sobre sua proximidade com o demiurgo[27]. Em seu *Platon* de 1935[28], Robin sustentava que a divindade do Demiurgo era relativa a um estágio inferior da realidade (natural), e acrescentava:

> se o Demiurgo fosse *o Deus*, o estágio superior da realidade seria inversamente privado de uma similar personalidade única e igualmente organizadora; as Ideias seriam um povo de Deuses que poderiam dispensar um Deus supremo. Ora, é próprio da doutrina de Platão uma existência que domina a multidão das Ideias e que delas é também separada: é o Bem.

Cabe notar aqui que Robin identifica um duplo nível divino, o do "bom" e o do Demiurgo, dotados das mesmas funções em relação a âmbitos ontológicos diversos; mas sobretudo deve ser sublinhado que ele fala do "bom" (que tende a identificar com o Uno das *agrapha dogmata*) nos termos claramente teológicos de *personalidade única*.

Também o Jaeger "teólogo" do período norte-americano não hesitava em identificar o Bem com Deus (Platão não teria usado o nome *theos* para distinguir sua divindade filosófica daquelas da religião popular)[29].

Em um importante artigo de 1995[30], Benitez problematiza a posição pré-crítica reconhecendo em Platão a aspiração a unificar a vertente ética e a metafísico-teológica do "bom" representado pelo Demiurgo, que todavia permanece teoricamente não resolvida. Benitez se apoia, contudo, em uma descrição "escolástica" da ideia do bom como *Ens realissimum*, que, por sua vez, também se mostra problemática.

---

26. O significado teológico de todas essas passagens é, no entanto, discutido e redimensionado por FRONTEROTTA, F., La divinité du bien et la bonté du dieu "producteur" (*phytourgos/demiourgos*) chez Platon, in: LAURENT, J. (ed.), *Les dieux de Platon*, Caen, 2003, 53-76 (o primado do bem permanece, segundo Fronterotta, de natureza axiológica e não ontológica).

27. Uma ampla apresentação dessas posições pode ser encontrada na nota de M. Isnardi Parente em ZELLER, E.; MONDOLFO, R., *La Filosofia dei greci*, 94-106.

28. ROBIN, L., *Platon* (1935, ²1968), trad. it. Milano, 1988 (sobre o bom e o demiurgo, ver 171-173).

29. Cf. JAEGER, W., *Paideia*, v. II (1944), trad. it. Firenze, 1954, 493-495.

30. BENITEZ, E. E., The Good or the Demiurge, 113-140.

Em todo caso, essa variante do paradigma teológico parece resistir a qualquer dúvida, se Francisco Lisi[31] pôde recentemente escrever que "uma leitura literal dos diálogos oferece um esboço de sistema no qual o princípio mais alto age como causa formal, final e eficiente"; o "bom" deve então ser concebido como um "active principle of creation [...]. He also creates the world" ["princípio ativo de criação [...]. Ele também cria o mundo"] (note-se que, não obstante Lisi negue ao "bom" o caráter pessoal do Deus cristão, todavia usa a forma masculina do pronome pessoal).

De outro lado, o próprio Giovanni Reale[32] assinala um dos pontos de originalidade de seu próprio pensamento em relação à escola de Tübingen à qual ele adere, na reavaliação da figura do Demiurgo, no qual reconhece totalmente um Deus criador (expressão do "mais avançado criacionismo na dimensão do pensamento helênico"), ainda que subordinado à impessoal ideia do Bem.

Por último, e com maior decisão, Michael Bordt tentou novamente construir um sistema unificado da "teologia" platônica, nele fazendo confluir, sem nenhuma incerteza problemática, todos os elementos de teologia dispersos nos diálogos, e, em primeiro lugar, naturalmente "bom" e demiurgo[33].

4.2

Em relação ao caráter imediato da fórmula pré-crítica *Bonum sive Deus*, as duas variantes que defini de modo impróprio como aristotélico-escolástica e neoplatônica percorrem um *makrotera periodos*, um movimento mais amplo. Esse movimento passa, respectivamente, pela identificação do "bom" com o Ser e com o Uno, para enfim concluir nas equações que, com Beierwaltes[34], podem ser expressas como *Deus est Esse, Deus est Unum*. Naturalmente, a maior diferença entre as duas variantes está, como já foi visto, na interpretação de *epekeina tes ousias* como "além das essências" ou "além do ser". Mas, dado que há oscilações e superposições nas teses propostas pelos defensores das duas variantes, será oportuno indicar também nesse caso algumas premissas em certo sentido

---

31. Lisi, F. L., The form of the good, in: Id. (ed.), *The ascent to the good*, Sankt Augustin, 2007, 199-227 (citação em 226-227).
32. Reale, G., *Per una nuova interpretazione di Platone*, 497-539 (citação em 529).
33. Bordt, M., *Platons theologie*, Freiburg- München, 2006.
34. Beierwaltes, W., *Platonismo e idealismo* (1972), trad. it. Bologna, 1987.

comuns a ambas, embora com acentuações diversas. Para não tornar o discurso demasiado pesado, limito-me a propor um elenco sumário a esse respeito.

a) A crescente influência, entre os anos de 1930 e de 1940, da filosofia de Heidegger, que encerrava a época do predomínio neokantiano e historicista e recolocava o primado filosófico da ontologia[35].

b) De modo mais específico, o surgimento de tendências voltadas à reconstrução de uma tradição unitária da filosofia europeia, ou, em outros termos, da "metafísica ocidental". Em nosso campo, o caminho – como assinalei em outro lugar[36] – parece ter sido aberto pelo importante livro de Philip Merlan, *From platonism to neoplatonism* [*Do platonismo ao neoplatonismo*] (1953), que inseria Aristóteles na linha de uma ontologia derivativa, a partir do princípio teológico, destinada justamente a terminar no neoplatonismo; mas nas costas de Aristóteles estava apenas uma "metafísica acadêmica" adstrita a Xenócrates e Espeusipo, que não chegava, contudo, a incluir o próprio Platão. Isso deixava em aberto um problema e um desafio, que seriam abordados por Hans J. Krämer. Em seu livro *Der Ursprung der Geistmetaphysik* (1964) Platão poderá finalmente ser reconhecido como o autêntico iniciador de uma genealogia que chegava a Plotino por intermédio de Aristóteles. Cabia, depois, a Werner Beierwaltes (*Pensare l'Uno*[37], 1985) reconstruir a *Wirkungsgeschichte* do neoplatonismo até Hegel[38].

Em outra vertente, era premente também a Gadamer integrar Platão na tradição da "filosofia do *logos*" que ia de Aristóteles a Hegel, e se mostrava marcada justamente pelo dissenso entre Platão e Aristóteles em torno do Bem; a tal intenção conciliatória ele dedicava seu grande ensaio de 1978 sobre a *Ideia do Bem entre Platão e Aristóteles*[39], ao qual deveremos voltar. De um modo ou de outro, portanto, a "metafísica ocidental" podia agora se garantir com ininterruptas linhas de comunicação entre Platão, Aristóteles, Plotino e Hegel (não por acaso isolando Kant), e dali eventualmente prosseguir até a *renovatio* heideggeriana.

---

35. Cf., a esse respeito, a reconstrução de FRANCO REPELLINI, F., Gli agrapha dogmata di Platone: la loro recente ricostruzione e i suoi presupposti storico-filosofici, in *Acme*, 26, 1973, 51-84.

36. VEGETTI, M., Cronache platoniche, *Rivista di Filosofia*, v. 85 (1994) 109-129 (capítulo 1 deste volume).

37. *Denken des Einen*; trad. it.: *Pensare l'Uno*, Milano, Vita e Pensiero, 1985. (N. do T.)

38. A essas obras deve-se adicionar HALFWASSEN, J., *Der Aufstieg zum Einen. Untersuchungen zu Platon und Plotin*, Stuttgart, 1992.

39. GADAMER, H. G., *Studi platonici 2*, 151-261.

c) No plano filológico, a novidade era constituída pelos estudos de Stenzel de 1924 sobre a doutrina acadêmica das ideias-números, nos quais eram abordados de modo sistemático os testemunhos aristotélicos sobre as "doutrinas não escritas" de Platão e sobre sua identificação "esotérica" entre Bem e Uno (para dizer a verdade, Stenzel havia sido precedido por Robin em 1908 e seguido por Marino Gentile em 1930, mas esses trabalhos não gozaram de muita fortuna junto aos estudiosos alemães). Abria-se, assim, um terreno de investigação quase inédito e muito promissor na direção de uma reinterpretação ontoteológica de Platão, e em particular da ideia do bom.

4.3

Falei de variante "aristotélico-escolástica", referindo-me à equiextensão categorial entre ser e bem sustentada por Aristóteles (*EN* I 1092a23 s.), e ao mote tomista *ens et bonum convertuntur*. Mas posso acrescentar: heideggeriana. Em seus *Grundbegriffe*, curso dado em Marburg em 1926, Heidegger escrevia: "o ser é o *telos*, o 'fim', o *agathon* [...]. A ideia do bem é o ser e o ente autêntico"[40]. A forma da referência teológica varia muito nas três posições, embora estando, em minha opinião, presente diretamente em cada uma delas.

Em seus estudos iniciais, que fundavam a identificação (neoplatonizante) do Bem com o Uno, Krämer tendia mais explicitamente a reconhecer neste último os traços decisivos da ontologia heideggeriana. O Uno era, para Krämer, o princípio da *Seiendheit* (isto é, da *ousia*) das coisas; disso se segue que "todo ente, na medida em que é, é sempre ao mesmo tempo bom e cognoscível. Todo ente, de outro lado, é na medida em que se aproxima do modo de ser do Uno, do fundamento. Esse é o núcleo de toda a abordagem de Platão". Portanto, a *Ueberseiendheit* do Uno é "o antigo *analogon* da 'diferença ontológica'" de Heidegger[41].

A equiextensão Uno-ser-bem visava conciliar uma visão hipertranscendente do fundamento com uma, por assim dizer, "distribuição" entre os entes de ser

---

40. HEIDEGGER, M., *I concetti fondamentali della filosofia antica*, 235 (referência a este respeito em VEGETTI, M., Il Platone del primo Heidegger, *Paradigmi*, v. 21 (2003) 184-190).

41. As citações são respectivamente de KRÄMER, H. J., *Areté bei Platon und Aristoteles*, 473 ss., 555, n. 4; cf. também ID., Die platonische Akademie und das Problem einer systematischen Interpretation der Philosophie Platons, 86-87; ID., *Epekeina tes ousias*. Zu Platon *Politeia* 509b, 19.

e bem. Não estava claro, contudo, como é que a doutrina dos dois princípios atestados por Aristóteles (Uno/Díade) poderia se conciliar com a ontologia heideggeriana (nem, aliás, com a metafísica neoplatônica, como veremos). Talvez também por isso Krämer teria em seguida declarado obsoleta a referência heideggeriana em virtude do "espírito mudado da época"[42].

Com essas oscilações, o primeiro Krämer havia se movido no limite incerto que separa uma concepção transcendente de uma imanentista do Uno-ser-bom[43]. Na primeira vertente havia se colocado Luigi Stefanini, que escreve em 1932: "O ser deficiente do sensível e o ser difuso nos inteligíveis se concentra todo na plenitude fulgurante do Ser por excelência [o 'bom']: fora do qual não resta nada de positivo que justifique o conhecimento e a existência". Haveria, portanto, na *República*, "uma visão monista do Ser, que no vértice dos seres os resolve e anula todos em si"[44].

Decisivamente imanentista e "distributiva" em sentido aristotélico, por isso privada das embaraçosas referências tanto ao neoplatonismo quanto a Heidegger, é a posição de Gadamer, que justamente por isso pode ser referida ao paradigma teológico só indiretamente. Para eliminar o contraste declarado entre Platão e Aristóteles, é preciso, segundo Gadamer, instituir uma série de decodificações: a descrição do Bem na *República* tem um caráter mítico-metafórico, normalizada teoricamente no *Filebo*. "A transcendência do Bem, que havia sido sublinhada de modo tão enfático na *República*" (na qual "o que torna tais todas as coisas boas encontra-se liberado, de modo dificilmente compreensível, da qualidade de ente") não é outra coisa que "a forma mítica com a qual, no fundo, Platão exprime aquilo que no *Filebo* torna explícito fazendo 'aparecer' o bem no belo". Portanto, "o ser, tanto aquele do bem como o de qualquer outra essência [...] revela-se diretamente no ente". O bem é limite, medida, ordem, ou seja, unidade, do ente. Sobre essa base, o *Filebo* pode, por sua vez, ser decodificado com base na ontologia aristotélica: o bem se distribui no ser (*ousia*) dos entes e garante a

---

42. KRÄMER, *Platone e i fondamenti della metafísica*, 320.
43. O imanentismo do discurso esotérico é sublinhado por BERTI, E., Il Platone di Krämer e la metafísica classica, *Rivista di filosofia neoscolastica*, v. 75 (1983) 313-326, que o contrasta com o transcendentismo da "metafísica clássica" de Aristóteles à escolástica. No entanto, deve-se notar que Krämer insiste na transcendência do Uno, e que, por outro lado, se for verdade que o Deus cristão (e em parte também o aristotélico) são transcendentes, totalmente imanente é, ao contrário, a ordem do mundo assegurada pela equiextensão bom-ser.
44. STEFANINI, L., *Platone* (1932), Padova, ²1949, v. I, 247-248 (reimpressão de fac-símile, Padova, 1991).

ordem teleológica e também cosmoteológica do mundo. Portanto, Aristóteles dá "respostas conceituais" ao que Platão havia "antecipado de modo simbólico"[45]. Gadamer terá talvez "ressocratizado" Platão, para usar a expressão de Renaud, mas a sua hermenêutica do bem imanente certamente o aristotelizou[46], assegurando talvez a unidade da filosofia do *logos*, mas tornando de fato reconhecível, na névoa mítico-metafórica que agora o envolve, o texto da *República*.

Um último exemplo da variante aristotélico-escolástica pode ser oferecido pela interpretação de Baltes, que parece identificar o "bom" com o ser em si ou com o conjunto unificado das ideias: uma posição, portanto, mais "inclusiva" do que distributiva no sentido de Gadamer[47]. Em virtude dessa posição seria possível concluir que todo ente é bom enquanto é; a dimensão ontológica parece reabsorver completamente em si aquela axiológica, o que pode ser compreensível no interior de uma justificação ontoteológica do mundo, mas dificilmente conciliável com a perspectiva platônica[48].

4.4

Sobre a última variante do paradigma teológico, a "neoplatônica", posso ser breve porque já foi discutida nesta obra. Pode-se falar de neoplatonismo porque é posição comum dos autores desse campo – que encabeçam as assim chamadas "escolas" de Tübingen e Milão-Católica – a redução do bom ao Uno, que é autorizada, como se sabe, pelos testemunhos aristotélicos sobre as *agrapha dogmata* de Platão, e por aquela de Aristoxeno relativa a uma desafortunada lição pública de Platão *peri tagathou*, na qual teria sido proposta tal redução. O caráter neoplatonizante dessa linha interpretativa é acentuado pela tese, com frequência reafirmada, da transcendência do Uno-Bem em relação ao ser[49]. Mas,

---

45. GADAMER, H. G., *Studi platonici* 2, 229-230.261.
46. Assim, RENAUD, F., *Die Resokratisierung Platons*, 134
47. BALTES, M., Is the idea of the good in Plato's *Republic* beyond being?, 3-23, em particular 12.
48. Sobre a impossibilidade de considerar a ideia do bom como conversível com ser, cf. as considerações de Sillitti, G., Al di là della sostanza. Ancora su *Resp.*, VI 509b, *Elenchos*, v. 1 (1980) 225-244. A ideia do bom não é "extensivamente compreensiva de todas" e tem muitas notas características ("compreensão") para ser equiextensa em relação ao ser.
49. Cf., neste sentido, KRÄMER, H. J., *Epekeina tes ousias*; e ID., Die Idee des Güten. Sonnen- und Liniengleichnis (Buch VI 504a-511e), in: HÖFFE, O. (ed.), *Platon. Politeia*, 197-203.

como adverti, essa caracterização é imprecisa, pois na verdade a "metafísica dos princípios" que pode ser reconstruída a partir dos testemunhos aristotélicos contempla dois princípios, o da unidade e o da multiplicidade (a "Díade infinita") de cuja interação resulta, mediante um processo derivativo (*Seinsableitung*) a produção de diversos níveis do ser com nível decrescente de unidade e crescente de multiplicidade. A identificação do Uno com o Bem torna inevitável conceber polarmente a Díade como o princípio do Mal, e isso excede drasticamente o âmbito teórico do neoplatonismo indicando muito mais um horizonte gnóstico. Mas se discutirá conclusões similares mais adiante.

No que diz respeito ao problema do "bom" na *República*, a interpretação esotérico-sistemática é relevante sobretudo por dois aspectos. O primeiro diz respeito à reticência e à hesitação de Sócrates diante do pedido de oferecer uma definição precisa do "bom" (506d-e). Os intérpretes "críticos" geralmente a explicam como sinal de uma dificuldade teórica efetiva, relativa à audácia, ou mesmo à *hyperbole*, de um experimento de pensamento que excede os limites da teoria das ideias tal como foi até agora aceita pela *homologia* dos interlocutores deste e de outros diálogos. Os intérpretes do campo do qual estamos nos ocupando propõem, ao contrário, explicações diferentes.

Segundo Reale, "Platão diz claramente ter em mente, ou seja, saber, o que é a *essência do Bem*, mas não quer dizê-lo", temendo atrair irrisões, como havia ocorrido por ocasião de sua lição sobre o bem[50]. Krämer pensa antes que os interlocutores de Sócrates não estão suficientemente preparados no plano dialético para receber esse ensinamento supremo, e Szlezák supõe que a cautela socrática prefigure a que deveria ser adotada no estado ideal para evitar os abusos da dialética por parte dos jovens não capacitados: um e outro parecem, assim, deter-se no princípio dialógico que Proclo referia aos sofistas[51]. Em todo caso, esses autores consideram que na negação socrática esteja sobretudo em causa a inadequação da escrita para exprimir os conceitos mais importantes (*timiotera*) da filosofia[52].

O segundo aspecto consiste em um problema que se coloca nesse campo exegético. Falando do "bom" (identificável com o Uno) a *República* fala talvez

---

50. REALE, G., Introduzione in: KRÄMER, H. J., *Dialettica e definizione del Bene in Platone*, 16. Pode-se observar que Sócrates enfrenta conscientemente outras ocasiões de parecer ridículo diante do público ateniense (nudez das mulheres nos ginásios, governo dos filósofos).

51. Krämer, *Dialettica e definizione del Bene in Platone*; SZLEZÁK, T. A., L'idée du Bien en tant qu'arché dans la République de Platon, 366 ss.

52. Cf., sobretudo, SZLEZÁK, T. A., *Platone e la scrittura della filosofia*, 398-405.

de um dos princípios da "metafísica não escrita", mas se cala sobre o outro. Trata-se, segundo Szlezák, de uma versão diversa, mas não contraditória, em relação a essa metafísica. O "bom" não pode ser considerado causa dos males, que, ao contrário, seriam devidos à Díade; o silêncio sobre esta última se deve aos motivos político-educativos dos quais se falou[53].

Não é o caso de repetir aqui as muitas objeções que foram feitas à interpretação esotérico-sistemática. Bastará mencionar algumas aporias teóricas especificamente relativas à redução do "bom" a um dos princípios da metafísica derivacionista. Eles remontam, no fundo, à ambiguidade dos próprios testemunhos aristotélicos, que definem Uno-bem e Díade tanto como "princípios" (*archai*) quanto como "elementos" (*stoicheîa*) dos entes. No segundo caso, os dois elementos podem vir a ser dimensões estruturais dos entes (na medida em cada um deles é simultaneamente uno e múltiplo) como o são em Aristóteles forma e matéria: mas, nesse caso, Uno-bem e Díade seriam unificáveis não ontologicamente, mas apenas por analogia, o que parece decididamente estranho ao horizonte platônico e neoplatônico. Seriam obtidas, além disso, duas consequências paradoxais: todo ente é bom enquanto tal, enquanto unificado pelo Uno (com a já mencionada redução da dimensão axiológica à ontológica); por sua vez, as mesmas ideias, enquanto plurais, estariam já contaminadas pelo Mal.

Contudo, se se trata de princípios transcendentes, é difícil não concebê-los como uma divindade e uma antidivindade, cuja relação seria então conflituosa e não colaborativa na *Seinsableitung*. Em todo caso, a absoluta transcendência do princípio do Uno-bem destruiria o mundo do valor, e a ética tomaria, então, a forma plotiniana de uma fuga do mundo e de uma ascensão mística da alma para o princípio: uma consequência que parece alheia não somente em relação ao horizonte ético-político da *República*, mas à própria ὁμοίωσις θεῷ "na medida em que é possível para o homem" do *Teeteto* e de outros lugares do platonismo.

Trata-se de questões que podem ser aqui apenas acenadas; diga-se, além disso, que nos tempos mais recentes as distâncias entre os que sustentam e os que se opõem às posições esotérico-metafísicas parece ter se atenuado (os primeiros estando mais dispostos a reconhecer a autonomia dos diálogos em relação às doutrinas não escritas, os segundos menos hostis em admitir a possibilidade de que Platão tenha de fato tentado "experimentos de pensamento" do

---

53. SZLEZÁK, T. A., L'idée du Bien, 345-359; e ID., Die Einheit des Platonbildes in der "Tübinger Schule", in: REALE, G.; SCOLNICOV, S., *New images of Plato*, 49-68; cf., finalmente, ID., *Die Idee des Guten in Platons Politeia*, Sankt Augustin, 2003.

tipo daqueles atestados por Aristóteles). Mais do que filológico, o confronto, em minha opinião, deveria se tornar sobretudo filosófico.

Antes de concluir, falta ainda mencionar uma posição significativa ainda que dificilmente classificável, a de Rafael Ferber. Embora parcialmente hostil às teses esotérico-sistemáticas[54], esse autor pode ser situado, com ele mesmo reconhece, no campo neoplatonizante por postular o "bom" "além do ser e do conhecimento"[55]. O estatuto metaobjetual e metaepistêmico do "bom" o torna "terceiro" em relação ao ser e ao pensar, produzindo, assim, uma fecunda tensão teórica: "O pensamento do 'terceiro' deve pensar o impensável, o inexprimível e o *Nichtseiende* [...]. Onde não pode haver nenhum objeto teórico, *soll es werden*"[56]. Essa tensão, contudo, não parece ter em Ferber um sentido místico-metafísico, mas ético-prático, que o reaproxima nesse aspecto das posições dos neokantianos e de Wieland. O "bom", para ele, é um princípio prático, fundamento da ética platônica, não imediatamente realizável porque não esgotável na objetualidade do existente por obra de uma necessária política racional (ela é, "segundo Platão, filosófica, e a filosofia política")[57].

5

Não é certamente o caso de acrescentar aqui mais uma interpretação às outras abordadas. *To agathon* nos mostrou ser o bom para muitas coisas, talvez em demasia: lei do pensamento e critério dos juízos de valor, *telos* da prática moral e divindade transcendente, princípio de uma metafísica e fundamento de uma ontologia... Um arco hermenêutico cuja amplidão pode ser excessiva mesmo diante de textos originalmente polissêmicos como os diálogos de Platão.

Para reduzir a dimensões mais razoáveis essa *hyperbole* exegética – que não por acaso se refere à *hyperbole* do "bom" sobre a qual Gláucon já ironizava – pode-se talvez somente recordar um prudente critério metodológico. Deve-se perguntar porque a tematização onto-epistêmica da ideia do bom aparece, nos textos escritos, *somente* em um diálogo de natureza ético-política como a *República*.

---

54. Cf. a este respeito FERBER, R., *Warum hat Platon die "ungeschriebene Lehre" nicht geschrieben?*, München, ²2007.
55. FERBER, R., *Platos Idee des Guten*, 68, 153.
56. Ibid., 278.
57. Ibid., 131-133.

Deve-se, portanto, interpretá-la a partir de sua *função* nesse contexto dialógico específico, em primeiro lugar a legitimação da pretensão de um governo dos filósofos, e compreender sua "economia filosófica"[58] a partir disso. Sem que por isso se deva voltar ao silêncio hegeliano sobre o "bom", pode-se talvez, desse modo, tornar sua interpretação teoricamente mais controlável, e também conferir um sentido mais bem delimitado pelos desenvolvimentos que Platão pode ter experimentado sobre ele na discussão acadêmica que permaneceu aquém do limite da escrita. Mesmo com essas salutares restrições, *to agathon* ainda permaneceria, como Lévi-Strauss dizia a respeito do mito, *bon à penser*.

---

58. Refiro-me, naturalmente, ao ensaio clássico de CHERNISS, H., The philosophical economy of the theory of ideas, 121-132. Para algumas informações bibliográficas sobre a abordagem aqui delineada, consulte-se VEGETTI, M., Dialogical context, theory of ideas and the question of the good in book VI of the Republic, in: REALE, G.; SCOLNICOV, S., *New images of Plato*, 225-236.

parte três

A UTOPIA

CAPÍTULO SEXTO

Beltista eiper dynata.
O estatuto da utopia na *República*[1]

O problema

Desde seu aparecimento[2], a utopia do livro V (por ora, o termo deve ser tomado sem pré-julgamentos em toda a possível amplitude de suas acepções)[3] foi certamente objeto de discussão, de críticas, de interpretações. Como mostram o *Timeu* e as *Leis*, essa discussão sem dúvida se iniciou no interior da

---

1. Este capítulo foi originalmente publicado em PLATONE, *La Repubblica*, trad. e comentário de M. Vegetti, v. IV, l. V, Napoli, Bibliopolis, 2000.
2. É irrelevante para os fins deste discurso estabelecer se a utopia do livro V pertence a uma "proto-*República*", já conhecida antes de 390, de acordo com a tese cara a Thesleff, H., The Early Version of Plato's Republic, *Arctos*, v. 31 (1997) 149-174, ou ainda, para uma reformulação de "alto nível" da utopia filo-espartana dos livros III-IV como sustenta DAWSON, D., *Cities of the gods. Communist utopias in greek thought*, New York-Oxford, 1992, 75 ss. O *Timeu* certamente constitui um termo *ante quem* para o conhecimento dos leitores de Platão sobre esse tema teórico.
3. Para uma distinção útil entre os conceitos de utopia, paradigma, ideal e projeto, cf. QUARTA, C., La Repubblica di Platone: utopia o stato ideale?, *Idee*, v. 8 (1993) 103-114; ID., Paradigma, ideale, utopia: tre concetti a confronto, in: COLOMBO, A. (ed.), *Utopia e distopia*, Milano, 1987, 175-201. Sobre a diferença entre utopias de evasão e utopias reconstrutivas, cf. também FINLEY, M. I., Utopie antiche e moderne, in: ID., *Uso e abuso della storia* (1975), trad. it. Torino, 1981, 267-289 [trad. bras.: *Uso e abuso da história*, São Paulo, Martins Fontes, 2005 (N. do T.)]. Sobre uma definição crítico-projetual de utopia, consulte-se JACONO, A. M., L'utopia e i greci, in: SETTIS, S. (ed.), *I greci*, Torino, 1996, v. I, 883-900.

Academia[4], tendo conhecido um momento forte – destinado a dominar os desenvolvimentos sucessivos – no livro II da *Política* de Aristóteles.

Doravante, até os inícios do mundo moderno, os críticos da *República* contestavam como inaceitáveis os conteúdos propostos por sua utopia, ou denunciavam seu caráter quimérico.

Ninguém, todavia, dentre os amigos e os inimigos da *República* – inclusive Proclo – jamais duvidou de uma série de certezas[5]: *a)* que Platão considerava desejáveis e auspiciosas suas propostas; *b)* que ele as considerasse de algum modo realizáveis e aplicáveis nas sociedades históricas; *c)* que, enfim, a utopia da *República* pertença, de fato e por princípio, ao âmbito do pensamento político.

No início do século XIX, Kant e Hegel fixavam, de modo por assim dizer paradigmático, as duas perspectivas possíveis de leitura da *República*, as duas opções alternativas entre as quais os intérpretes não cessariam de escolher até quase a metade do século XX.

Escrevia Kant, polemizando com Brucker, que "a *República* platônica se tornou proverbial como presumido exemplo vivo de perfeição quimérica, não podendo existir em outro lugar senão na mente de um pensador desventurado". Mas, acrescentava Kant, é pueril "jogar fora como inútil" o pensamento platônico, presumindo sua "inatualidade". Trata-se de uma falácia empirista, pois, escrevia com sua habitual severidade, "é extremamente reprovável desvincular a lei daquilo que devo fazer daquilo que é feito, determinando a primeira com base na segunda". A legislação e o exercício do poder descritos por Platão serão, portanto, assumidos como princípios teórico-ideais, como arquétipos, "a fim de afirmar que a constituição jurídica dos homens se aproxime cada vez mais da máxima perfeição possível", quaisquer que sejam, portanto, os níveis de adequação historicamente alcançáveis, e certamente não determináveis em abstrato[6].

Kant estabelece, assim, a premissa de todas as interpretações das *República* como teoria normativa e valorativa, ideal transcendental, nem utópico no sentido

---

4. Cf. a este respeito VEGETTI, M., L'autocritica di Platone, il Timeo e le Leggi, in: VEGETTI, M.; ABBATE, M. (ed.), *La Repubblica di Platone nella tradizione antica*, Napoli, 1999, 13-27.

5. Cf. STALLEY, R., Aristotle on Plato's Republic, in: VEGETTI, M.; ABBATE, M. *La Repubblica di Platone nella tradizione antica*, 29-48; cf. também ABBATE, M. (ed.), *Proclo. Commento alla Repubblica* (diss., VII-X), Pavia, 1998.

6. KANT, I., *Critica della ragion pura. Dialettica trascendentale*, livro I, seção I, trad. it. P. Chiodi.

de sonho quimérico de evasão nem em sentido estrito político-programático, mas certamente não sem relação com o pensamento e a prática da política[7].

No extremo oposto, mas no mesmo espaço conceitual, situava-se a leitura hegeliana.

Também Hegel excluía que a *República* devesse ser considerada no sentido das "quimeras" e das "aspirações piedosas", pois o ideal, em virtude do conceito, contém em si a verdade, "e a verdade não é uma quimera". Mas, acrescentava Hegel, certamente não simpático à utopia, Platão não "é homem de se atrapalhar com teorias e princípios abstratos", portanto nem com a forma do ideal que Kant lhe havia atribuído. Hegel não tinha dúvidas sobre o caráter desejável – aos olhos de seu autor – da forma de vida comunitária proposta na *República*. Mas o aspecto decisivo de sua leitura estava no modo com que liquidava o problema da possibilidade, ou melhor, da utopicidade da *kallipolis* platônica. O fato de privilegiar o estado e a coletividade em detrimento da vida individual, o organicismo radicalmente anticontratualista, não se deve senão ao fato de que "Platão representou a eticidade grega em sua forma substancial: com efeito, o que constitui o verdadeiro conteúdo da república platônica é a vida do estado grego"[8], na qual, por sua vez, encarna-se o espírito grego, estranho como era à ideia embrionariamente socrática, depois cristã e moderna, da individualidade e da interioridade subjetiva[9].

O historicismo hegeliano produzia, portanto, um resultado só aparentemente paradoxal: o utopista Platão se tornava o realista Platão, o intérprete mais fiel da substância ética e da forma espiritual do povo grego e de seu tempo. No interior do esquema hegeliano, isso, todavia, assinalava o limite histórico da *República*, muito fiel a seu tempo para poder considerar dialeticamente exigências

---

7. Nesse sentido, cf. BERTELLI, L., L'utopia greca, in: FIRPO, L. (ed.), *Storia delle idee politiche, economiche e sociali*, Torino, 1982, v. I, 463-581 (em particular 473-474, 533-538); também ID., Paradigmi platonici, in: COMPARATO, V. I. (ed.), *Modelli nella storia del pensiero politico*, v. I, Firenze, 1987, 49-87 (para uma posição diferente deste autor, cf. infra, nota 21). Para a interpretação da utopia platônica como um "horizonte lógico-normativo", cf. também CAMBIANO, G., *Platone e le tecniche*, 145.

8. A edição Garniron-Jaeschke traz "das griechische Staatsleben, diese griechische Sittlichkeit", e acrescenta a referência ao "Volk": cf. HEGEL, G. W. F., *Platone*, CICERO, V. (ed.), Milano, 1998, 286.

9. HEGEL, G. W. F., *Lezioni di storia della filosofia*, I, III, A, 3, trad. it. CODIGNOLA, E.; SANNA, G. (ed.), Para a versão Griesheim do texto, cf. ID., *Lezioni su Platone* (1825-1826), VIEILLARD-BARON, J.-L (ed.), (1976), trad. it. Milano, 1995 (ver 153 para o texto, 67 para a introdução).

do espírito que seriam amadurecidas mais tarde na forma do estado moderno e teriam podido encontrar sua satisfação. No humanismo sobretudo alemão do século XX, todavia, caída a historicidade da fenomenologia hegeliana, a *República*, como expressão completa do estado e do espírito grego, voltaria a desempenhar o papel de um modelo diretamente exequível em âmbito político e social – até a aberração de assinalar a tarefa de prefigurar o estado totalitário do nacional-socialismo[10].

Nem Kant nem Hegel, portanto, nem sequer os intérpretes que de modos muito diversos neles se inspiravam, colocavam em dúvida os três pressupostos dos quais se falou no início: que as propostas do livro V eram desejáveis para Platão, em alguma medida realizáveis, e, portanto, pertinentes à esfera da política e da história.

"O plano utópico", como escreveu Dawson, podia continuar a ser concebido como "um paradigma político tanto quanto um paradigma ético"[11].

A cisão dessa secular tradição interpretativa e crítica pode provavelmente ser situada no final da Segunda Guerra Mundial, com a memorável agressão de Popper contra Platão, agora situado, juntamente com Hegel e Marx, entre os fundadores do pensamento político totalitário e, portanto, entre os precursores do nazismo e do stalinismo[12].

A polêmica de Popper – no foco do contexto ideológico que a havia suscitado – era, sem dúvida, excessiva e repleta de pretextos. Ela iluminava, contudo, uma evidência incontestável: a estranheza radical do pensamento político de Platão em relação à tradição liberal-democrática, por isso sua falácia éticopolítica para quem quer que considerasse aquela tradição como um horizonte valorativo sem alternativas.

A primeira reação em relação a Popper – que consistiria na tentativa um tanto ingênua de defender Platão e livrá-lo daquelas acusações, de modo a provar

---

10. Para uma reconstrução desta história, cf. ISNARDI PARENTE, M., Teoria e pratica nel pensiero di Platone, e ID., Aristocraticismo, conservatorismo, assolutismo in Platone, in: ZELLER, E.; MONDOLFO, R., *La filosofia dei greci*, parte II, v. III/2, Firenze, 1974, 564-583, 604-624. Cf. também FRANCO REPELLINI, F., Note sul "Platonbild" del terzo umanesimo, 91-122.

11. Cf. DAWSON, D., *Cities of the Gods*, 67 (também 64-70).

12. Cf. POPPER, K., *La società aperta e i suoi nemici*, Roma, 1986 [trad.: *A sociedade aberta e seus inimigos*. Lisboa, 70, 2012 (N. do T.)]. Popper poderia, além disso, referir-se à valorização filonazista de Platão na Alemanha: cf. CAMFORA, L., Platon im Staatsdenken der Weimarer Republik, in: FUNKE, H. (ed.), *Utopie und Tradition. Platons Lehre vom Staat in der Moderne*, Würzburg, 1987, 133-142.

sua compatibilidade com um "senso comum" liberal-democrático[13] – foi, com efeito, ou demasiado fraca diante do ato de acusação, ou insustentável em relação a qualquer interpretação plausível dos textos platônicos.

Vai tomando forma, então, uma estratégia mais refinada, que, em certo sentido, visava defender Platão de si mesmo: para salvar Platão, tratava-se de enfraquecer o sentido utópico-político da própria *República*, de modo que o autor fosse posto a salvo dos efeitos indesejáveis produzidos por seu texto. Nesse quadro, são discutidas justamente aquelas certezas das quais se falou.

A primeira, ou seja, o caráter desejável das propostas da *República* aos olhos de seu autor, é denunciada com apreciável sinceridade por autores como Gadamer e, mais recentemente, Rosen.

Gadamer escreveu que a *República* constitui "uma grande provocação lançada à moderna consciência cristã e liberal do humanismo que venera em Platão um de seus grandes heróis". Para sanar o conflito, é preciso então postular a hipótese de que o diálogo não seja senão um "jogo racional" a ser inserido no gênero literário do "pensar utópico", que Popper teria subentendido tomando ao pé da letra os "castelos no ar" do diálogo, que, ao contrário, devem ser interpretados somente como estímulos ao livre pensamento. Gadamer propõe, assim, a via mais simples e direta para libertar Platão do embaraçoso fardo da utopia da *República*: trata-se de considerá-la apenas como um subproduto imaginário da realidade, forjado no máximo para fornecer um ponto de vista crítico ao existente, sem qualquer requisito intrínseco de desejabilidade e ainda menos de praticidade[14].

Igualmente explícito é Rosen, que escreve: "O problema [...] de saber se o estado descrito pela *República* é possível, ou seja, que Sócrates acreditava ser possível, é de interesse secundário. O ponto decisivo é que é indesejável, e, em particular, indesejável para o filósofo"[15].

---

13. Cf., por exemplo, LEVINSON, D., *In defense of Plato*, Cambridge (MA), 1953; BAMBROUGH, R. (ed.), *Plato, Popper and Politics*. Sobre esta linha, cf. Vlastos, G., The theory of social justice in the polis in Plato's Republic, in: NORTH, H. F. (ed.), *Interpretations of Plato*, Leiden, 1977, 1-40 (com a resposta equilibrada de BROWN, L., How Totalitarian is Plato's Republic?, in: OSTENFELD, E. N. (ed.), *Essays on Plato's Republic*, Aarhus, 1998, 13-27). Para exemplos recentes desse pensamento positivo liberal-democrático, veja-se GRISWOLD, Ch. L., Le libéralisme platonicien. De la perfection individuelle comme fondement d'une théorie politique, in: DIXSAUT, M. (ed.), *Contre Platon 2*, Paris, 1995, 155-195; MÜLLER, R., *La doctrine platonicienne de la liberté*, Paris, 1997.

14. GADAMER, H. G., *L'anima alle soglie del pensiero nella filosofia greca*, 61-91, aqui 63-64.

15. Cf. ROSEN, S., *Introduzione alla Repubblica di Platone* (1941), trad. it. Napoli, 1990, 19.

Rosen aproxima-se, por essa via, de uma segunda alternativa no âmbito da estratégia de absolvição de Platão da *República*, sustentada em primeiro lugar por Leo Strauss e compartilhada por autores como Crombie e Bloom. Para Strauss, a *kallipolis* é indesejável, pois constrangeria os filósofos ao engajamento político e, ademais, impossível, pois "a igualdade dos sexos e o comunismo absoluto são contra a natureza". Trata-se, portanto, de uma *fiction* irônica deliberadamente destinada à autorrefutação, ou seja, a mostrar tanto os limites intrínsecos à natureza da dimensão política, quanto os efeitos catastróficos que derivariam da tentativa de submetê-la às exigências da imaginação filosófica.

Sonho de evasão, portanto, ou jogo irônico levado à comicidade voluntária, como sustenta Bloom: em ambos os casos a utopia da *República* teria sido, segundo seu autor, tanto indesejável quanto impossível e, portanto, as acusações dirigidas com base em seu texto dependem somente de uma grosseira incompreensão exegética[16].

Na mesma direção, mas seguindo um percurso diverso, orienta-se uma segunda variante dessa estratégia interpretativa: aquela que consiste em considerar a *República* como substancialmente estranha ao âmbito político.

Nessa via inseriu-se recentemente Julia Annas, precedida, no mais, por autores como Sparshott e Voegelin[17]. As propostas políticas da *República* são, "se tomadas ao pé da letra, absurdas"; desenvolvidas "in such sketchy, incomplete and extreme ways that it is hard to place them in a tradition of serious political philosophy" ["de maneira tão superficial, incompleta e extrema que é difícil situá-las em uma tradição de filosofia política séria"]. Annas duvida até mesmo que Platão tenha tido de fato interesses de ordem política (encontrados talvez no *Político* e nas *Leis*). Em todo caso, a *República* é lida como um texto

---

16. Cf. STRAUSS, L., *The City and man* (sobre as posições de Strauss, cf. a crítica de BURNYEAT, M., Sphinx without a secret, 30-36, e a nota mais cautelosa de GIORGINI, G., Leo Strauss e la Repubblica di Platone, *Filosofia politica*, v. 5 (1991) 153-160). O comentário de Bloom, A., *The Republic of Plato*, New York, ²1991, 381, 392, é inspirado por uma linha de Strauss. Mas veja anteriormente CROMBIE, I. M., *An examination of Plato's Doctrines*, v. I, London, 1962, 73 ss. A impossibilidade de tomar à letra as propostas platônicas sobre a família (conhecida pelo resumo do *Timeu*) já havia sido sustentada na Idade Média: por exemplo, Bernardo de Chartres pensava que deveriam ser interpretadas *per involucrum* ou *in tegumentum* (cf. DUTTON, P. E. (ed.), *The Glosae super Timaeum of Bernard of Chartres*, Roma, s.d., 59).

17. Cf. VOEGELIN, E., *Ordine e storia*, 148 ss.; SPARSHOTT, F. E., Plato as anti-political thinker, 214-219.

sobre moral individual, em relação à qual a discussão sobre o estado ideal não é "a major concern" ["uma grande preocupação"] por si mesma[18].

Seguindo as indicações de Robin Waterfield[19], Annas inclina-se mais para ler as partes políticas da *República* como uma metafórica do estado interno da alma individual (por exemplo, o aborto e o infanticídio de 460c significariam a rejeição das ideias indesejáveis por parte do sujeito)[20].

De modo menos extremo, autores como Bertelli e Blössner chegaram recentemente a conclusões semelhantes. Não há lugar para a cidade justa no mundo histórico, escreve o primeiro, portanto o homem justo viverá longe da política; a *politeia* platônica vale, portanto, apenas como "metáfora da ordem interior do homem", uma ordem exclusivamente moral[21]. Blössner, por sua vez, chega à conclusão, mediante uma justa reavaliação do caráter dialógico-comunicativo dos textos platônicos, de que na *República* a metáfora política é destinada a tornar interessante e persuasiva para os interlocutores de Sócrates a descrição da ordem da alma e a conexão que pode ser instaurada entre justiça e felicidade. O erro da crítica popperiana, conclui Blössner, consiste em não ter compreendido o contexto dialógico-argumentativo no qual vão sendo inseridas, e interpretadas, as posições sustentadas pelos personagens platônicos – das quais, portanto, o próprio Platão não pode ser considerado pessoalmente responsável[22].

A estranheza da *República* ao âmbito político – se com isso se entende as formas históricas das sociedades humanas – é confirmada por outra via, na esteia das indicações do próprio Zeller, por Margherita Isnardi Parente.

---

18. ANNAS, J., Politics and Ethics in Plato's Republic, 141-160 (citações nas páginas 145, 152-153, 156-157). Essa posição envolve naturalmente a rejeição (sem argumentar) da autenticidade da *Carta VII*, que confirma a intenção política da *República*.

19. WATERFIELD, R. (ed.), *Plato. Republic* (trad., introd. e notas), Oxford, 1993.

20. Para uma elaboração equilibrada e recente sobre a questão do caráter político da *República*, cf., em vez disso, DAWSON, D., *Cities of the Gods*, 71, 93; HÖFFE, O., Einführung in Platons Politeia, in: ID., *Platon. Politeia*, 3-28 (em particular 20 ss.).

21. BERTELLI, L., Utopia, in: CAMBIANO, G.; CANFORA, L.; LANZA, D. (ed.), *Lo spazio letterario della Grecia antica*, v. I, Roma, 1992, 493-524, aqui 500-501.

22. Cf. BLÖSSNER, N., *Dialogform und argument*, 190 ss., 212; para a referência a Popper cf. também a síntese do mesmo autor, Kontextbezogenheit und Argumentative Funktion, 189-201 (em particular 201). Para uma versão particular da interpretação dialógica, de acordo com a qual Platão teria relatado, mas não compartilhado, a utopia racional de Sócrates porque esta ignorava a alma irracional, cf. BRUMBAUGH, R. S., Reinterpreting Plato's Republic, in: ID., *Platonic studies of greek philosophy*, Albany (NY), 1989, 15-87 (em particular 25, 36).

O projeto de Platão, ela escreve, "não quer nem pretende se tornar programa de ação", nem "terá qualquer expressão prática". Trata-se, ao contrário, de criar uma "nova aristocracia", uma comunidade filosófica separada da "contaminação imediata da prática". Platão substancialmente "não pretende [...] criar uma cidade coletivista, mas um grupo dirigente cenobítico"[23].

Alexandre Kojève já havia insistido no "cenobitismo" platônico em um escrito, não por acaso destinado a Leo Strauss e à sua teoria da dissimulação irônica. Se vista como projeto destinado à *polis*, como faz o "leitor comum" ignaro da Academia, a *República* se mostra "deliberadamente absurda", como prova, entre outras coisas, sua "ridícula comunidade de mulheres". Na verdade, o que Platão queria construir era um "mosteiro" de filósofos separados do mundo: quem realmente tentou realizar a concepção platônica "genuína" não foram, portanto, os estados políticos, que vulgarmente a entenderam mal, mas os monges, tanto cristãos quanto muçulmanos[24].

A *kallipolis* não é, portanto, uma cidade dos homens, mas uma metáfora da alma ou um cenóbio filosófico ao modo da Platonopolis projetada por Plotino.

O caráter comum dessas estratégias de defesa de Platão a seu texto – as interpretações utópicas, irônicas, metafóricas, despolitizantes – parece ser o de atribuir ao próprio Platão os traços de indesejabilidade/impossibilidade/impoliticidade das propostas da *República*, que se mostram óbvios e manifestos para seus intérpretes. Deu-se conta, com uma certa extensão, da documentação de um consenso exegético que hoje provavelmente constitui, em minha opinião, o maior obstáculo para a compreensão do livro V da *República* e da peculiar forma de utopia que ali é proposta. Mas esse consenso, por mais autorizado que seja, parece estar em conflito, extrapolando a boa regra interpretativa, tal como energicamente sustentou Myles Burnyeat[25], com a evidência textual. Na medida em que esta acabou por ser ocultada, ou ao menos pesadamente selecionada, nos desenvolvimentos da discussão pós-popperiana, será o caso de apresentá-la de modo analítico antes de formular uma tentativa de interpretação panorâmica. A rubrica dos argumentos pode ser assim formulada: *a)* as questões da desejabilidade e da praticabilidade; *b)* a relação paradigma/execução; *c)* as condições de

---

23. ISNARDI PARENTE, M., Aristocraticismo, 623-624.
24. Cf. a carta a Strauss datada de 15 de maio de 1958 (em VEGETTI, M., Introdução, in: KOJÈVE, A., *L'imperatore Giuliano e l'arte della scrittura*, 1964, trad. it. Roma, 1998, 9).
25. Cf. BURNYEAT, M., Utopia and fantasy, 175-187. Cf., ainda que brevemente, DEMANDT, A., *Der Idealstaat*, Köln, 1993, 105-106.

possibilidade, teóricas e práticas; *d)* os limites do projeto coletivista; *e)* a eficácia discursiva e política da utopia.

Desejabilidade e possibilidade

Platão parece ter nitidamente previsto o duplo ceticismo – relativo tanto à desejabilidade quanto à possibilidade – que receberiam as perspectivas da utopia traçadas no livro V. Sócrates hesita em desenvolver o discurso sobre a comunidade das mulheres e filhos porque, diz, "de um lado, se duvidará [*apistoito*] que se fale de coisas possíveis [*dynata*], de outro – mesmo admitindo que o sejam – se colocará em dúvida que sejam de fato as melhores [*arista*]" (450c-d; cf. também *ta nun apisteuomena*, VI 502b5). Mais adiante, Gláucon confirmará o perigo de uma incredulidade (*apistia*) difusa em relação tanto à possibilidade quanto à utilidade (*dynaton/ophelimon*) da legislação sobre a família proposta por Sócrates (457d).

Por diversas vezes Sócrates terá de abordar essa dupla perplexidade. Mas seu maior embaraço parece justamente relativo à questão da possibilidade de realização: "não desejo que o discurso pareça apenas um pio desejo [*euche*]" (450d). E a formulação de *euchai* vãs e irrealizáveis seria com boa razão motivo de irrisão (VI 499c; sobre o recorrente temor de suscitar o riso pela impossibilidade ou a indesejabilidade das propostas formuladas, cf. também 451a1, 452a-b, 473c).

Quando, por uma só vez, Sócrates considera dever desenvolver o discurso prescindindo provisoriamente da questão do caráter realizável de seu projeto, ele sente necessidade de se desculpar. Procederá por extensão, afirma, como aqueles "preguiçosos intelectualmente" que sonham com um País de Cocanha sem se cansar de pensar se seus desejos seriam possíveis (*dynata*), "tornando ainda mais preguiçosa uma alma no mais já preguiçosa" (458a-b).

Contudo, esse "impractical idealism"[26] pode ser somente provisório, para não incorrer no ridículo que adequadamente atinge a utopia tomada como mero sonho de evasão da realidade, ou como seu "subproduto imaginário"[27]. Como norma, o discurso platônico institui um vínculo cruzado, que conecta estritamente entre si as dimensões de desejabilidade e de praticabilidade do projeto utópico

---

26. Igualmente, BURNYEAT, M., Utopia and fantasy, 178.
27. BERTELLI, L'utopia greca, 533.

(há apenas uma exceção a esse vínculo, embora só aparente, na passagem 472a, da qual se falará no parágrafo seguinte).

Veja-se, por exemplo, a discussão sobre a igualdade entre os sexos. É posta em primeiro lugar a questão de sua possibilidade ("se é ou não possível", 452e). Uma vez mostrado que não se trata de algo impossível (*adynaton*) nem similar às *euchai* (456b), passa-se a discutir seu caráter desejável, estritamente conexa à precedente (εἰ δυνατά γε καὶ βέλτιστα, 456c4), e se conclui que essa legislação "não apenas é possível, mas também a melhor [*arista*] para a cidade" (457a).

Além disso, a propósito da comunidade de mulheres e filhos, a questão da utilidade (*ophelimon*) é, ao contrário, anteposta àquela da possibilidade (*dynaton*) (457d, cf. 461e, 466a).

Após o *excursus* sobre normas relativas à guerra, a impaciência de Gláucon continua sem se satisfazer em seu pedido de obter esclarecimentos precisos sobre as condições de realização da nova *politeia*. Ele teme que as digressões de Sócrates o façam esquecer o discurso mais importante, "ou seja, como é possível que essa constituição seja realizada [*genesthai*] e de que modo poderia sê-lo" (471e).

Um pouco mais adiante Gláucon repete: "busquemos convencermo-nos a nós mesmos deste único ponto: que é possível e como é possível [ὡς δυνατὸν καὶ ᾗ δυνατόν], e deixemos o resto de lado" (471e).

Não se trata, como algum intérprete escreveu, apenas de uma instância ingênua ou fortemente "pragmática" de Gláucon. As fórmulas conclusivas de Sócrates não deixam dúvidas sobre o vínculo estreito que segundo o próprio Platão ocorre entre o aspecto de aspiração de suas reformas e aquele de sua praticabilidade, pois, como foi visto, desejar o impossível é simplesmente ridículo. As expressões de VI 502c (βέλτιστα εἴπερ δυνατά, ἄριστα ἂν γένοιτο) parecem nesse sentido inequívocos.

Igualmente precisas, e repetidas muitas vezes, são as conclusões sobre o estatuto da possibilidade do projeto utópico: "Não é impossível que se realize, nem falamos de coisas impossíveis, embora certamente difíceis" (VI 499d: οὐ ἀδύνατος γενέσθαι, οὐδ'ἡμεῖς ἀδύνατα λέγομεν· χαλεπὰ δέ).

A mesma fórmula é repetida duas vezes (VI 502c; VII 540d: χαλεπὰ μέν, δυνατὰ δέ τῃ, ainda em contraposição às *euchai*).

A evidência textual, portanto, parece excluir amplamente que Platão pretendesse colocar em dúvida a desejabilidade de suas propostas, ou ignorar a questão de sua praticabilidade, ou, ainda menos, considerá-las estranhas ao problema da reforma da *polis* histórica. A utopia é aqui claramente considerada como um instrumento de crítica do existente (cf. sua contraposição à situação atual, *ta nun parà tauta gignomena*, considerada como inatural, em 456c), e como o projeto de um mundo construído pela imaginação filosófica, mas considerado possível e praticável. No entanto, o discurso sobre os limites e as condições dessa possibilidade e praticabilidade, que agora abordaremos, é diferente.

O modelo e a execução

O que significa o caráter de "possibilidade" que Platão confere ao modelo da *kallipolis*? O problema do sentido e dos limites dessa "possibilidade" é tematizado diversas vezes nos livros V e VI. No conjunto, a solução parece consistir no mesmo estatuto de *paradeigma* atribuído à *kallipolis*: a reprodutibilidade é uma propriedade intrínseca de um paradigma, do mesmo modo que a participabilidade é uma propriedade das ideias (trata-se, bem entendido, de uma relação analógica, pois, como mostrou Burnyeat, a *kallipolis* não é uma ideia)[28].

No âmbito da relação modelo-cópia, é obviamente inevitável a presença de uma imperfeição, uma *décalage* que separa a segunda do primeiro. O fato de o homem justo participar da justiça em si, do *paradeigma* de justiça, não significa evidentemente, escreve Platão, que ele seja uma espécie de múltiplo da ideia que dela em nada difere: isso é obviamente impossível. Participar da ideia de justiça, e reproduzir o modelo do homem perfeitamente justo, significará aproximar-se no máximo grau possível (*hoti engytata*) a esses paradigmas exemplares (472b-c).

A mesma relação se aplica ao modelo da *kallipolis* e às suas execuções. Aquele modelo foi traçado no discurso, *en logois*, e foi construído na forma de uma *fiction* narrativa, uma narrativa mítica (cf. II 369c, 376d; VI 501e). Ora, diz Platão, a construção discursiva, a *lexis*, embora não possa nem deva excluir a execução na *praxis*, é certamente mais próxima daquela em relação à verdade; o discurso pode descrever com maior clareza e precisão os delineamentos do modelo, sem ter de se dobrar aos vínculos que condicionam a execução prática, o *ergon*, imersos como estão na dimensão espaçotemporal do devir.

A "possibilidade" da execução prática do modelo deve então ser considerada não como sua reprodução idêntica, mas, repete Platão, como o máximo de aproximação permitida por aqueles vínculos (*hos engytata*, 473a-b).

---

28. BURNYEAT, M., Utopia and fantasy, 177.

A relação é evidenciada por uma metáfora pictórica. Quem age corretamente na *praxis* (nesse caso, os filósofos-reis ou os governantes convertidos à filosofia) age como um "pintor de constituições" (πολιτειῶν ζῴγραφος) que se inspira no modelo paradigmático e tenta tornar os homens que vivem concretamente na história na medida em que for permitido (*hoson endechetai*) similares a ele (VI 501b-c).

Para dizer a verdade, há uma outra metáfora pictórica que parece contradizer o sentido geral do discurso platônico até aqui delineado, e o nexo que ali é instituído entre desejabilidade e praticabilidade, paradigma e reprodutibilidade. A excelência de um pintor não seria diminuída, escreve Platão, pelo fato de ser incapaz de indicar a existência de um homem tão belo quanto o que foi pintado (472d).

Note-se, antes de tudo, que a estrutura desse parâmetro é assimétrica em relação ao citado anteriormente. Ali o modelo era antecedente à pintura, que representava uma reprodução inevitavelmente imperfeita. Aqui, ao contrário, o modelo é constituído pela própria pintura, e a eventual réplica era buscada fora, no campo dos *erga*. O pintor dessa metáfora é, portanto, assimilado não ao reprodutor de modelos, mas ao construtor de paradigmas *en logois*: a correção lógica e ética desses paradigmas não é atingida, segundo Platão, pela impossibilidade de implantar na realidade empírica sua réplica idêntica. Isso não significa contradizer o sentido de todo o discurso, que insistia justamente na reprodutibilidade prática do paradigma, mas somente advertir que qualquer que seja sua reprodução é inevitavelmente imperfeita, sem que isso reduza sua validade teórica.

Parece claro por essa análise que a utopia do livro V tem um caráter marcadamente projetivo para Platão. Como "toda utopia séria", escreve Finley, ela não é uma fantasmagoria de evasão da realidade, "mas é concebida como um fim que pode ser tentado de modo legítimo e se esperar alcançar"[29]. O paradigma, portanto, é um modelo normativo, um "critério deontológico cuja prática deve tender"[30] para a certeza simultânea sobre a desejabilidade imperativa e do caráter apenas aproximado e imperfeito (portanto, também instável) de sua possível realização.

Essa dupla certeza abre, todavia, uma nova série de problemas.

---

29. FINLEY, M. I., Utopie antiche e moderne, 270.
30. BERTELLI, L., L'utopia, 500; DAWSON, D., *Cities of the Gods*, 71, fala de "standard to follow" ["padrão a seguir"]. Sobre a questão, cf. agora as observações convincentes de ROWE, Ch., Myth, history and dialectic in Plato's Republic and Timaeus-Critias, in: BUXTON, R. (ed.), *From myth to reason?*, Oxford, 1999, 263-278 (em particular 269-270).

O hiato, tanto ontológico quanto histórico-prático, que separa o *logos* do *ergon*, o modelo da reprodução, impede que se considere a utopia platônica, ainda que tendo sido reconhecido seu caráter projetivo, como um programa político do qual seja possível indicar as etapas, tempos e modos de realização. Como veremos melhor no parágrafo 4, os lugares e os tempos de sua realização são pensados na escala de "todo o curso do tempo" (VI 502b, ἐν παντὶ τῷ χρόνῳ); o evento da *kallipolis* poderia ser verificado em um passado remoto, ou verificar-se hoje em lugares remotos e desconhecidos, ou ainda ocorrer em um futuro indeterminado. Desse ponto de vista, a utopia não diz respeito, nem pode, às tarefas e vínculos da temporalidade política; o que não significa, todavia, como se dirá mais adiante, que disponha de uma eficácia ético-prática também atual e imediata.

Um segundo problema diz respeito à possibilidade de determinar a margem de aproximação, a *décalage* intercorrente entre modelo e cópia: ou seja, em que medida a *kallipolis* é efetivamente possível, e como se compreende essa possibilidade além das considerações de princípio até aqui analisadas?

Segundo André Laks, a falta de resposta a essa questão constitui uma "lacuna" da *República*; uma lacuna que pode ser preenchida somente recorrendo às *Leis*, em cujo projeto legislativo poderia ser reconhecido, no desenho platônico, o âmbito da possibilidade efetiva evocado, mas não especificado, pela *República*[31].

Essa hipótese é, sem dúvida, sustentada pelo texto das *Leis* (cf. V 739b-e). Mas é difícil pensar, do ponto de vista da utopia do livro V, que as *Leis* possam de fato representar a "projeção" aplicativa daquele paradigma. Com efeito, são invertidos os conteúdos apresentados como necessários para a unificação e a saúde da cidade, com o retorno à propriedade privada e à família; além disso, é ignorada a imprescindível condição de possibilidade, o governo filosófico. Seria

---

31. Cf. LAKS, A., Legislation and demiurgy. On the relationship between Plato's Republic and Laws, *Classical Antiquity*, v. 9 (1990) 209-229. As posições de Laks são mais articuladas (no sentido de distinguir o ponto de vista da *República* daquele das *Leis*) em The Laws, in: ROWE, Ch.; SCHOFIELD, M. (ed.), *The Cambridge history of greek and roman political thought*, Cambridge, 2000, 258-292, e em Platon, in: RÉNAUT, A. (ed.), *Histoire de la philosophie politique*, t. I, *La liberté des anciens*, Paris, 1999, 57-125. No primeiro, a relação entre as *Leis* e a *República* é entendida como "completion, revision, implementation" ["conclusão, revisão, aplicação"]; no segundo, a "lacuna" da *República* aparece como tal do ponto de vista das *Leis*, que por primeiro decretam seu caráter utópico. Compartilha, com certas nuances oportunas, as teses de Laks SCHOFIELD, M., The disappearing philosopher-king, in: ID., *Saving the city*, London-New York, 1999, 31-50.

o caso de fato de uma cópia, não "quanto mais próxima possível" do modelo, mas dele separada por um afastamento tão profundo que tornaria o próprio modelo irreconhecível. Se a privacidade dos patrimônios e vínculos familiares é a doença da cidade, da qual a forma de vida comunitária deveria constituir a terapia, realizada por médicos como os filósofos-reis, o modelo das *Leis* pareceria de fato aceitar aquela doença como incurável e renunciar à função terapêutica.

Talvez se possa dizer que, no quadro da *República* (senão certamente no das *Leis*), a questão da qual se partiu parece mal formulada. É impossível determinar no âmbito do discurso teórico a medida e as formas da diferença destinada a separar, em qualquer tentativa de execução, modelo e cópias: é tão impossível quanto prever as circunstâncias espaçotemporais, históricas, nas quais aquelas tentativas terão lugar. Não se trata somente de variáveis geográficas, climáticas ou antropológicas (mais importante em nossa concepção de mundo – porque certamente uma *kallipolis* fundada em Oslo resultaria bem diferente de uma outra em Calcutá – do que na visão mais restrita de Platão). Trata-se antes da infinita variabilidade, mutabilidade e instabilidade das situações históricas, dos costumes, das tradições, das quais Platão está certamente bem consciente, como mostram no mesmo livro V as considerações sobre a diferente avaliação histórica da nudez nos ginásios (452c-d).

Se, portanto, há uma lacuna na *República* sobre os limites de praticabilidade da utopia, ela deve ser considerada como provavelmente inevitável em teoria: um outro aspecto, isto é, aquele da discrepância que separa uma utopia projetiva de um programa político, e impede por princípio à primeira determinar antecipadamente suas margens efetivas de realizabilidade. Contudo, o que se deve excluir, ainda em princípio, é que a separação entre modelo e cópia pode ser tal que torne irreconhecíveis as diretrizes fundamentais do primeiro: desviado a esse ponto, não poderia sequer ser considerado como desejável. Mais que uma projeção realizável da *República*, as *Leis* seriam então consideradas como uma revisão do próprio paradigma, de modo a torná-lo praticável ao menos no nível de "terceira cidade".

No horizonte próprio da *República*, deve ser considerada uma importante expansão da metáfora pictórica. Os "pintores de constituições", os agentes do processo de transformação, não podem desempenhar sua tarefa de reproduzir o mais fielmente possível o paradigma no qual se inspiram no quadro (*pinax*) do ambiente histórico-político se não a tiverem antes polido e "purificado" das formas políticas e do *ethos* público e privado existente. Esse aniquilamento das bases legislativas e dos costumes vigentes certamente não é algo fácil (*ou pany rhadion*), mas se trata de uma premissa indispensável ao trabalho de reconstrução ético-política (VI 501a). Em seu âmbito, em si perfeitamente compreensível porque próprio de qualquer poder revolucionário ou de "saúde pública" a seus exórdios, inscreve-se uma norma que os intérpretes modernos consideraram a tal ponto excessiva, que nela se pode ler um sinal do caráter absurdo de todo o projeto. Visando a radical "purificação" da situação existente de fato, escreve Platão, os novos governantes mandarão "aos campos" (*eis agrous*) todos os habitantes da *polis* maiores de dez anos, educando seus filhos à parte dos costumes existentes (τὰ νῦν ἠθῶν) segundo o novo projeto. Essa será a via mais rápida e mais fácil (*tachista te kai rhasta*)[32] para instaurar a nova *polis e sua politeia* (VII 541a).

Trata-se, pois, de um projeto tão extremo a ponto de ser voluntariamente absurdo? Certamente não, se for interpretado, da maneira que me parece mais plausível, compreendendo a expressão *eis agrous* como equivalente a *eis georgous*. Platão pretenderia então dizer que o novo grupo de governo inserirá todos os adultos da cidade (mediante, obviamente, seus próprios componentes) no terceiro grupo, no qual os camponeses são a parte mais numerosa e, ao contrário, submeterá seus filhos aos processos de seleção educativa que visam identificar em seu âmbito os melhores, dignos de ser integrados pelos grupos sociais mais elevados.

Se quisermos, ao contrário, interpretar a passagem literalmente, como uma expulsão de boa parte da população da cidade, Platão não estaria senão propondo novamente, com finalidades naturalmente diferentes, um projeto que já havia sido historicamente concebido pelo radicalismo oligárquico de Crítias (cf. DK 88A1): "a expulsão do *demos* ou de grande parte dele da cidade na ilusão de despovoar a Ática". Isso com a diferença que, em Crítias, a finalidade não é a instauração de um regime "agrícola-pastoral de tipo lacônico"[33], mas a

---

32. É interessante notar que a mesma expressão (*rhasta/tachista*) aparece nas *Leis* a respeito da realização da *ariste politeia* por um bom tirano recomendado por um legislador adequado (IV 710d): aqui o poder substitui o projeto educacional. Deve-se notar também que a *katharsis* da cidade na *República* parece decididamente mais branda do que a proposta no *Pol.*, 293d s., no qual os *archontes* dotados de ciência recorrem ao assassinato, à expulsão e à deportação de parte da cidade. Para a escravidão de cidadãos indesejáveis, cf. também 309a.

33. Cf. CANFORA, L. Crizia prima dei Trenta, in: CASERTANO, G. (ed.), *I filosofi e il potere nella società e nella cultura antiche*, Napoli, 1988, 29-41, aqui 32. É interessante notar que um aluno de Platão e da Academia, Cairon, que se tornou tirano de Pelene, parece ter implementado uma variante de "esquerda" do programa de Crítias, com a expulsão dos *aristoi*

reeducação de jovens ainda plasmáveis e não definitivamente condicionados pela forma de vida do antigo regime. Além do mais, mesmo o projeto de Crítias não seria intoleravelmente extremista do ponto de vista da experiência histórica dos gregos entre o V e o IV séculos: uma experiência que certamente não ignorava a prática da deportação, da servidão e mesmo do extermínio em massa de populações inteiras (pense-se, por exemplo, nos casos de Plateias, de Milo ou dos projetos de Cléon para Mitilene, referidos em Tucídides).

Como quer que seja interpretada, portanto, a exigência platônica se mostra certamente radical, mas totalmente coerente com a razoável exigência de uma "purificação" ético-política do quadro da *polis* e em nada absurda do ponto de vista da discussão constitucional e da prática histórica da época. Destaque, ao contrário, um aspecto que não parece ter sido suficientemente iluminado. Nessa passagem, Platão parece conceber o processo educativo como voltado ao conjunto da população jovem da *polis*, ao menos na fase de sua primeira atuação e não limitado aos filhos dos grupos de governo. Uma exceção que deve ser levada em conta na discussão sobre os limites do projeto coletivista da *República*.

As condições de possibilidade: teoria e governo

As condições que permitem pensar como possível o desenho utópico do livro V são identificadas por Platão em dois níveis diversos, o primeiro, de princípio, o segundo, de fato.

Em termos de princípio, a reforma é possível porque é conforme a natureza, *kata physin*, como no caso da atribuição de funções iguais a homens e mulheres: está na natureza destas últimas o poder desempenhar os mesmos papéis (455d-e). Aqui claramente o conceito de natureza tem um valor normativo: é "natural", portanto também possível, aquilo que está de acordo com as qualidades e as propriedades essenciais das coisas em si mesmas; "natural" é também o que está, como consequência, de acordo com a melhor ordem possível das coisas. Por isso, além de uma garantia sobre a possibilidade de princípio do que lhe

---

e a distribuição aos escravos de seus bens e suas mulheres. Cf. *Resp.*, [Ath.], 508c-509e e TRAMPEDACH, K., *Platon, die Akademie und die zeitgenössische Politik*, Stuttgart, 1994, 64-65; ISNARDI PARENTE, M., L'Accademia antica e la politica del primo Ellenismo, in: CASERTANO, G. (ed.), *I filosofi e il potere nella società e nella cultura antiche*, 89-117 (em particular 103).

é conforme, a natureza oferece um ponto de vista crítico sobre o existente, no qual aquela ordem não é normalmente realizada: "são antes as situações atuais [*ta nyn gignomena*], contrárias às que propomos, que parecem constituídas contra a natureza [*para physin*]" (456c).

É interessante notar que nas *Leis* a deformidade da situação atual (*nyn*, V 739e) teria, ao contrário, começado a constituir uma marca de impossibilidade (*adynaton*) para o desenho utópico (V 746c). Preparava-se, assim, a junção efetuada por Aristóteles no livro II da *Política* entre "normalidade" do existente (1263a22: *ton nyn tropon*), a natureza humana que a exprime, e a normatividade desse sistema normal/natural[34]: daqui deriva o caráter antinatural, por isso tão indesejável quanto impossível, da forma de vida coletivista delineada na *República* (cf., por exemplo, 1263b9).

Contudo, nem sempre Platão pode invocar a conformidade à ordem natural como condição de possibilidade, em princípio, da transgressão utópica do existente. Em casos em que essa referência não é evidente – como em relação à comunidade de mulheres e de filhos – a condição de princípio é antes identificada na coerência interna da argumentação. Que aquela comunhão seja "consequente [*epomene*] com o restante da constituição é preciso confirmar com o *logos*" (461e): trata-se, portanto, de demonstrar a consistência, a *homologia* (464b8) dos diversos aspectos da legislação proposta com o desenho geral e os escopos do projeto constitucional. A coerência intrínseca da argumentação, que conecta seus enunciados de modo coerente e "automático" (VI 498a: ἀπὸ τοῦ αὐτομάτου συμπεσόντα) substitui a referência à natureza como condição teórica de possibilidade do desenho utópico. Trata-se de uma forma de necessidade condicional[35], com base na qual, assumida a desejabilidade de certas finalidades gerais, segue-se de modo "automático" a adoção das medidas indispensáveis para realizá-las.

A utopia é, portanto, "possível" porque está em conformidade com a natureza e a lógica do argumento; contudo, essa forma de possibilidade consiste antes em uma garantia de não-impossibilidade teórica, portanto em uma condição

---

34. Outro contraste entre o estado atual das coisas e o projeto da *República* aparece na *Pol.*, II 1 1261a8 s.: esta última aparece a Aristóteles, de todos os projetos constitucionais, o mais distante da situação histórica (II 7 1266a31 ss.). Segundo Aristóteles, a prova da indesejabilidade e da impossibilidade da utopia da *República* consiste precisamente no fato de que nada parecido jamais foi descoberto e vivenciado no passado (II 5 1264a1 ss.). Também para outro expoente do moderatismo do século IV, Isócrates, não se trata de inventar novas leis, mas de escolher as melhores dentre as que existem (*Antidosis* 83).

35. Cf. a propósito CAMBIANO, G., *Platone e le tecniche*, 145-146.

mais em negativo do que em positivo da efetiva praticabilidade do projeto de reforma. Para se passar do não-impossível ao praticável, do nível de princípio ao de fato, Platão necessita de um segundo tipo de condições, que se situam imediatamente no nível do poder, da força, em suma, nas contingências do comando político.

Nesse ponto, o discurso da *República* se desloca de modo significativo: ele não versa mais tanto sobre as condições de possibilidade da utopia, mas, antes, sobre a possibilidade de que essas condições de fato se verifiquem.

Para a realização da utopia basta, diz Platão, uma única mudança (*metabole*), certamente não pequena nem fácil, todavia possível (473c). Essa mudança, condição necessária para a transformação da cidade, consiste na celebérrima tese de que os filósofos assumam um poder real na cidade, ou que os atuais reis e *dynastai* se convertam à filosofia, de modo que "poder político e filosofia" possam se unificar (473c-d).

Platão é categórico ao afirmar que sem essa mudança subjacente nos vértices do poder, que torne o gênero dos filósofos (ou, que desse ponto de vista é o mesmo, dos *dynastai* tornados filósofos) *enkrateis* na cidade, a *politeia* narrada no discurso jamais poderá se realizar nos fatos (VI 501e: ἡ πολιτεία ἣν μυθολογοῦμεν λόγῳ τέλος λήψεται; cf. também VII 540d).

Contudo, esse evento decisivo e condicionante é, por sua vez, possível? Se não fosse, todo o discurso recairia na condição dos "pios desejos" (*euchai*), tornando seus autores justo objeto de irrisão (VI 499c4-5). Mas não tem nenhum sentido racional afirmar a impossibilidade, embora Platão de fato deixe extremamente indeterminadas as circunstâncias do advento da nova forma de comando.

Alguma "fortuita necessidade" (VI 499b5: *ananke tis ek tyches*) pode induzir os filósofos, de bom grado ou à revelia, a governar a cidade, e esta a aceitar o poder; uma certa "inspiração divina" (499c1: *ek tinos theias epipnoias*) pode suscitar o amor pela filosofia naqueles que agora detêm o poder ou em seus filhos. Tudo isso pode parecer, se não impossível, certamente ao menos improvável. Platão compensa, todavia, esse baixo grau de possibilidade estendendo indefinidamente no espaço e no tempo a cena possível para o advento do novo poder. Como excluir que o comando possa dizer respeito aos filósofos em algum momento do curso passado, presente ou futuro do tempo, e em um lugar qualquer, ainda que remoto e desconhecido (VI 499c-d)? Como se poderia excluir que em "todo o tempo" (ἐν παντὶ τῷ χρόνῳ) possa nascer um filho de algum poderoso dotado para a filosofia e conservar incorrupta essa sua natureza (VI 502a-b)? Uma resposta negativa – sobre esse espectro indeterminado de possibilidades – seria de qualquer forma insensata; portanto, é possível "argumentar duramente" (*diamachesthai to logo*) que a *politeia* da utopia, uma vez satisfeita a condição necessária de poder que lhe possibilita, possa ter existido, existir ou vir a existir (VI 499d).

Basta que "um só" entre os filhos dos *dynastai* (VI 502b4) ou que "um ou mais" dos verdadeiros filósofos, por sua vez tornados *dynastai* (VII 540d4), assumam o poder e iniciem o processo de transformação da *polis* para que "tudo aquilo que agora se mostra inacreditável se realize" (VI 502b5: πάντ᾽ἐπιτελέσαι τὰ νῦν ἀπιστούμενα).

A dilatação indefinida dos tempos e dos lugares de atuação da utopia certamente dela retira as características de planificação determinada próprios de um programa político, mas ao mesmo tempo garante, junto com a possibilidade, sua não improbabilidade (que, de resto, não apenas em teoria, mas na experiência efetiva, podia se mostrar menos indefinível a partir do momento em que Platão, na *Carta VII*, atribuía o desenvolvimento dos eventos de Siracusa justamente à *tyche* ou a uma intervenção divina, 326e).

Nessas coordenadas, como veremos, delineiam-se a destinação e a eficácia do projeto da *República*.

Antes de discuti-las, é o caso de definir quais seriam seus escopos, ou seja, a forma de vida que ela delineia, bem como os limites, de fato e de princípio, no interior dos quais se mostra praticável.

Telos e limite da utopia: unidade da cidade e forma de vida comunitária dos *phylakes*

No centro do desenho traçado no livro V está – retomada e ulteriormente aprofundada – a própria finalidade que havia dominado o livro IV: a construção da unidade da *polis*[36]. A unificação da cidade, além do conflito social que a havia dilacerado na experiência histórica e da fragmentação em uma pluralidade de centros privados de interesse, havia constituído, no livro IV, o ponto de chegada da instauração daquela base hierárquica trifuncional na qual se produziam a justiça e a saúde no corpo dos cidadãos. Agora se trata de delinear – segundo a exigência específica dos interlocutores de Sócrates no início do livro – a forma de

---

36. Sobre este tema, cf. ARENDS, J. F. M., *Die Einheit der Polis*, Leiden, 1988, 120 ss.

vida do grupo dirigente que corresponda ao modelo da *mia polis*, da cidade unificada, e garanta sua estabilidade contra as tendências à cisão e à *stasis* (462a-b). As duas primeiras "ondas" levantadas por Sócrates têm em mira justamente esse projeto: a destruição do caráter privado dos patrimônios e dos vínculos afetivos dos quais o núcleo familiar, o *oikos*, constitui tradicionalmente a rocha firme, e a devolução à dimensão pública, política, da vida, de todas as energias morais, intelectuais, emotivas antes absorvidas por aquele caráter privado.

Se o novo modelo das relações parentais tende a alinhar o conjunto do grupo dirigente da nova cidade como uma só família, em condições de transferir para si todos os vínculos que haviam sido próprios do *oikos*, a exigência platônica de unificação vai muito além desse nível (Aristóteles o teria visto com clareza, baseando justamente nisso sua crítica).

A nova comunidade deve ser "o mais próxima possível da condição de um só homem" (462c), no sentido de um compartilhamento imediato e simultâneo de sentimentos como o prazer e a dor: a dinâmica psíquica coletiva deve, portanto, reagir diante dos eventos que envolvem a vida do grupo se comportando como um só macroindivíduo. Tal como no nexo justiça-felicidade-saúde do livro IV, o modelo aqui é o da comunidade-corpo, da *polis-soma* (464b). A dor do dedo é imediatamente sentida pelo corpo inteiro e por seu centro psíquico (462c-d), e assim deve ocorrer na vida comunitária. Platão provavelmente apresenta aqui a tese de um autorizado texto hipocrático, os *Lugares do homem*. Ali se lê que "as partes do corpo, quando a doença ocorre em uma ou outra, imediatamente a transmitem umas às outras" (I 2); "assim, o corpo sente dor ou prazer também por causa de menor sua parte" (I 5). O organicismo médico é transferido por Platão à escala da comunidade política, e a dupla prazer/dor, deslocada do âmbito fisiológico ao da psicologia coletiva, torna-se o sinal de sua unificação completa no plano dos sentimentos e dos afetos.

Destaque-se aqui, de modo particular, a mudança semântica nos usos linguísticos da nova comunidade, que de um lado deve refletir a transformação em sentido comunitário de sua forma de vida, e de outro deve consolidar, interiorizando-as, as novas estruturas sociais[37]. Mudará, em primeiro lugar, o uso da linguagem parental; as palavras filho/filha, pai/mãe, irmão/irmã designarão agora não indivíduos, diferentes para cada falante, mas grupos de pessoas distintos

---

37. Sobre o tema, cf. CAMPESE, S., Pubblico e privato nella Politica di Aristotele, *Sandalion*, v. 8-9 (1985-1986) 59-83 (em particular, 70); também Vegetti, M., L'io, l'anima, il soggetto, in: SETTIS, S., *I greci*, v. I, 431-467 (em particular, 452 ss.).

por faixa etária; uma consanguinidade apenas possível, virtual, substitui a real, transferindo este sistema dos vínculos para a comunidade política em seu conjunto (461d). E o uso linguístico não deverá permanecer confinado no âmbito das denominações (*onomata*), mas será transferido ao das condutas (*praxeis*), de modo que a instituição, interiorizada mediante a linguagem, dê lugar, de modo durável e espontâneo, a um novo sistema de vínculos afetivos (463d): com efeito, "seria ridículo se os nomes de parentes fossem apenas pronunciados pela boca sem influir sobre a conduta" (463e).

Ainda mais importante é a mudança semântica que deve intervir no uso de *rhemata* cruciais como "meu" e "não meu", que agora serão pronunciados "por muitos" em uníssono "sobre a mesma coisa segundo o mesmo ponto de vista" (462c, cf. 463e s.). Essa mutação se mostra fundamental para esvaziar aquele egoísmo proprietário que constitui a causa primeira da desagregação da comunidade e dos fracassos dos esforços de politizar a vida; nela se exprimem a apropriação e a fruição coletiva dos patrimônios e afetos, graças à qual as "minhas coisas" se tornam imediatamente as "nossas", e cai a perniciosa distinção entre "meu" e "dos outros". Assim, suprime-se o caráter privado dos sentimentos e, com ela, o sórdido instinto que impele a se usar o poder para preencher a própria casa de bens subtraídos da comunidade (464c-d). Para empregar a eficaz expressão com a qual as *Leis* descrevem esse programa, "por todos os meios, tudo aquilo que se define privado seja em toda parte erradicado da vida do homem" (V 739c).

É finalmente, e de modo consequente, introduzida uma drástica mudança na linguagem do poder.

O *demos* não mais chamará "senhores" (*despotai*) ou, como agora ocorre nas democracias, "governantes" (*archontes*) os membros do grupo dirigente político militar; os chamará, além de "cidadãos", "salvadores e guardas" (463a-b), referindo-se à sua função de protetores do corpo cívico. Os *archontes*, por sua vez, não definirão como "escravos" (*douloi*) os cidadãos submetidos a seu governo, como acontece agora, mas – referindo-se à própria função retribuída pelos defensores ao serviço da cidade – "fornecedores de salário e de comida"; chamarão, ainda, os próprios colegas não de *synarchontes*, termo que se refere ao compartilhamento do poder, mas *symphylakes*, "colegas defensores", que designa não o privilégio, mas a tarefa de serviço que eles prestam à comunidade (463b).

Também em decorrência dessa mudança de usos linguísticos ocorre, portanto, que se produza, como escreveu Arends, uma "subjektiv erfahrene Einheit der Wächter" ["unidade da experiência subjetiva dos guardiões"], que constitui, por sua vez, "die Voraussetzung zur objektiven Einheit der Gesamtpolis" ["o pré-requisito para a unidade objetiva de toda a *polis*"][38].

Essa formulação põe com clareza o problema crucial dos limites da forma de vida comunitária e, portanto, da garantia de unidade da *polis* que oferece: trata-se de um comunismo dos grupos dirigentes, que constitui objetivamente a condição de unidade também para o resto do corpo civil, ou ainda de uma perspectiva destinada a envolver antes ou depois este último em seu conjunto? Também a respeito dessa difícil questão torna-se indispensável um exame preliminar dos respectivos textos platônicos.

À primeira vista, sua resposta é clara. Como já havia sido dito no final do livro III (416d ss.), muitas vezes retomado no livro IV, a abolição do patrimônio dos vínculos afetivos privados diz respeito somente ao grupo dos *phylakes*, em sua dupla vertente política e militar. São os *archontes* e seus *epikouroi* que terão em comum mulheres, casas e refeições, não possuindo nada de *idion* (458c, cf. 464b-c para o conjunto dos *phylakes*).

E basta a ausência de *stasis* no interior do grupo de governo para afastar o perigo de dissensos no resto da cidade (*alle polis*, 465b). A mesma ideia é reafirmada e esclarecida no livro VIII: "toda constituição se transforma por causa daquele grupo que detém o poder, quando nele surge a *stasis*, ao passo que é impossível que seja alterada, se isso for concorde, ainda que seja de todo raro" (545d). Essa tese pode apresentar, como escreveu Laks, um "caráter brutal"[39]: a unidade da *polis* parece garantida pela ameaça coercitiva que o grupo dirigente, com sua coesão, faz pesar sobre qualquer veleidade rebelde. Contudo, justamente isso suscita um problema teórico que Aristóteles não deixaria de identificar: a divisão da cidade em dois grupos sociais dos quais um detém o poder e outro a riqueza, separados por formas de vida radicalmente diversas, torna a reproduzir aquela situação da coexistência de duas cidades em uma, inevitavelmente produtora de *stasis*, que Platão havia denunciado no livro IV e que havia proposto superar com o novo modelo constitucional (*Pol.*, II 5 1264a)[40].

---

38. ARENDS, J. F. M., *Die Einheit der Polis*, 183.
39. LAKS, A., Platon, 83. Sobre a delimitação do "comunismo platônico" apenas ao grupo dirigente, insistiu veementemente ISNARDI PARENTE, M., Aristocraticismo, 647-649.
40. De fato, há indícios da propensão de Aristóteles, em face dessas dificuldades, a interpretar o comunismo platônico em um sentido universalista (isto é, de propriedade comum de terras e bens): cf. *Pol.*, II 3 1261bl8 ss., 5 1263a8, 1263b15 ss. Sobre a validade desta interpretação aristotélica, Cf. STALLEY, R. F., Aristotle's Criticism of Plato's *Republic*, in: KEYT,

Não faltam, de resto, sinais textuais que aludem a uma perspectiva de universalização do coletivismo dos grupos dirigentes. Já no livro III, Platão havia escrito que "todos aqueles que vivem na cidade devem ser considerados irmãos" (415a), uma afirmação na qual se pode ler uma alusão a uma extensão para todo corpo civil daquela fraternidade entre os *phylakes* que está no centro do livro V[41]. Mas também neste último não faltam acenos no mesmo sentido. A propósito da comunhão dos afetos, Platão fala de "todos os cidadãos" (*politai*, 462b5); também em outro lugar, com o mesmo propósito, fala-se indiscriminadamente de "cidadãos" (462d8, 464a4). E, no que diz respeito ao uso comunitário da expressão "meu", Platão diz que a melhor cidade é aquela na qual "muitos" (*pleistoi*) o compartilham (462c7). Trata-se, certamente, de expressões fracas e talvez privadas de intenção teórica, nas quais o termo *politai* poderia equivaler, forçando um pouco, a *phylakes*.

Duas outras passagens da *República* parecem igualmente aludir a uma universalização prospectiva da forma de vida comunitária. A primeira é aquela já citada do livro VII (541a): ela prevê a expulsão da cidade de todos os cidadãos maiores de dez anos (e é preciso naturalmente pensar nos cidadãos que não fazem parte do grupo dos *phylakes*, chamado a gerir essa operação), e a reeducação de seus filhos segundo os novos critérios: no futuro, esse *training* educativo poderia torná-los aptos a compartilhar a nova forma de vida livre dos vícios passados.

A segunda passagem é aquela famosa do livro IX (590d-591a), que prevê a submissão de quem é privado de um princípio racional forte àquele em que este, ao contrário, é hegemônico, de modo que tanto os primeiros quanto os segundos sejam iguais na comum submissão à razão, mediata no primeiro caso, direta no segundo.

Do mesmo modo, continua Platão, deve-se agir com as crianças: elas são governadas até que tenham instalado em si uma justa *politeia*, um *phylax* e um *archon*, e nesse ponto podem ser deixadas livres (*eleutheroi*). Isso poderia levar a pensar que o governo educativo do grupo dirigente seja transitório e destinado a produzir o amadurecimento moral e intelectual dos súditos, os quais

---

D.; MILLER, F. D. (ed.), *A Companion to Aristotle's Politics*, Cambridge (MA), 1991, 182-199 (em particular, 185); MAYHEW, R., *Aristotle's Criticism of Plato's Republic*, Lanham, 1997.

41. Insistem neste ponto, em relação às outras passagens que indicam uma tendência para a universalização da forma de vida comunista, PÖHLMANN, R. von, *Geschichte der Sozialen Frage und des Sozialismus in der antiken Welt*, München, 1925, v. I, 420, 605, v. II, 75 ss.; NATORP, P., *Gesammelte Abhandlungen zur Sozialpädagogik*, Stuttgart, 1907, v. I, 1-36.

então poderiam, por sua vez, assumir uma plena liberdade de autogoverno e, em consequência, também de direito de ascender ao governo da comunidade.

Também esses textos, todavia, não são explícitos e a interpretação que deles pode derivar é somente conjectural. Muito menos equívoca é a interpretação que o próprio Platão fará nas *Leis* do desenho utópico do livro V da *República*. Segundo o diálogo tardio, a forma de vida coletivista devia ser estendida "o máximo possível à cidade inteira" (V 739c1-2: κατὰ πᾶσαν τὴν πόλιν ὅτι μάλιστα); além disso, há um claro aceno à propriedade comum da terra (740a1: κοινῇ γεωργούντων), que substitui aquela posse privada que cabe ao terceiro grupo, dada somente para devolver aos governantes uma parte da riqueza produzida, sobre a qual se havia falado no livro IV da *República*. Confirmando, e levando ao extremo, a redução da *polis* à unidade do indivíduo (739b-c), as *Leis*, portanto, parecem entender sem incertezas essa unidade como extensiva a todo o corpo social. Não fica claro se com essa posição Platão tenha tentado esclarecer as verdadeiras intenções da *República* ou tenha querido reinterpretá-la considerando as críticas como a aristotélica da qual se falou.

Essa incerteza remete a um problema que certamente se colocou a Platão e ao debate no interior da Academia. De um lado, o "semicomunismo" da *República* (para usar a definição de Barker)[42] parece destinado a reproduzir a cisão da cidade mais do que garantir sua unidade, a menos que se pense em um uso contínuo e ilimitado da força coercitiva[43]. Além disso, o fato de os homens do terceiro grupo disporem de um elemento racional não pode a princípio excluir que um empreendimento educativo gerido pela cidade esteja em condições de elevar ao menos seus filhos à condição de um pleno desenvolvimento da racionalidade.

De outro lado, a hipótese de uma progressiva universalização da forma de vida comunista depara-se com um pressuposto antropológico e um teórico. O primeiro consiste no pessimismo platônico sobre a possibilidade de encontrar, ou de implantar, na natureza humana os excepcionais dotes intelectuais e morais que a tornam digna da função de governo, a qual, portanto, deve caber necessariamente, como é repetido muitas vezes, a um "pequeníssimo" grupo

---

42. Cf. BARKER, E., *Greek political theory* (1918), London, ²1970, 250; também KLOSKO, G., *The development of Plato's political theory*, New York-London, 1986, 141-149.

43. Essa consequência é esboçada por Aristóteles, quando prevê a transformação dos *phylakes* em guarnição armada (*phrouroi*) para enfrentar a hostilidade dos proprietários privados da terra (*Pol.*, II 5 1264a26).

social, talvez mesmo a um só ou a pouquíssimos indivíduos (cf., por exemplo, VI 491a-b, 502b).

O segundo pressuposto deriva diretamente da teoria da justiça do livro IV: o princípio da *oikeiopragia* presume a escansão funcional hierarquizada do corpo social, e não sua homogeneidade no nível mais alto. Segundo um paradoxo próprio dessa teoria, uma comunidade na qual todos fossem perfeitamente justos não mais poderia, por sua vez, ser justa. E mais concretamente: por quem então seriam desempenhadas as funções produtivas senão por uma numerosa população servil da qual não há traços na *República*?[44]

A interpretação não pode desfazer esses nós, que, certamente, como foi dito, já se mostravam problemáticos para Platão e para a Academia[45]. O que se pode dizer é que o comunismo platônico é eminentemente político-moral e não econômico (por assim dizer, portanto, mais jacobino do que marxista), e que sua forma natural de universalização consiste em estabelecer a função de governo, exercida por uma minoria, a serviço de toda a comunidade. Os limites dessa minoria são circunscritos pelos defeitos da natureza humana, não por razões de classe ou de casta. Nada exclui que ela possa ser aos poucos integrada por novos indivíduos, selecionados pela via educativa: trata-se, contudo, de uma universalização apenas prospectiva ou virtual, porque obstaculizada pela natureza e por seus defeitos. Isso torna a concepção hierárquica da justiça ao mesmo tempo provisória, em vista do horizonte aberto de plasmabilidade educativa do gênero humano, e intransponível, por causa da resistência que a ela opõe a própria natureza do complexo psicossomático humano. Produz-se, assim, uma situação de tensão conceitual que explica as derivas interpretativas de ambos os sentidos pelos quais se tem caracterizado o trabalho exegético tanto dos antigos quanto dos modernos. Mas, também nesse caso, não é possível inferir do texto da *República* mais que essa tensão constitutiva e a provocação a pensar o que ela propõe[46].

---

44. Essa delegação do trabalho aos escravos está claramente prevista no *Ecclesiazuse* de Aristófanes, vv. 651-652.

45. Para este debate, cf. BODÉUS, R., Pourquoi Platon a-t-il composé les Lois, *Études classiques*, v. 53 (1985) 367-372; DAWSON, D., *Cities of the Gods*, 89; VEGETTI, M., L'autocritica di Platone.

46. Uma inteligente problematização desses temas, em relação ao antiplatonicismo de Popper e Russell, em MAURER, R., De l'antiplatonisme politico-philosophique moderne, in: DIXSAUT, M., *Contre Platon* 2, 129-154 (em particular, 143-152).

A questão da eficácia

O *paradeigma* da *República* não é, como foi visto, uma narração utópica no sentido do "livro dos sonhos", porque apresenta suas condições de realização; nem tampouco um programa político imediato, porque não é capaz de determinar, na teoria, os tempos e lugares dessa realização.

Diferente, mas paralela, é a questão do estatuto performativo do próprio diálogo, ou, em outros termos, da eficácia que o autor lhe confere. Trata-se, evidentemente, de um ato discursivo dotado de autoridade e de argumentações persuasivas, e, como tal, de um gesto, em sentido lato, político[47]. O texto não deixa dúvidas sobre o fato de que, como escreveu Burnyeat, "toda a *República* é um exercício na arte da persuasão", "designed to lead us from here to there" ["projetado para nos levar daqui para lá"][48]. Os primeiros destinatários desse esforço de persuasão são "Trasímaco e os outros", ou seja, os indivíduos, os grupos e as posições culturais representados na cena do diálogo por poucos personagens emblemáticos (VI 493d3). Os tempos dessa persuasão são igualmente determinados por aqueles da realização do *paradeigma*. Ela pode ocorrer, diz Sócrates, nesta ou naquela outra vida; e replica à compreensível impaciência de Gláucon ("será tão só um breve adiamento!") recorrendo de novo à escala da "totalidade do tempo", em relação à qual qualquer dilação se mostra de fato breve (498d).

O segundo horizonte no qual se desenvolve o esforço persuasivo é indeterminadamente amplo: são aqueles "muitos" (*polloi*, 499e8, 500d10), cuja persuasão e o consenso (*pepeisthai, homologesosin*, 502a1) darão, enfim, lugar àquela "cidade persuadida" (*polin peithomenen*, 502b4-5) na qual se pode desenvolver a obra de reforma dos filósofos-reis ou dos *dynastai*-filósofos.

Estes representam, com efeito, o terceiro, e talvez o mais imediato, tipo de destinatários do esforço de persuasão desenvolvido pelo diálogo; mas tal horizonte permanece somente implícito, ou antes é sombreado pela "divina inspiração" (*theia epipnoia*, 499c1) à qual Platão confia a conversão filosófica dos "poderosos".

---

47. Observações úteis neste sentido em OPHIR, A., *Plato's invisible cities*, London, 1991, 3, 100ss. (sobre esse livro, entretanto, veja-se as reservas de PAPPAS, N., Plato's invisible cities, *Ancient Philosophy*, v. 13 (1993) 427-430).
48. Cf. BURNYEAT, M., Utopia and fantasy, 184. Trata-se de imaginar uma possível saída das "parochial perspectives of everyday existence" ["perspectivas provincianas da existência cotidiana"] (185).

A *República* constitui, portanto, um ato discursivo de persuasão ético-política, cujos destinatários se colocam, por assim dizer, em círculos concêntricos, e cujos êxitos podem se distender em tempos indefinidamente longos. Mas isso não exclui uma capacidade persuasiva e, portanto, uma eficácia também imediata, pelas quais a convicção atinja o nível da reatividade moral e psicológica do sujeito. Nesse nível, a disjunção entre *logos* e *ergon*, entre teoria e ação, é, como o próprio Platão testemunha, motivo de "vergonha" (*aischyne*): por tal razão ele narra ter enfrentado o risco da segunda viagem à Sicília, na vaga e enganosa perspectiva de reunir já em tempos breves o poder e a filosofia (*Carta VII* 328c)[49].

Duas passagens da *República* exprimem com clareza a tensão que sua própria exigência como ato discursivo instaura entre a frustração da inutilidade e do fracasso, de um lado, e a aspiração a uma eficácia também imediata, para além da impossibilidade teórica de definir prescrições temporais determinadas. O primeiro (VI 496c-497a) evoca a amargura da solidão "socrática" e de seu dilema. Intervir em defesa da justiça no domínio político em um ambiente hostil e sem "aliados" (*symmachoi*) implica o risco de encontrar a morte "antes de ter ajudado a si e aos amigos, sendo inútil a si mesmo e aos outros". Mas, de outro lado, a escolha da "tranquilidade" (*hesychia*), da proteção da integridade pessoal, é talvez inevitável, mas ao mesmo tempo melancólica e insuficiente: não se terá certamente realizado desse modo, diz Platão, "o máximo" (*ta megista*), enquanto em uma *politeia* adequada o homem justo poderá salvar os destinos comuns juntamente com a sua própria. Configura-se, assim, novamente a situação de um círculo vicioso, pois essa *politeia* jamais poderá existir sem a assunção daquele risco por parte do justo. Se no plano autobiográfico a experiência platônica em Siracusa pode ter representado uma tentativa de romper tal círculo, ele se recoloca, mas em formas diversas, em um segundo lugar da *República* (IX 592a-b).

O filósofo, diz Sócrates, consentirá em desempenhar uma intensa atividade política em sua própria cidade, mas não na pátria histórica, a menos por uma "sorte divina". Gláucon interpreta essas palavras no sentido de uma alusão à *polis* delineada até aqui *en logois*, que de fato não existe. Trata-se, com efeito,

---

49. À luz dessa passagem, a declaração de ISNARDI PARENTE, M., *Filosofia e politica nelle Lettere di Platone*, Napoli, 1970, 195, segundo a qual "o antigo filósofo [e Platão em particular] não sente nenhuma necessidade de coerência ideológica entre as posições teóricas e o compromisso prático".

segundo Sócrates, de um "paradigma no céu"[50]. Mas acrescenta que sua eficácia imediata não é voltada à espera, e possibilidade, que isso se realize em algum lugar ou em algum futuro (592b4). Ela já age em quem queira vê-la, e, tendo-a visto, queira aí "habitar ele mesmo" (ἑαυτὸν κατοικίζειν), reorientar em direção deste modelo a própria intencionalidade ético-política.

Esse sujeito reorientado – conclui-se assim o livro IX – "fará as coisas dessa cidade somente, e de nenhuma outra" (592b4-5).

A expressão é ambígua. Se for compreendida no sentido de que o homem orientado para o paradigma participará da política somente naquela *kallipolis*, reproduz-se o círculo vicioso do qual já se falou, pois sem sua ação a *kallipolis* jamais existirá. Mas "fazer as coisas" da nova cidade (que constituirá o único contexto adequado para a política do homem que se inspira no "paradigma no céu") pode também significar "agir em vista dela" e não em conformidade com a existente. A negação do consenso nesta última é, em todo caso, já um ato político, realizado aqui e agora, que requer certamente para seu sucesso uma *theia tyche* (592a8-9)[51]; mas esse mesmo ato não seria possível sem o horizonte de referência ao "paradigma no céu", que nessa capacidade de destaque crítico e de orientação encontra, assim, a medida de sua eficácia imediata junto àqueles que conseguiu convencer. Nessa imediatez se produz a "vergonha" platônica para a disjunção entre *logos* e *ergon*, a impaciência psicológica – testemunhada muitas vezes também por Gláucon – para uma realização que a teoria pode, ao contrário, apresentar como indefinidamente distensível nos tempos e nos lugares da história.

---

50. Ao contrário de BURNYEAT, M., Utopia and Fantasy, 177, não creio que o "paradigma no céu" se refira à ordem visível das estrelas que devem ser transferidas para a alma. *Ouranos* é comumente usado na *República* como uma metáfora do espaço noético (cf. "os deuses do céu" (o sol) em VI 508a4 relacionado ao bom em 508c1; também VII 516a9). Em VII 529d7 s., Platão afirma que os "ornamentos do céu", ou seja, as estrelas, devem ser usados como *paradeigmata* (exemplos) dos objetos ideais da astronomia geometrizada. Não existe, portanto, nenhum valor paradigmático do céu em relação aos eventos humanos, mas constitui uma referência ao nível dos ideais matemáticos. Também na nossa passagem, o "paradigma do céu" parece ser uma referência à dimensão ético-ideal do bem.

51. Esta expressão certamente não significa a expectativa de uma intervenção provisória na história, mas de um conjunto propício e fortuito de circunstâncias (cf. VI 499b5; *Ep. VII* 326e, e, para um uso igualmente fraco, por exemplo, *Hdt.* III 139.3). Sobre a "necessidade" (*ananke*) que pode induzir o filósofo a agir na dimensão pública, sem se limitar a "forjar-se" (μὴ μόνον ἑαυτὸν πλάττειν), cf. VI 500d6. Essa possibilidade exclui a interpretação de Adam, que interpreta *heauton katoikizein* no sentido interiorizante de "found a city in himself" ["fundar uma cidade em si mesmo"]. Cf., por exemplo, *Resp.*, 375a5; 543b2; 579a5.

A política da utopia

A discussão sobre o empenho político pessoal de Platão conheceu um movimento oscilatório entre as supervalorizações típicas dos anos de 1930, por exemplo, em autores tão diversos entre si como Wilamowitz e Diès ("Platon n'est venu à la philosophie que par la politique et pour la politique" ["Platão não chegou à filosofia senão pela política e para a política"])[52], e as igualmente excessivas supervalorizações, embora com diferentes nuances, próprias dos anos recentes[53], e paralelas à recusa do caráter político da *República*. Diga-se, em primeiro lugar, que esse confronto crítico não foi e não é desprovido de equívocos e também de preconceitos (em parte os mesmos que, como foi visto, pesam sobre a interpretação da natureza da *República*).

Não há necessidade de nenhuma atividade "prática" para considerar o autor da *República* – como, por exemplo, os do *Discurso sobre a origem da desigualdade entre os homens* ou de *O Capital* – um político em sentido forte: basta, para configurá-lo como tal, o ato autorizado e eficaz da construção teórica do texto.

Em relação a isso, o problema do empenho pessoal de Platão na política é uma questão moral e psicológica de indubitável relevância biográfica, que deve ser considerada apenas tangencial, embora naturalmente não privada de relações, no que diz respeito ao sentido da obra teórica. Uma cautela ulterior é imposta nesse caso pela necessidade de recorrer ao testemunho autobiográfico da *Carta VII*, cuja autenticidade dificilmente pode ser posta em dúvida, mas que em todo caso deve ser empregada com grande prudência exegética.

Os equívocos dos quais se falou podem, talvez, ser esclarecidos recorrendo, de modo desprovido de preconceitos, às evidências tanto textuais quanto contextuais disponíveis.

a) Deve-se excluir que Platão tenha sido, ou pretendido ser, um político diretamente engajado na disputa pelo poder tal como Péricles, Terâmenes ou Crítias.

b) É certo, por outro lado, que as origens familiares, as tradições e o *ethos* da aristocracia ateniense impeliam Platão precisamente nessa direção, como é

---

52. Na famosa biografia de WILAMOWITZ, U. von, *Platon*, Berlin, 1919, cf. no v. I, 421 ss., 641 ss.; no v. II, 281 ss. A citação de A. Diès é da introdução a *Platon. La République*, Paris, 1932 (1989), V.

53. Cf., entre outros, ISNARDI PARENTE, M., *Filosofia e politica*, 171 ss.; BRUNT, P. A., Plato's academy and politics, in: ID., *Studies in greek history and thought*, Oxford, 1993, 282-342 (especialmente 303, 331); TRAMPEDACH, K., *Platon*, que fala de um Platão meta e antipolítico, mas não de "Unpolitisch" (cf. 278-279).

confirmado pela leitura da *Carta VII* (324c, 325a, 326a). Desse ponto de vista, o verdadeiro trauma na vida de Platão deveria consistir na renúncia ao habitual *cursus* político em Atenas. Uma renúncia provavelmente sentida como prejudicial à sua própria autoimagem de *kalos kagathos*, bem como para sua dignidade moral, se é verdade que a "vergonha" de ser considerado como um homem capaz apenas de palavras e não de ação (*erga*) o induza a aceitar, em 367, o desafio da segunda viagem à Sicília (*Ep. VII* 328c).

c) É igualmente certo que Platão dedicou, ao longo de toda a sua vida, memoráveis intervenções teóricas sobre as questões da política. Que tenha existido ou não uma proto-*República*, por volta de 390 (como registrado por Aristófanes) deviam ser conhecidas as diretrizes de um precoce desenho utópico reconstrutivo, similar ao do livro V da *República*; se o testemunho posterior da *Carta VII* (326a-b) é confiável, é desse mesmo período a ideia de um poder filosófico como terapia para os males sociais. À mesma fase pertence o resoluto ataque do *Górgias* à tradicional *leadership* da política ateniense. Em seguida, a política foi para o centro, em formas diversas, de grandes diálogos como a própria *República*, o *Político*, as *Leis*, nos quais é possível ler os traços de uma constante discussão sobre esses temas no interior da Academia[54].

d) Além disso, é indubitável a maciça participação dos discípulos da Academia, seja em formas suscetíveis de interpretações muito diversas, aos acontecimentos políticos do mundo grego do século IV, com a relevante exceção de Atenas[55].

Dessas evidências é possível retirar algumas conclusões talvez menos expostas aos preconceitos e aos equívocos habituais no debate interpretativo.

A politização de Platão certamente constituiu, em primeiro lugar, no horizonte de uma transformação ética da sociedade, a ser obtida mediante uma estratégia de reeducação coletiva. Essa mesma perspectiva comportava, contudo, diretamente uma inevitável projeção política, tanto porque, em toda a tradição do *ethos* público dos gregos, ética e política não eram efetivamente separáveis (basta pensar que o próprio Aristóteles considerava a *Ética nicomaqueia* um "tratado de política", I 1 1094b11), quanto por razões mais próximas ao núcleo do pensamento platônico. O novo empreendimento educativo não podia senão ser o resultado de um esforço coletivo programado e atuado no plano da *polis*, como

---

54. Cf., a este respeito, além das obras citadas nas notas 2, 31 e 45, NAILS, D., *Agora, Academy, and the conduct of philosophy*, Dordrecht, 1995, 116, 223 ss.

55. Cf. a impressionante documentação coletada no livro de TRAMPEDACH, K., *Platon*.

aliás havia sido a *paideia* tradicional da cidade grega. Além disso, Platão estava convencido (ao contrário de Aristóteles) de que nenhum projeto de reeducação poderia ter sucesso sem transformar as bases estruturais da sociedade – como o *oikos* e a propriedade privada – que agiam contra isso. Ética, educação e política (no sentido próprio de gestão do poder legislativo da cidade) não podiam senão ser solidários na perspectiva platônica. Esse nexo conduz diretamente ao núcleo da politicidade da experiência platônica: a questão do acesso ao poder necessário para tornar possível e eficaz o projeto de transformação ética e educativa da comunidade.

O "realismo" político de Platão consiste precisamente na consciência de que a disponibilidade de um ponto de apoio é a condição indispensável para qualquer perspectiva de eficácia projetiva. A constituição da Academia mirava certamente também formar aquele grupo de *symmachoi* e *hetairoi* sem os quais o homem justo é condenado à solidão impotente descrita no livro VI (496c-d; cf. *Ep. VII* 325d).

Contudo, a probabilidade de conquistar o consenso de massa necessário para o acesso dos filósofos ao poder, embora teoricamente não excluída, deve ter parecido um tanto remota a Platão e aos acadêmicos, induzindo-os a renunciar a qualquer tentativa nesse sentido no contexto político ateniense. Não obstante a perspectiva do poder filosófico tanto do ponto de vista teórico apresentada como equivalente àquela da conversão à filosofia dos *dynastai*, é, portanto, esta última a ser decididamente privilegiada no plano das probabilidades concretas. Se é verdade que o poder filosófico representa, no pensamento platônico, o "fim da política"[56] considerada como competição pelo governo, é também verdade que esse fim pode ser realizado apenas por um último e resoluto ato de força por parte de um poderoso, rei ou tirano, convencido a se tornar instrumento para um projeto que o supera e abole sua futura legitimidade.

No *logos* da *República*, os tempos e os lugares do advento de um similar rei ou tirano disponível para a conversão filosófica são por princípio deixados indefinidos. Mas é compreensível que na experiência pessoal concreta de Platão e de alguns acadêmicos, entre os quais em primeiro lugar Dion, essa indeterminação teórica precipitasse antes na esperança de que o advento pudesse ter lugar em um futuro próximo e lugar bem determinado.

---

56. Cf. Ibid., 211-212; para a prevalência da real possibilidade do filósofo-rei também ARENDS, J. F. M., *Die Einheit der Polis*, 237; FRITZ, K. von, *Platon in Sizilien und das Problem der Philosophenherrschaft*, Berlin, 1968, 15.

Nesse terreno tomou certamente forma a disponibilidade de Platão aos arriscados empreendimentos siracusanos, na ansiosa busca de uma figura de tirano disponível a realizar ao menos um experimento embrionário de transformação moral da sociedade e da política.

A ingenuidade e a falta de realismo "maquiavélico"[57], das quais muitas vezes foi tachada a tentativa platônica, são inteiramente reconduzidas à compreensível exigência, psicológica e moral, de dar curso na prática à expectativa de eficácia própria de um ato discursivo como o *logos* da *República*. Quanto aos repetidos "fracassos" de Platão, eles só o são se seu engajamento político for tomado, à maneira dos personagens como Crítias ou talvez Dion, como uma tentativa de conquistar posições de poder na hostil situação siracusana.

Se, ao contrário, a tentativa platônica for compreendida em seu declarado radicalismo, ou seja, como destinada à única finalidade de tentar a disponibilidade dos tiranos siracusanos à conversão filosófica e ao consequente projeto de transformação da sociedade, sua falta de sucesso constitui somente uma espécie de verificação experimental da dificuldade de realização da utopia que a *República* instaura em nível teórico. O fato de que as viagens de Platão a Siracusa acompanhem todo o processo de elaboração da *República* significa que Platão considerava aquela verificação tão importante e imprescindível a ponto de não poder abandoná-la não obstante as dificuldades encontradas (embora eventualmente tenha se convencido de que o máximo resultado atingível não ia além de uma normalização legislativa da política siracusana).

A expectativa do advento do rei-filósofo, tão eficazmente preconizada na *República*, não estava, ademais, destinada a concluir a experiência biográfica de Platão. Ela teria, em contrapartida, marcado definitivamente a história do platonismo, se é verdade que os últimos acadêmicos teriam deixado Atenas, como narra Agátias, para viajar em direção à remota Ctesifonte, na esperança de que sob o reino de Cosroes fosse finalmente realizada "a união do reino com a filosofia" (II 20.3)[58].

---

57. Von Fritz insistiu acerca desse tema em *Platon in Sizilien*, 17, 115 ss. Sobre a experiência de Siracusa, cf. a aguda reflexão de CANFORA, L., Il fallimento di Platone, *MicroMega*, v. 4 (1999) 127-137.

58. Sobre as interpretações platônicas da memória do filósofo-rei, cf. O'MEARA, D., Conceptions néoplatoniciennes du philosophe-roi, in: NESCHKE, A. (ed.), *Images de Platon et lectures de ses oeuvres*, Tournhout, 1997, 35-50.

CAPÍTULO SÉTIMO

O tempo, a história, a utopia[1]

No início: a *kallipolis*

A estrutura da composição dos livros VIII e IX da *República* coloca imediatamente um problema: por que a *kallipolis* – ou seja, a forma completa de uma sociedade humana governada segundo a justiça – aparece no início da "história", e não em seu fim, como havia acontecido no primeiro movimento do diálogo, do livro II ao V. Diga-se, naturalmente, que aqui se fala de "história" tanto no sentido de totalidade do tempo humano (como é mencionada muitas vezes no livro VI, 486a8-9, 498d5, 499c8-9, 502b1)[2], quanto naquele "conto", *mythos*, narrada no diálogo (cf., nesse sentido, II 376d), certamente não naqueles de uma *Realgeschichte*, à maneira tucidídica (embora não faltem com ela pontos de intersecção), e menos de uma "filosofia da história", que é totalmente ausente em Platão.

O problema, contudo, permanece: por que, portanto, a *kallipolis* é agora situada no início e não no final dos tempos?

Há, em primeiro lugar, duas importantes funções argumentativas. Sobre a primeira delas, os intérpretes insistiram amplamente. Na medida em que o escopo de conjunto dos dois livros é mostrar – respondendo de modo definitivo

---

1. Este capítulo foi originalmente publicado em PLATONE, *La Repubblica*, trad. e comentário de M. Vegetti, v. V, l. VI-VII, Napoli, Bibliopolis, 2003.

2. Sobre essas passagens, cf. as análises de THEIN, K., *Le lien intraitable. Enquête sur le temps dans la République et le Timée de Platon*, Paris, 2001, 35-37.

ao problema posto no livro II por Gláucon e Adimanto – que a justiça é recompensadora em termos de felicidade individual e coletiva, a figura da cidade e do homem perfeitamente justos era evocada para fornecer o parâmetro da medida, o critério de avaliação das formas de vida cada vez mais distantes, até aquelas da cidade e do homem tirânicos, perfeitamente injustos e, por isso, perfeitamente infelizes: um *standard* de referência, portanto, um *Idealtypus* com o qual contrastar as figuras da injustiça[3].

Igualmente importante – ao menos para quem atribua a Platão a convicção de que o projeto utópico seja praticável em alguma medida[4] – é a segunda função argumentativa. No livro VI, Sócrates havia indicado três dimensões temporais possíveis para a existência da *kallipolis*: "no infinito tempo passado, ou também hoje, em alguma região bárbara [...], ou mesmo no futuro" (499c-d). Tratava-se agora de proteger a primeira hipótese – nada irrelevante, como veremos – de uma objeção possível: se a cidade da utopia existiu no passado, porque hoje não existe mais? E, reciprocamente, sua atual inexistência não é prova de que ela de fato jamais existiu?[5] A isso responde o livro VIII: ainda que tivesse existido no passado, a *kallipolis* não teria podido durar infinitamente no tempo, e seu desaparecimento não demonstra, portanto, sua impossibilidade.

Esse argumento é relevante porque em 592a Gláucon afasta secamente a segunda possibilidade evocada por Sócrates (de que a cidade justa exista *agora* em algum lugar da terra). Quanto à dimensão futura (que será ainda invocada em *Leg.*, V 739c), ela não é mais retomada explicitamente na *República*, a não ser em uma alusão do livro IX (592), e constitui, como veremos, um dos maiores problemas interpretativos de nossos dois livros.

Voltemos, contudo, à hipótese de uma *kallipolis* formada em um passado remoto e depois inevitavelmente extinta ao longo do tempo. Ela é situada em

---

3. Para esta função, cf., por exemplo, FREDE, D., Platon, Popper und der Historizismus, 74-107 (especialmente 83, 96); ID., Die ungerechten Verfassungen und die ihnen entsprechenden Menschen, 264-265; também KRAUT, R., Comparison of just and unjust lives, in: HÖFFE, O. (ed.), *Platon. Politeia*, 271-290. Essa é, obviamente, a linha de interpretação preferida por estudiosos que negam a existência de uma teoria política autônoma na *República*, isto é, independente dos objetivos de persuasão moral: cf., neste sentido, sobretudo BLÖSSNER, N., *Dialogform und argument*, 127, 165.

4. Cf., neste sentido, amplamente o capítulo 6 e supra: Dimensões da temporalidade; *Katoikizein*; "Dai-me uma cidade governada pela tirania": o silêncio da *República*.

5. Da indisponibilidade histórica das *kallipolis* Aristóteles teria tomado uma prova de sua impossibilidade: cf. *Pol.*, II 5 1264a1 ss.

um contexto mais amplo e transversal, que em Platão diz respeito ao tema recorrente do tempo das origens.

O tempo do início

O início dos tempos é um padrão em Platão – segundo uma clara memória hesiódica – o tempo ao menos aparentemente feliz da positividade. Versões diversas aparecem no *Político*, no livro III das *Leis* e no livro II da própria *República*.

No primeiro desses diálogos, o tempo do início é marcado pelo governo direto de Cronos sobre o mundo; no segundo, por uma humanidade primitiva "sã" e não conflituosa; no terceiro, enfim, por uma sociedade igualmente primitiva da produção e da troca, desprovida de injustiça.

Do ponto de vista que agora nos interessa, essas três situações dos inícios apresentam, no entanto, um traço comum: em nenhuma delas há uma condição que possa ser definida como *propriamente humana*. No *Político*, todas as necessidades dos homens são satisfeitas pelo deus, um rei-pastor que "os guia no pasto" (271e, 275a). Perguntando-se se os homens de então eram mais felizes que estes que vivem agora no tempo de Zeus, o Estrangeiro propõe uma alternativa irônica. Aqueles homens teriam sido certamente felizes "alimentados [*trophimoi*] por Cronos" se tivessem dedicado o tempo livre à filosofia; mas eles, ao contrário – o que parece mais provável – "na medida em que se saciavam até o pescoço de alimentos e bebidas, narravam entre si os mitos bestiais do tipo daqueles que também agora são narrados, é muito fácil decidir" sobre a questão de sua respectiva felicidade (272c-d)[6].

Nas *Leis*, uma citação igualmente irônica de Homero permite comparar a vida dos homens primitivos com a dos ciclopes, que não têm assembleias deliberativas nem leis políticas, enquanto cada um deles dita leis às mulheres e filhos, fora de qualquer consórcio civil. Trata-se aqui de um poder patriarcal no qual "os mais velhos mandam em virtude do poder que lhes foi transmitido por um pai ou por uma mãe, e os outros, seguindo-os como os pássaros, formam um só rebanho, sujeitos a leis paternas e desprovidos do reino mais justo de todos" (III 680a-c). Não há necessidade de dizer que esses homens ignoram

---

6. Como Pierre Vidal-Naquet descreve de modo preciso, "le paradis de l'âge de l'or est, en définitive, un paradis animal": cf. VIDAL-NAQUET, P., Le mythe platonicien du Politique, in: ID., *Le chasseur noir*, Paris, 1981, 373.

as verdadeiras leis bem como a escrita, sendo sem recursos e ignorantes (*atechnoteroi, amathesteroi*) de todas as técnicas, em primeiro lugar as da guerra.

Quanto à sociedade sã do livro II da *República*, basta recordar que ela é secamente liquidada por Gláucon como uma "cidade de porcos" (372d), por isso logo abandonada por Sócrates.

Essas diversas versões da humanidade primitiva são, portanto, ambíguas em sua aparente positividade: a condição humana aparece descrita com traços de uma espécie de *animalidade pré-histórica*, que a distancia claramente do tempo *humano* em sentido próprio. Em cada um desses quadros, a condição histórico-humana começa com o tempo da crise e da catástrofe, com o advento da desordem. No *Político*, o abandono do mundo por parte de Cronos constringe os homens a "se governarem sozinhos e cuidarem de si mesmos" (274c-d): ocorrem assim, em uma espécie de revisitação do mito do *Protágoras*[7], as descobertas das técnicas, das ciências e, enfim, da política. Esse é o tempo de Zeus, linear e "histórico"[8], um tempo sobre cujas origens violentas o *Político* se cala, mas que eram bem conhecidas tanto pela tradição hesiódica quanto pelo *Prometeu acorrentado*[9].

Nas *Leis*, é a descoberta das técnicas, sobretudo as metalúrgicas produtoras de guerra e de *stasis*, que põem fim ao bom tempo antigo; na *República*, o mesmo papel é desenvolvido pela irrupção na história da cidade do luxo e da *pleonexia*, que comporta, por sua vez, o aparecimento dos exércitos e das guerras.

O tempo propriamente humano começa, portanto, com a explosão da crise, da desordem, do conflito – em suma, do ponto de vista antropológico, da *pleonexia*[10]. Somente a partir daqui são produzidos os saberes, a filosofia, a política: as técnicas humanas para governar a desordem após a catástrofe das origens. E com elas nascem – segundo um nexo típico do artificialismo platônico – as figuras destinadas a esse governo da desordem: o filósofo, o político, o legislador.

---

7. Sobre isso, cf. VEGETTI, M., Protagora, autore della Repubblica? (ovvero, il "mito" del *Protagora* nel suo contesto), in: CASERTANO, G. (ed.), *Il Protagora di Platone. Struttura e problematiche*, Napoli, 2004, v. I, 145-158.

8. Cf., neste sentido, CORDERO, N. L., La funzione etica del mito in Platone (a proposito del mito del *Politico*), in: MIGLIORI, M. (ed.), *Il dibattito etico e politico in Grecia tra il V e il IV secolo*, Napole, 2000, 161-180, aqui 178.

9. Cf. GIORGINI, G., Decadenza e filosofia in Platone, *Filosofia politica*, v. 9 (1995) 5-14.

10. Sobre esta categoria antropológica, cf. VEGETTI, M., Anthropologies of pleonexia in Plato, in: MIGLIORI, M. (ed.), *Plato Ethicus*, Sankt Augustin, 2004, 315-327 (capítulo 8 deste volume).

A *kallipolis* da *República*, enquanto realização completa desse governo da desordem, que consegue finalmente um controle político e psicológico sobre a *pleonexia*, aparece, portanto, situada logicamente não no início, mas no fim do processo, como pleno resultado da condição histórico-humana. Todavia, se a considerarmos *do ponto de vista da crise*, ela pode também aparecer como um início, na medida em que essa mesma crise pode ser pensada como um efeito de sua desagregação, de sua instabilidade e de seu fracasso na tarefa de governar a desordem. Isso não comporta ainda, ao menos no que diz respeito à *República*, uma visão cíclica do tempo histórico-humano, pois a própria realização da *kallipolis* não é mais que uma possibilidade, embora latente, neste tempo, mas longe de ser necessária, que poderia, portanto, permanecer na desordem de suas origens.

O deslocamento de perspectiva, que desloca a cidade da ordem justa não para o fim, mas para o início do tempo humano, torna-se, ao contrário, na linguagem mítica do *Timeu*, uma "verdade" (26c7-d1) que situa sem incertezas uma *kallipolis*, de traços similares, ainda que contrapostos, aos da *República* (basta pensar na substituição dos filósofos-reis por um grupo sacerdotal, 24a)[11], nove mil anos antes de Sócrates e de Crítias (sua destruição teria sido devido a um cataclismo natural e não a uma instabilidade estrutural).

Nem a situação ambígua da *kallipolis* da *República* (no fim, mas também no início do tempo), nem o deslocamento mítico daquela do *Timeu* para uma época remota, podem, contudo, fazer de ambas uma imitação (*mimema*) do reino de Cronos, segundo uma alusão talvez presente nas *Leis* (IV 713b)[12]. Trata-se, com efeito, de sociedades altamente evoluídas nos saberes, na filosofia, nas técnicas de governo e, sobretudo, nas da guerra: coisas totalmente ignoradas pela humanidade "animalizada" dos tempos de Cronos.

Há, todavia, um sinal da ambiguidade da situação da *kallipolis* da *República* no tranquilo limite que separa precariamente, com seu controle ético-político, as duas fases da desordem na história humana. Narra o mito final da *República* (X 619b-d) que a alma de um homem que viveu em uma *politeia* bem ordenada,

---

11. Sobre esta falsificação, cf. VEGETTI, M., L'autocritica di Platone, 13-27. Sobre o discurso de Timeu como "prova" da realização das *kallipolis* em um passado remoto, cf. NATALI, C., Antropologia, politica e la struttura del Timeo, in: NATALI, C.; MASO, S. (ed.), *Plato Physicus. Cosmologia e antropologia nel Timeo*, Amsterdam, 2003, 225-241, aqui 229-230.

12. Esta é a interpretação de LISI, F., Héros, dieux et philosophes, *Revue des Études anciennes*, v. 106 (2004) 5-22. Sobre as diferenças entre as duas épocas, cf. BONANATE, U., Il tema della decadenza in Platone, *Rivista di filosofia*, v. 76 (1985) 207-237, aqui 224-225.

"desprovida de sofrimentos", que havia adquirido a virtude não pela filosofia, mas por condicionamento educativo (*ethos*), era a mais pronta a escolher, após a reencarnação, a vida da "maior tirania". Nessa surpreendente reunião dos dois extremos do livro VIII, que une o princípio e o fim da "história" da degeneração ético-política, talvez se possa ler uma indicação precisa: o governo da desordem, uma vez eventualmente realizado, instaura um fato de instabilidade porque tende a substituir a tensão "filosófica" em direção à ordem por formas de condicionamento educativo voltadas a favorecer sua consolidação, mas que são, por outro lado, incapazes de reavivar seu sentido e, portanto, impotentes para controlar o ressurgimento daqueles desejos pleonéticos, cujo horizonte é a máxima desordem da tirania.

A decisão platônica de situar a *kallipolis* no livro VIII no início do tempo histórico-humano tem, portanto, também este significado: mostrar que sua eventual realização, como efetivação do esforço de governo da desordem, pode constituir *o* fim desse tempo, mas certamente não *a* sua finalização (não mais do que um outro operador da ordem, o demiurgo do *Timeu*, possa determinar a finalização da influência caótica da "necessidade" no mundo).

Uma fenomenologia "dialética"

A instabilidade do governo da desordem torna-se inevitável por sua própria inserção no *continuum* espaçotemporal, e sua deformação começa, portanto, no próprio momento em que o projeto utópico – cuja existência é, além disso, imposta pela própria ordem dos tempos – passa do plano do *logos* ao dos *erga*. Esse é o sentido do discurso das Musas com o qual se abre o livro VIII: um discurso certamente jocoso, como é claramente indicado em 545d-e[13], mas não por isso privado de dois elementos de grande importância teórica. O primeiro é formulado claramente no início do *logos*: "é difícil que uma cidade constituída

---

13. Este personagem irônico é sublinhado, por exemplo, por FREDE, D., Die ungerechten Verfassungen, 255-256. O estilo *tragikos* do discurso das Musas significa "incompreensível, obscuro", como mostra a comparação com a única outra ocorrência do adjetivo em 413b4 (cf., neste sentido, HELLWIG, D., *Adikia in Platons Politeia*, Amsterdam, 1980, 78). Não ter visto esse tom irônico enfraquece o interessante artigo de JANKE, W., Alethestate tragoidia. Eine Deutung der Metabole-reihe im 8. Buch des *Staates*, Archiv für Geschichte der Philosophie, v. 42 (1965) 251-260, que, entre outras coisas, atribui uma função "catártica" (certamente estranha a Platão) à "tragédia" das *politeiai* (252, 259).

de tal modo seja subvertida, mas na medida em que para tudo que nasceu ocorre a degeneração [γενομένῳ παντὶ φθορά ἐστιν][14], nem uma construção desse tipo resistirá para sempre, mas se dissolverá" (546a).

O segundo assunto, que esclarece e justifica o primeiro, emerge do sentido abrangente do discurso sobre o "número geométrico": é impossível impor à dimensão espaçotemporal um controle completo perfeitamente racional (portanto, matematizável), o que, ao contrário, é possível no campo da ontologia eidética (um modelo precisamente geométrico), cuja ordem tem uma função paradigmática em relação aos esforços de governar aquela dimensão (cf. VI 500c-d)[15].

A deformação inevitável – também isso, em minha opinião, deve ser levado a sério no discurso das Musas – não diz respeito somente à qualidade éticopolítica da sociedade humana, mas também à própria qualidade "biológica" de seu grupo dirigente, segundo o nexo circular de perfectibilidade do humano que havia sido proposto pela "eugenética" do livro V.

À luz desses dois temas gerais, o livro VIII descreve de modo mais determinado as razões que tornam inevitável a crise da *kallipolis* realizada: uma crise que não pode não ter início com a de seu grupo dirigente, segundo um axioma constante da teoria política platônica (545d, cf. III 415c, V 465b). Não obstante a vagueza do discurso platônico, parece que essa crise se inicia com um conflito entre o grupo do governo "filosófico" e o grupo "militar", ou entre elementos degenerados presentes em ambos. Ao contrário, são claros os motivos e a solução do conflito: há um incoercível impulso à *reprivatização* ("dividem terra e casas privatizando-as") e à *sujeição* do terceiro grupo ("subjuga-os, reduzindo-lhes à condição de empregados e de servos aqueles que antes eram defendidos por eles como homens livres"): o grupo governante assume, portanto, o monopólio exclusivo da riqueza, do poder e da guerra (547c).

Que a crise da *kallipolis* assuma essa forma específica não depende somente dos princípios gerais formulados no discurso das Musas, mas sobretudo – ainda que as referências platônicas sejam novamente muito vagas, limitando-se a acenar para as "raças" pseudo-hesiódicas descritas na "nobre mentira"

---

14. Talvez haja aqui um eco de Xenófanes (DK B 26). *Genomenoi*, sem dúvida, significa a *kallipolis* realizada. É interessante notar que HELLWIG, D., *Adikia in Platons Politeia*, não considerando essa realização possível, é forçado a interpretar o texto como se significasse abandono ou desvio do projeto de justiça formulado apenas nos *logoi* (84-86).

15. Cf., neste sentido, THEIN, K., *Le lien intraitable*, 127. O tempo noético-astral é precisamente o resultado de uma colocação em movimento dos sólidos da ontologia geométrica (VII 529d).

do livro III (415a-b) – da dinâmica lógico-genética de sua formação. Esta, de fato, havia tido origens violentas, fundada na reeducação de um grupo militar surgido na cidade da *pleonexia*; e seu grupo dirigente havia sido constituído com base em um acordo entre o elemento racional (*logistikon*) e o colérico-agressivo (*thymoeides*), cuja fidelidade ao primeiro, não obstante todo o esforço de condicionamento educativo "indelével", não podia ser senão estruturalmente precária[16].

E, como ficou claro dos temores expressos nas análises do livro IV, o elemento tímico, tanto na alma quanto na cidade, uma vez rescindida sua aliança com o racional, poderia agir tanto em vista de seus próprios desejos autônomos quanto dos inferiores, próprios do *epithymetikon* (441a, 444b)[17].

Dessa crise nasce, portanto, a narração das formas sociais e psicológicas da injustiça que, segundo o método já corroborado no livro IV, faz as primeiras precederem as segundas, não obstante a reiterada asserção de que as *politeiai* e suas *metabolai* dependem do tipo de *ethe* dos respectivos cidadãos (544d-e). Por muitas razões, não se trata obviamente de uma narração "histórica" e factual[18].

Em primeiro lugar, Platão limita-se declaradamente à análise das quatro formas constitucionais paradigmáticas, descuidando de uma multiplicidade de variantes secundárias, mas historicamente existentes (544c-d)[19]. Mas há mais: a sequência das transformações dos regimes não é cronologicamente linear nem necessária (e muito menos, como veremos, estabelece uma sincronia entre os movimentos da alma e os da cidade), embora seja certamente rica de referências

---

16. Tratava-se, afinal, de uma história já contada por Tucídides sobre a crise de Atenas pericleia. Apesar das exortações de Péricles, na condução da guerra os atenienses agiram depois dele "κατὰ τὰς ἰδίας φιλοτιμίας καὶ ἴδια κέρδη", perseguindo *time* e *ophelia* de particulares (II 65.7): sobre a oposição *koinon/idion*, que decisivamente antecipa nesta passagem as análises platônicas, cf. CARILLO, G., *Katechein*, Napoli, 2003, 110-112.

17. No caso do oligarca, é claramente afirmado que o *thymoeides*, juntamente com o *logistikon*, é colocado a serviço do *epithymetikon* (543d).

18. É assim que Aristóteles o teria interpretado, criticando-o nesta base por meio de uma série de contraexemplos factuais, em *Pol.*, V 12: cf. a esse respeito HELLWIG, D., *Adikia in Platons Politeia*, 1.

19. Na origem está sempre o *logos tripolitikos* de Heródoto (III 80-82), no qual são contrapostas monarquia, oligarquia e democracia (cf. a esse respeito a análise de BERTELLI, L., Metabole politeion, *Filosofia politica*, v. 3 (1989) 277-326, aqui 286-289). A monarquia "boa" pode corresponder à aristocracia platônica; Platão posteriormente articula a oligarquia em uma forma melhor (a timocracia) e uma pior, que mantém o nome de oligarquia.

concretas à história efetiva, que deveriam constituir uma exemplificação eficaz para os interlocutores do diálogo e para seus leitores[20].

Trata-se, portanto, de outra coisa. Em muitos aspectos (que serão discutidos) não parece arriscado interpretar a sequência política e psicológica de timocracia, oligarquia, democracia e tirania, que se segue à crise da *kallipolis*, segundo uma perspectiva declaradamente hegeliana, como uma fenomenologia cuja "lei" de movimento é de tipo dialético[21]. Em seu conjunto, ela será concebida como uma representação dinâmica da alma e das projeções sociais (ou seja, do "espírito objetivo") que ocasiona, sem que entre os dois movimentos se possa estabelecer uma relação de sincronia ou um espelhamento pontual.

Essa dupla dinâmica funda-se em uma realidade antropológica de base: a tripartição da alma, a presença nela de forças e desejos irracionais, a incoercível pulsão da *pleonexia* (aqui em geral designada como *aplestia*, 555b9, 562b6, b10, c5, 586b3, 578a1, 590b8) em direção aos escopos, bem conhecidos de Tucídides, da *philotimia* e do *kerdos*[22]. A partir daqui, instaura-se um movimento baseado na dinâmica da *contradição*: os desejos pleonéticos das diversas partes da alma tendem a um limite extremo, cuja realização determina a transformação (*metabole*) em uma forma contrária (esse princípio é claramente formulado, a propósito da oligarquia, em 555b8-10, e da democracia em 563e9-10)[23]. Em outras palavras, em cada âmbito da alma e da cidade coexistem, em uma contradição dinâmica, elementos da forma precedente, elementos específicos da nova forma que tende a ser substituída, e elementos que a levarão, por sua vez, a ser superada (essa situação contraditória é claramente descrita em 547d a propósito da timocracia).

---

20. Cf., neste sentido, FREDE, D., Platon, Popper und der Historizismus, 84, 94. Isso não impede que a fenomenologia platônica seja suscetível a projeções mesmo em termos de *Weltgeschichte*. VOEGELIN, E., *Ordine e storia*, 190, vê uma sequência de aristocracia [feudal] – oligarquia [burguesa] – democracia – tirania. E é difícil não pensar, no que diz respeito a essas duas últimas formas, no evento do século XX da República de Weimar (cf., para esta referência, FRIEDLÄNDER, P., *Plato* (1928), 2 v., trad. ingl. New York, 1969, 138-139).

21. Cf., neste sentido, PORCHEDDU, R., *Dialettica delle costituzioni e delle ideologie nella Repubblica di Platone*, Sassari, 1984, 10. RYFFEL, H., *Metabole Politeion. Der Wandel der Staatsverfassungen*, Berna, 1949, 92, fala de "Aktions-Reaktions-Gesetz" e "Prinzip des Gegenstandes" (p. 92).

22. Cf., a este respeito, VEGETTI, M., L'autocritica di Platone.

23. Para uma menção neste caso, cf. FREDE, D., Platon, Popper und der Historizismus, 86. Cf. também CRAIG, L. H., *The war lover. A study of Plato's Republic*, Toronto, 1994, 28.

O sistema das contradições pode ser delineado a partir desses pressupostos gerais. No caso da timocracia, o elemento dominante – que emerge completamente não no pai timocrático, ex-aristocrático, mas no filho, 550b – é o desejo da autoafirmação pessoal, *philotimia* e *philonikia* (548c). Esse desejo é possibilitado pela reprivatização da vida e da submissão do terceiro grupo, que transferem as aspirações do princípio tímico do espaço comum para o individual. Mas a privatização comporta a existência da família, da casa, de seu respectivo entorno (548a). E essa é a condição necessária para o surgimento de um desejo ulterior de "preenchimento", de um deslocamento da autoafirmação em direção ao acúmulo de riquezas prestigiosas, como o ouro e a prata (550e); uma condição à qual se acrescenta uma educação dirigida à agressividade, desprovida de filosofia e de música (548a-b)[24]. Ocorre, assim, que *philotimia* e *philonikia* se transformam em *philochrematia* (551a), e a timocracia se transforma – pelo excesso do princípio de autoafirmação privada que a regia – em oligarquia: o primado do poder se transforma no poder do dinheiro.

Ainda mais clara é a contradição própria da oligarquia. O princípio dominante nesse sistema é naturalmente o acúmulo de riquezas (555b9-10). Com essa finalidade, ele não apenas não contrasta, mas antes favorece o empobrecimento de uma parte do grupo dirigente, que pelo excesso de endividamento é constrangido a alienar o patrimônio familiar, tomado de outros na condição de usura (552a-b, 555c). A parte empobrecida do grupo oligárquico se torna, assim, o veículo para a transformação do governo dos ricos – aliás, inepto tanto para a política quanto para a guerra (551d-e9), por causa da avareza e dominante propensão para os negócios – e por sua substituição por aquele governo dos pobres que é a democracia.

Nessa, o princípio dominante e absoluto é a liberdade, que por insaciabilidade rapidamente se transforma em anarquia, na recusa de qualquer autoridade política e moral (562b-e). A extrema liberdade é, contudo, destinada a se transformar em uma servidão igualmente absoluta (564a): para se protegerem da temida retomada oligárquica, e incapaz como é de autogoverno pela recusa de se submeter à autoridade da lei comum, o povo dos livres e dos pobres é constrangido a se confiar a um "protetor" armado, que se tornará seu senhor tirânico (565b-d).

A contradição política e psicológica da tirania é, em certo sentido, especular da democracia. Se aqui é a extrema liberdade que se inverte em escravidão, na

---

24. A este respeito, cf. ibid., 59-60.

tirania o mesmo efeito é produzido pelo poder absoluto. Só e odiado, o tirano viverá no medo (578a) e se tornará servo e prisioneiro tanto daqueles de que se acerca para proteção (579a-b) quanto de seus próprios desejos, que não encontram mais nenhum freio na lei ou na moralidade. Diferentemente, contudo, de qualquer outro sistema, a contradição da tirania não parece produtiva de nenhuma *metabole*, nem há nela um movimento dialético que conduz desse regime a um outro. A esse respeito, que representa um dos problemas cruciais da *República*, deveremos voltar mais adiante.

Agora é o caso de analisar o sentido dessa fenomenologia dialética das constituições e dos tipos humanos. Diga-se, em primeiro lugar, que não há nenhuma sincronia entre as mudanças morais e psicológicas dos tipos de homem e aquelas das formas constitucionais a elas análogas. Os primeiros apresentam, como fica claro nos casos de homem timocrático, oligárquico e democrático, uma temporalidade tendencialmente generativa[25] (ainda que não tomada literalmente), que não corresponde àquela, mais dilatada, das correspondentes formas políticas. É perfeitamente possível alguém se tornar um homem tirânico ainda que não viva em um regime tirânico, antes a coincidência entre as duas figuras, na qual o primeiro assume o poder no segundo, deve ser considerada como um caso limite (cf. 578c)[26]. Não há, ademais, uma correspondência imediata e linear entre tipos de homem e classe dirigente dos regimes a esses análogos[27]: é verdade, contudo, que a estrutura dialeticamente contraditória de toda forma constitucional degenerada não apenas permite, mas comporta, a presença simultânea nela, e no interior de seu mesmo grupo dirigente, de tipos psicológicos diversos, por sua vez contraditórios, que se alternam e disputam o poder (assim, por exemplo, na timocracia coexistem o ex-aristocrata renunciante, o verdadeiro e propriamente dito timocrata, no qual, contudo, abrem caminho tendências oligárquicas, o oligarca

---

25. Cf. BLÖSSNER, N., *Dialogform und argument*, 113.
26. Da mesma forma, deve-se notar, podem existir homens de posse da ciência real sem realmente exercer o poder (*Pol.*, 259b).
27. FERRARI, G. R. F., *City and soul in Plato's Republic*, insistiu amplamente neste ponto. No entanto, Ferrari vai longe demais, excluindo qualquer forma de interação causal entre o homem e a cidade (que pode ser facilmente refutado com base nas considerações do livro VI, que insistem na pressão conformativa exercida pela *polis* histórica, e pelas mesmas preocupações educacionais da *kallipolis* na qual insiste o livro IV). A radical disjunção entre alma e cidade de Ferrari, que vê apenas uma relação analógica entre os dois polos (50), leva-o a reduzir drasticamente (sem negar completamente) o significado político da *República*, e a acentuar o interesse prevalecente na moralidade individual (89 ss.).

completo). É o caso de insistir no fato de que, como nenhuma forma constitucional corresponde plenamente a seu *Idealtypus*, por causa das contradições dinâmicas que a atravessam, o mesmo vale para os tipos psicológicos. Foi, por exemplo, mostrado de modo persuasivo que um personagem como o Cálicles do *Górgias* apresenta traços democráticos (pela recusa de instituir uma hierarquia entre os desejos), tirânicos (pela aspiração a dominar os outros, mas não a si mesmo), timocráticos (o desejo de honra e poder, pela referência ao homem "leonino"), e mesmo filosóficos (a esperança no advento de um "homem só" capaz de governar a cidade: *Gorg.*, 484a-b; *Resp.*, VI 502b; *Leg.*, IX 875c)[28].

Do mesmo modo, as *metabolai* constitucionais formam, como foi dito, uma sequência fenomenológico-dialética, que, no entanto, não se dispõe em uma temporalidade histórica de tipo linear. Formas degeneradas podem perfeitamente coexistir no mesmo âmbito político: a democracia, por exemplo, à maneira de um supermercado (*pantopolion*), contém em si todo tipo de constituição (553d), embora sendo a forma dominante em relação às contradições latentes em seu interior. Mas não é o único caso. Segundo as *Leis*, a constituição espartana se assemelha à tirania, pelo poder dos éforos, mas por outros aspectos também à democracia, "de outro lado, dizer que não é uma aristocracia [na linguagem da *República*, uma oligarquia] é totalmente absurdo, e nela também há a monarquia perene" (IV 712d-e). A distinção entre complexidade das constituições "reais" e tipologias de governo caracterizadas segundo a força dominante é claramente formulada nessa mesma passagem das *Leis* (712e ss.).

Toda forma histórica é, portanto, pensada como um sistema de contradições latentes, cuja dinâmica conduz, em todo caso, à possibilidade de degenerações ulteriores em relação à constituição dominante – uma possibilidade que é compreendida segundo a sequência fenomenológica teorizada no livro VIII, cuja função é, portanto, também aquela de possibilitar, como escreveu Dorothea Frede, uma *Zukunftprognose*[29].

Duas coisas se mostram, contudo, certas, embora na complexidade de níveis da análise platônica.

A primeira é que a tirania é a forma inevitável da degeneração tanto psicológica quanto política porque representa a expressão limite, a máxima potencialidade,

---

28. Cf., neste sentido, BONAZZI, M.; CAPRA, A., Callicle e Serse. Democrazia e tirannide nel Gorgia di Platone, in: SIMONETTA, S. (ed.), *Potere sovrano. Simboli, limiti, abusi*, Bologna, 2003, 217-233 (aqui 228 ss.).

29. FREDE, D., Die ungerechten Verfassungen, 270.

daquela *pleonexia* da qual se origina a crise da *kallipolis* (reapropriação da propriedade privada, submissão do terceiro grupo, competição pelo poder e pela riqueza). O horizonte da tirania, ainda antes de sua eventual realização completa, está, portanto, implícito em qualquer fase das constituições degeneradas, e nos tipos de homem a elas análogos, e representa dialeticamente sua *verdade*, ainda que de forma apenas incoativa.

A segunda certeza é que não há nos livros VIII e IX nenhuma perspectiva de retorno "cíclico" da tirania à aristocracia, contrariamente ao que teria sustentado Aristóteles na *Política*:

> acerca da tirania, Sócrates não diz se será submetida a transformações e nem, caso seja, por qual razão e em qual forma de constituição se transformará. O motivo é que não era fácil dizê-lo, pois não é determinável: *para ele, com efeito, da tirania deve se passar à forma primeira e melhor de constituição*: de tal modo, haveria continuidade e um ciclo perfeito. Caso contrário, a tirania se transforma também em tirania (*Pol.*, V 12 1316a).

Embora com alguma incerteza, Aristóteles parece, portanto, atribuir a Platão, a fim de refutá-la, uma concepção cíclica do tempo histórico que, ao contrário, é ausente na *República*[30]. Desse modo, ele sobrepõe diversas concepções da temporalidade presentes, mas distintas, em Platão, e estabelece, de outro lado, um problema: o que ocorre após a tirania? Em outras palavras, esse sistema, como verdade limite da condição político-moral dos homens, não é sujeito a contradições e, portanto, insuperável? E qual é então, se não pertence ao ciclo, o tempo próprio da utopia?

Dimensões da temporalidade

Existem em Platão duas diferentes concepções de temporalidade, a cósmica e a histórico-humana, às quais se acrescenta, como veremos, uma terceira, a da utopia[31].

---

30. Aristóteles poderia, no entanto, referir-se a *Leg.*, IV 710d-e (cf., neste sentido, as importantes observações de RYFFEL, H., *Metabole Politeion*, 102-103). Acerca desta junção, veja-se supra, *Katoikizein*.

31. Não é persuasiva a tentativa de GAISER, K., *La metafisica della storia in Platone*, Milano, 1988 (trata-se de uma versão revisada da segunda parte de *Platons ungeschriebene*

A primeira dessas dimensões, configurada pelo movimento dos astros (*Timeu, Político*) e pela ocorrência "geológica" das catástrofes recorrentes (*Timeu, Leis*), tem um andamento cíclico. As interferências dessa forma da temporalidade cosmogeológica no tempo histórico-humano são, contudo, descritíveis somente no registro da narração mítica, pois a distância dos eventos das origens não pode ser superada senão com o recurso a hipóteses mais ou menos "verossímeis": o estatuto incerto dessas interferências é bem exemplificado pela apresentação irônica do discurso das Musas no livro VIII da *República*, que tenta relacionar "tragicamente" o algoritmo geométrico dos movimentos astrais com os movimentos das gerações humanas e a crise da *kallipolis*.

A segunda dimensão é a do tempo histórico-humano, que se instaura a partir da separação das origens míticas: este é o tempo da desordem, da degeneração (moral, política e também biológica), mas ao mesmo tempo o tempo da exigência da ordem, do esforço deliberado de reconstrução. Essa dimensão não é de modo algum cíclica[32], e é estruturada pelo movimento dialético das contradições latentes nas formas políticas de um lado, nos tipos psicológicos de outro.

Há, enfim, *o tempo da utopia*, ou seja, da realização do projeto da ordem, da *kallipolis* realizada. Sublinhe-se que esse tempo não pertence à sequência dialética do tempo histórico-humano, nem a *República* o apresenta como o *telos* dessa sequência (apenas como a hipótese de uma origem que a torna compreensível). O advento da *kallipolis* na história é descrito como um evento possível na infinidade da distensão temporal (502b1: *en panti to chrono*), mas não necessário nem programaticamente previsível, embora certamente intencionado e esperado. Ele depende, pelo contrário, de uma espécie de paragem da dialética histórica degenerativa, da inserção súbita de um eixo vertical de valor no movimento horizontal dessa dialética. Uma compreensão atenta da linguagem platônica relativa à temporalidade da utopia o pode indicar claramente.

A primeira condição de realização da utopia é, como se sabe, a intervenção dos filósofos na política da cidade. Mas é impossível que a natureza filosófica se salve na cidade da história "a menos que um deus venha socorrê-la" (492a5: τίς βοηθήσας θεῶν τύχη), em suma, graças a um "favor divino" (493a1: θεοῦ

Lehre, Stuttgart, ²1968), de unificar essas dimensões em uma série linear, identificando uma linha geral de "progresso".

32. Cf., neste sentido, VIDAL-NAQUET, P., *Le chasseur noir*, 9, 48-58; THEIN, K., *Le lien intraitable*, 156-157; FREDE, D., Die ungerechten Verfassungen, 254; PORCHEDDU, R., *Dialettica delle costituzioni*, 64-65.

μοῖρα). Que os filósofos assim salvos sejam induzidos a se ocuparem da política da cidade depende de "uma fortuita necessidade" (499b5: ἀνάγκη τις ἐκ τύχης, 499c7: *tis ananke*; cf. 500d5); isso não ocorrerá, em outros termos, "a menos que sobrevenha alguma sorte divina" (592a8: *theia tyche*). Também assim sua ação política poderá ter sucesso somente graças a "circunstâncias propícias ocorridas por uma sorte divina" (*Ep. VII* 327e3-5: καιρούς [...] παραγεγονότων θείᾳ τινὶ τύχῃ).

A condição de possibilidade alternativa (a conversão dos governantes ou de seus filhos à filosofia) é descrita com a mesma linguagem. Ela ocorrerá se "por alguma inspiração divina surja [...] um verdadeiro amor pela filosofia" (499c1-2: *ek tinos theias epipnoias*; sobre a inspiração dos políticos, cf., também, *Men.*, 99d, e sobre a *epipnoia*, *Leg.*, VII 811c9). Em outros termos, os poderosos podem se tornar filósofos "por uma sorte divina" (*Ep. VII* 326b3: *ek tinos moiras theias*), como poderia ocorrer com Dionísio "com a ajuda dos deuses" (*Ep. VII* 327c3: *syllambanonton theon*). De modo similar, é preconizado nas *Leis* o advento de um homem de natureza apta ao reino filosófico (IX 875c4)[33].

O que nos diz essa linguagem recorrente de *tyche, moira, kairos, ananche, theion*? Seu primeiro significado é, sem dúvida, que as condições de realização da *kallipolis* não pertencem ao curso normal da história, que seu advento não constitui seu *telos* predeterminado. Devido à verificação fortuita e instantânea[34] de circunstâncias propícias e prementes, cujo caráter extraordinário e excepcional (tanto no sentido da raridade quanto no do valor) é sublinhado pelo recurso ao termo *theion* (que não pode em nenhum caso indicar um desígnio providencial, uma *pronoia* divina, pois evidentemente não teria o caráter fortuito de *tyche*). O advento da *kallipolis* representa uma exigência necessária como intenção de governar a desordem, de deter a degeneração do tempo histórico-humano em direção à tirania, mas isso é *improvável* (não, contudo, pelas mesmas razões,

---

33. Nota-se que no *Timeu* a coincidência do relato de Crítias sobre a Atenas primitiva com o de Sócrates sobre a *kallipolis* é considerada como causada δαιμονίως ἐκ τινος τύχης (25e4).

34. Platão não usa nesses contextos o advérbio *exaiphnes* (sobre seu sentido teórico, cf. *Parm.*, 156c-e), que, entretanto, refere-se à visão da beleza noética em *Symp.*, 210e, e à ascensão do conhecimento filosófico na *Ep. VII* 341d1. Sobre este caráter instantâneo do tempo da utopia, cf. especialmente THEIN, K., The foundation and decay of Socrates 'Best City (Republic VI 499b-c, and Books VIII-IX), in: HAVLICEK, A.; KARFIK, F. (ed.), *The Republic and the Laws of Plato*, Prague, 1998, 67-75, aqui 70-72); ID., Mettre la kallipolis en acte. L'équivoque temporelle dans la République de Platon, in: DARBO-PESCHANSKI, C. (ed.), *Constructions du temps dans le monde grec ancien*, Paris, 2000, 253-265, aqui 255-260.

impossível), e precário, justamente porque se coloca em uma tendência contrária à dinâmica dialética desse mesmo tempo.

Katoikizein

Nesse ponto, podemos recolocar algumas questões básicas relativas ao sentido do desenho utópico da *República*. O diálogo é atravessado, desse ponto de vista, por um complexo jogo das partes; quanto aos livros VIII e IX, eles parecem concluir com um resíduo não dito.

O jogo das partes é aquele interpretado pelo mestre de Platão, Sócrates, e por seu irmão, Gláucon: com toda verossimilhança, duas faces do próprio Platão. Sócrates tende a situar-se no presente dialógico pelo fazer teórico (II 369c9: τῷ λόγῳ ἐξ ἀρχῆς ποιῶμεν πόλιν), que pode apresentar as características da fabulação imaginária (II 376d9: *hosper en mytho mythologontes*). Tudo isso em nome da reivindicada superioridade, em termos de verdade, do *logos* sobre o *ergon*, da *lexis* teórica sobre a *praxis* política (V 473a).

Gláucon, ao contrário, pretende constringir (*anankaze*, 473a5) Sócrates a raciocinar sobre o futuro da realização do desenho teórico, a passar, portanto, para a dimensão de *praxis* e *ergon* (471e: "não falemos mais sobre isso, mas busquemos convencermo-nos a nós mesmos deste ponto: que esta constituição é possível e como é possível, e deixemos o resto de lado"). A exigência "demiúrgica" formulada com força por Gláucon acaba por obrigar Sócrates a um giro decisivo, constringindo-o a passar do plano da fabulação teórica *presente* à análise das condições de possibilidade de uma realização *futura*: sem a tomada de poder por parte dos filósofos essa realização não terá lugar (501e4-5: οὐδε ἡ πολιτεία ἣν μυθολογοῦμεν λόγῳ ἔργῳ τέλος λήψεται)[35].

Gláucon parece, portanto, ter vencido, ainda que Sócrates, como vimos, não possa senão confiar esse futuro à incerteza de *tyche*, *moira* e *kairos*. Mas a discussão, que parecia de tal modo concluída, reabre-se quase de repente no final do livro IX. Após uma longa análise, que descreveu a conduta moral do homem filosófico em uma sociedade diversa da *kallipolis*, Sócrates conclui:

---

35. Deve-se notar aqui que o *Timeu*, parcialmente em consonância com o livro VIII, coloca no passado, e não no futuro, a dimensão da "realidade" (*aletheia/praxis*, 20d, 21a), enquanto permanecem no presente a do *mythos* e do *logos* (25e, 26c8-d1).

Assim também para as honras [*timas*]³⁶: visando a mesma finalidade [isto é, preservar íntegra e preservada sua *politeia* interior, *en hauto*, 591e1], de bom grado participará e gozará daqueles que considera poder torná-lo melhor assim como fugirá, em privado e em público, daqueles que correm o risco de arruinar a estabilidade de sua condição.

Com um brusco e inesperado retorno à questão política, Gláucon comenta: "Por isso não quererá certamente desempenhar uma atividade política [*ta politika* [...] *prattein*], se é com essa condição que se preocupa". Sócrates responde que "fará, e muito, na cidade que lhe é própria, contudo, talvez não em sua própria pátria, a menos que sobrevenha alguma sorte divina [*theia tyche*]". "Entendo – comenta Gláucon – queres dizer na cidade sobre cuja fundação estamos discutindo, a que está nos discursos [*en logois*], pois penso que não exista em nenhum lugar da terra". Gláucon destaca que o caráter teórico da discussão conduzida por Sócrates, e contemporaneamente nega uma das três possibilidades de realização da *kallipolis* que haviam sido enunciadas (499c-d), sua existência atual em algum lugar remoto e desconhecido. Não pode negar, ao contrário, sua existência no passado, sobre o qual se fundou toda a argumentação degenerativa que ocupa os livros VIII e IX; tampouco nega sua possibilidade futura. No que diz respeito ao presente, contudo, Sócrates acrescenta:

> Talvez [*isos*, pode significar também "certo"], no céu esteja posto [*anakeisthai*]³⁷ um modelo [*paradeigma*] para quem quiser contemplá-lo e, vendo-o [ὁρῶντι: "tendo-o diante dos olhos"] pretenda ἑαυτὸν κατοικίζειν. Mas não faz qualquer diferença se existe em algum lugar ou se existirá no futuro [*estai*]: ele agirá apenas em vista da política dessa cidade [τὰ (scil. *politika*) ταύτης μόνης ἂν πράξειεν] e de nenhuma outra (592a-b).

Trata-se naturalmente da passagem sobre a qual sempre insistiram os intérpretes que tendem a negar, ou a redimensionar, o caráter político da *República*,

---

36. Trata-se obviamente dos *timai* pertencentes ao filósofo (582c), aqui significativamente desvinculados dos cargos políticos (*archai*) que, em vez disso, estavam ligados aos *timai* em 546c4.

37. O verbo designa normalmente a deposição ou a construção de uma oferta votiva. As outras duas ocorrências em Platão falam do *gramma* inscrito no templo de Delfos (*Charm.*, 164d6) e de um *logos* dedicado ao deus (*Symp.*, 197e7). Aqui há uma alusão clara à *polis en logois keimene* de 592a11. Sobre o significado de *ouranos*, cf. nota 42.

acentuando o interesse pela moralidade individual e interiorizada. Uma reinterpretação do texto deve começar por esclarecer o significado de *katoikizein*, que se reveste de uma importância central. Todos os tradutores seguiram a proposta de Adam, que interpretava "found a city in himself"[38]. Essa interpretação pode, sem dúvida, apoiar-se na referência à "constituição interior" mencionada em 591e1, mas não corresponde ao significado normal, em grego e em Platão, da construção *katoikizein* + acusativo.

Ela significa "sediar, transferir, fazer habitar" alguém ou alguma coisa em algum lugar, "deportar" uma colônia[39]. Esse é o significado de três das quatro ocorrências nas quais a expressão aparece na *República* (375a5: κατοικίσαι τὴν πόλιν εἰς [...] τόπον; 543b2: ἄγοντες τοὺς στρατιώτας κατοικιοῦσιν εἰς οἰκήσεις; 579a5: ὁ θεὸς κύκλῳ κατοικίσειεν γείτονας)[40].

Nas *Leis*, o valor prevalente da expressão é naturalmente o de "fundar uma colônia", instalando a população em uma nova cidade (705e2, 919d4, 757d1, 747e9, 752d5; em 848e4 fala-se de "sediar" uma parte dos artesãos na cidade, *en astei katoikizein*).

O mesmo valor prevalente de "instalar, sediar" ocorre no *Timeu* (69d7, cf. 70a3, 70e2, 71d2, 89e3; e, para as populações estabelecidas em um território, 24c5, 24d3; cf. *Criti.*, 113c).

Também a *Carta VII* apresenta um uso inequívoco no mesmo sentido (329e2: εἰς ἀκρόπολιν ἀγαγὼν καὶ κατοικίσας), enquanto outras ocorrências da expressão têm valor mais incerto[41].

O fato de que o significado prevalente de *katoikizein* + acusativo seja, portanto, o de "transferir, sediar" alguém em algum lugar sugeriu a alguns críticos a interpolação na passagem que estamos discutindo de um advérbio de lugar ou de movimento: assim Jowett e Campbell acrescentaram *ekei* após *katoikizein*, e, segundo o aparato de Slings, H. Richards propõe *autose* ("próprio para aquele lugar") após *heauton*. Ainda que sem interpolações, é, todavia, muito

---

38. Cf. ADAM, 369-370, seguido por ANNAS, J., Politics in Plato's Republic. His and ours, *Apeiron*, v. 33 (2000) 303-326, que se traduz por "refound himself" ["refundar a si mesmo"] e o interpreta como "internalize the ideal of virtue as 'a city of himself'" ["internalizar o ideal de virtude como 'uma cidade de si mesmo'"] (306-307).

39. Basta mencionar, por exemplo, Hdt. II 154.3, [PLATÃO] *Ep. VII* 357a.

40. O quarto caso, que pode ser citado como um contraexemplo isolado, encontra-se em 433a2 (cf. também *Leg.*, 702d2).

41. Cf. 336a6; 332b7; 332e9, que poderia ser usado contraexemplo um tanto isolado ("refundar a cidade").

claro o lugar em que pode se estabelecer politicamente o sujeito que decidiu abandonar a "pátria" histórica: *en ourano*, no "céu" do paradigma, ou seja, da teoria normativa[42].

Por isso, são necessárias duas decisões: a primeira é de ordem sobretudo intelectual, o querer ver (τῷ βουλομένῳ ὁρᾶν) o paradigma teórico; a segunda, de ordem moral, consiste no "querer mudar de *habitat* político", continuando a ter em vista (esse é o significado do particípio presente *horonti*) aquele paradigma.

À luz dessas premissas, compreende-se melhor o que se segue, que significa literalmente "fazer as coisas dessa cidade somente, e de nenhuma outra". Nessa frase está impresso muito do sentido político da *República*. Ela encerra dois significados, que não creio poderem ser separados. O primeiro é que o "filósofo" empregará a totalidade de sua atividade política (cf. o *kai mala* de 592a7) na nova cidade, em vista de sua conservação. O segundo é que, *se* agirá na pátria histórica, ele o fará *apenas* em vista e em função do advento da outra cidade: isso não está excluído, mas pode ocorrer, como foi visto, apenas nas circunstâncias de uma *theia tyche* (592a8-9).

Interpretada desse modo, toda a passagem que estamos discutindo não constitui de fato uma prova do caráter substancialmente não político, e totalmente voltado à interioridade moral, da *República*. Ao invés de se limitar a "plasmar somente a si mesmo" (μὴ μόνον ἑαυτὸν πλάττειν), o filósofo pode deparar-se com a necessidade de transformar o mundo humano segundo "a ordem que vê lá [ἐκεῖ ὁρᾷ]" (500d5-7): uma passagem, como agora se pode ver melhor, perfeitamente paralela àquela que estamos comentando, que não se limita à interiorização da

---

42. Esta interpretação confirma que *ouranos* não pode significar aqui o "céu" das estrelas visíveis, que com a sua ordem proporcionariam um modelo a ser transferido para a sociedade humana, segundo a hipótese formulada por Burnyeat. Esta hipótese é justificada pelo fato de que *ouranos* em Platão é geralmente válido precisamente como "céu visível" (com exceção, porém, do livro X, em que se trata do lugar de recompensa para as almas justas, cf. 614c-e), e pela referência ao *Timeu* onde as estrelas do céu têm precisamente esta função paradigmática. Mas vai de encontro à crítica da observação do céu visível formulada no livro VII da *República* (o particípio *horonti* implicaria então aquele "olhar para cima" que é ridicularizado em 529a-b), e que culminou com o convite para "dispensar as coisas do céu" (530b7). Eles podem, de fato, ser usados como *paradeigmata*, no sentido, porém, de signos e problemas que se referem ao estudo do mundo noético (529d7), não de modelos exemplares de vida humana, que o filósofo encontra justamente naquele mundo (VI 484c-d, 500d5). O *paradigma* da cidade justa está, portanto, nos *logoi* da teoria (592a11), não nas estrelas visíveis, e é aqui que precisamos "nos mover". *Ouranos* deve, portanto, ter um sentido metafórico nesta passagem, sugerido pela metáfora solar do livro VI (cf. os "deuses do céu" em 508a4).

norma moral e não exclui de fato a atividade política transformadora do filósofo na cidade histórica, ainda que esta dependa de uma "necessidade qualquer" que corresponda ao "caso excepcional" de 592a.

O esclarecimento que nos é dado pelo final do livro IX é este: o horizonte ético de uma eventual atividade política do filósofo no interior de sua pátria histórica não coincidirá em nenhum caso com essa mesma pátria, pois destruiria sua "constituição interior"; se essa atividade política se desse – porque as circunstâncias propícias o permitem ou exigem –, ela não poderia, em qualquer situação, ter outra finalidade que a realização da *kallipolis*, cuja *politeia* está em harmonia com aquela "interior". Não se trata, portanto, de um deslocamento do exterior ao interior, da política à moral, mas de um novo deslocamento (expresso por *katoikizein*) da finalidade de uma ação política, certamente "excepcional", mas à qual não se renuncia por princípio.

"Dai-me uma cidade governada pela tirania": o silêncio da *República*

Os livros VIII e IX concluem-se com um paradoxo. Em sua perfeita infelicidade, a tirania é aparentemente o único regime que não traz em si uma contradição capaz de conduzir à sua superação dialética, sendo, portanto, a *mais estável* entre as formas constitucionais. Paralelamente, no plano psicológico, o tirano – diferente do homem timocrático, oligárquico e democrático – não parece ter um filho destinado a inverter o modo de vida e o sistema dos valores: junto ao regime tirânico também a família tirânica parece desprovida de contradições desestabilizadoras.

Esse silêncio, se não se quer considerá-lo definitivo[43], pode ser superado recorrendo-se a outros lugares da *República* e a outros textos platônicos que talvez permitam fornecer uma explicação. O livro VI fala muitas vezes, como se sabe, da possibilidade da conversão à filosofia de *basileis* e dos que são qualificados de *dynastai*; refere-se sobretudo à possibilidade de que nasçam seus filhos "filósofos por natureza" (502a6), algum dos quais poderia preservar a própria boa natureza. A transformação em direção à *kallipolis* se tornaria, assim, possível

---

43. FREDE, D., Platon, Popper und der Historizismus, 94-96, fala, para excluí-lo, de uma "Sackgasse" "hoffnungslose".

graças ao advento de um só homem adequado e dotado do poder em uma cidade obediente (502b4-5: εἷς ἱκανὸς γενόμενος πόλιν ἔχων πειθομένην). Essa passagem é retomada de perto no texto das *Leis* no qual se alude ao advento de um só homem dotado de *nous* e, portanto, em condições de governar sem leis (IX 875c: εἴ ποτέ τις ἀνθρώπων φύσει ἱκανὸς θείᾳ μοίρᾳ γεννηθείς).

Nem sequer é preciso recorrer ao projeto formulado na *Carta VII* de conversão do tirano siracusano, a fim de ver como essas passagens, com sua insistência em um único *dynastes*, ou um de seus filhos, reeducado na filosofia, aludem a um possível "bom uso" da tirania. Isso se explícita em uma célebre passagem do livro IV das *Leis*. Aqui o futuro legislador expressa o desejo de que lhe seja confiada uma cidade dirigida pela tirania (τυραννουμένην μοι δότε τὴν πόλιν) e governada por "um tirano[44] jovem, dotado de boa memória e de facilidade para aprender, corajoso e magnânimo" (709e6-8, 710c5-6), além de *sophron*: talvez o "bom filho" do tirano, sobre o qual se faz silêncio na *República*?[45] Em todo caso, essa é a condição para que uma cidade chegue à constituição feliz segundo o melhor modo (*arista*), mais rápido (*tachista*, 710b) e mais simples (*rhasta*, 710d8). Ocorre, naturalmente, que o jovem tirano tenha a boa sorte de encontrar um excelente legislador disposto a colaborar com ele (710c-d).

É, portanto, a concentração de todo o poder nas mãos de um só homem que constitui a alavanca de Arquimedes para uma *metabole* rápida e fácil (711a). Platão reitera aqui, com uma clareza ainda maior do que na *República*, a centralidade da questão do controle do poder e da força:

---

44. O meritório tradutor italiano das *Leis*, A. Zadro, modestamente traduz como "príncipe" (pois existe um precedente ilustre: Maquiavel chama de "príncipes", na obra de mesmo nome, personagens definidos como "tiranos" nos *Discursos*, como Pandolfo Petruzzi; cf. a este respeito STRAUSS, L., *La tirannide. Saggio sul Gerone di Senofonte*, 1948, trad. it. Milano, 1968, 112, n. 128). Para outras tentativas de "to mitigate the outrage felt by those of liberal sentiment" ["mitigar a indignação sentida por aqueles de sentimento liberal"] em face desta passagem, cf. AUSLAND, H. W., The rhetoric of Plato's Second-Best Regime, in: SCOLNICOV, S.; BRISSON, L. (ed.), *Plato's Laws. From theory into practice*, Sankt Augustin, 2003, 65-74.

45. Sobre a possível identificação desta figura (Dionísio II, Dion?), cf. VEGETTI, M., L'autocritica di Platone, 23. Em todo caso, como observado por NAILS, D.; THESLEFF, H., Early academic editing. Plato's Laws, in: SCOLNICOV, S.; BRISSON, L. *Plato's Laws*, 14-29, esta descrição do tirano "has much more in common with the description of guardian candidates in the *Republic* than with those who rule in the *Laws*" ["tem muito mais em comum com a descrição dos candidatos a guardiões na *República* do que com os que governam nas *Leis*"] (21).

Um tirano que pretenda transformar os costumes de uma cidade não precisará de muito esforço nem de muito tempo: é preciso apenas que se disponha primordialmente na direção em que pretende conduzir os cidadãos [...]. Ninguém poderá nos convencer de que uma cidade possa mudar suas leis de modo mais rápido e simples senão graças ao comando [*hegemonia*] de quem detém o poder [*ton dynasteuonton*], nem que agora isso aconteça de outro modo, nem que nunca ocorrerá no futuro (711b-c)[46].

A conversão do tirano – ou melhor, do "filho do tirano" – à filosofia, seu encontro com um conselheiro filosófico, parecem, portanto, fechar, nas *Leis*, o círculo que a *República* havia deixado aberto, respondendo à questão sobre "o que acontece *depois* da tirania", à qual esta não havia dado resposta. E parecem também dar razão a Aristóteles: mas de modo parcial, pois o trânsito da tirania à *kallipolis* não pertence à regularidade do ciclo histórico, mas à verificação de circunstâncias fortuitas e excepcionais, muitas vezes inscritas sob o signo da *theia moira* e da *tyche*[47].

Em todo caso, resta perguntar por que a *República* não formula essa resposta do modo explícito das *Leis*, embora, como foi visto, não faltem acenos nessa direção. Não é o caso de formular a hipótese de uma mudança de convicções por

---

46. Que toda essa passagem não suscite – talvez por constrangimento – o interesse dos comentadores se confirma por um exame dos lugares discutidos nos índices analíticos das duas mais recentes coleções de estudos sobre as *Leis*: cf. SCOLNICOV, S.; BRISSON, L. (ed.), *Plato's Laws*, e LISI, F. (ed.), *Plato's Laws and its historical significance*, Sankt Augustin, 2001.

47. Uma forma diferente de contiguidade entre tirano e filósofo é indicada em uma passagem enigmática do *Político*: "Desta forma surgiu, então, o tirano, digamos, e o rei e a oligarquia e a aristocracia e a democracia, quando os homens toleraram mal [*dyscherananton*] aquele único monarca e perderam a fé de que alguém digno de tal poder pudesse surgir [...] e suspeitaram, em vez disso, que ele arruinaria, mataria e maltrataria qualquer um de nós quando quisesse; pois se alguém do tipo que chamamos surgisse, seria bem recebido [*agapasthai*] e administraria alegremente a única constituição estritamente correta" (301c-d, trad. Accattino). Não está claro por que razão surgiram a repulsa e a suspeita em relação "monarca" justo, nem por que razão não se repetiram diante da nova figura que é esperada. Por outro lado, é clara a contiguidade entre "monarca" e tirano, e a circularidade nas relações entre as duas figuras. Não parece que esta passagem tenha atraído a atenção dos intérpretes, antes interessados em enfatizar o *second best*, a obediência às leis na ausência do verdadeiro soberano. No entanto, cf. LANE, M., A new angle on utopia. The political theory of the Statesman, in: ROWE, Ch. (ed.), *Reading the Statesman*, Sankt Augustin, 1995, 276-291: a passagem apresentaria uma análise dos medos e preocupações suscitados pelo poder absoluto, que é importante dissipar porque "constituem um obstáculo formidável ao aparecimento teórico e real da melhor política" (290).

parte de Platão sobre esse problema crucial. É mais provável atribuir o silêncio de Platão a dois motivos, ambos ligados à estrutura dialógico-argumentativa do diálogo. Em primeiro lugar, a exigência de mostrar como as do tirano e da cidade tirânica são, *enquanto tais*, as formas de vida e de constituição em absoluto mais infelizes; em segundo lugar, a ambientação estritamente "ateniense" do diálogo, que não podia não considerar a aversão e a suspeita antitirânicas próprias de tal cultura[48].

De resto, a conversão do tirano, se é certamente a via "mais rápida e simples" para a instauração da *kallipolis*, contudo não é a única. As mesmas circunstâncias poderiam também ocorrer, mas com uma probabilidade ainda menor, se a própria cidade decidir confiar-se aos filósofos (VI 499b6), se os "muitos" deixarem-se convencer (502a1-2), assim como, no *Político*, havia a perspectiva da possibilidade de que os cidadãos acolhessem de bom grado (*agapasthai*, 301d4) o verdadeiro rei. O silêncio da *República* sobre a conversão do tirano pode talvez ser interpretado também na direção de uma mensagem implícita: se de fato não se deseja chegar à tirania, que constitui uma realização igualmente inevitável do tempo histórico, é preciso que no limiar da catástrofe a cidade e os "muitos" tomem essa decisão, aceitando a única alternativa possível. De outra forma, o filósofo ficará só diante de seu eventual e perigoso discípulo, o "filho" do tirano.

---

48. Além disso, como observa STRAUSS, L., *La tirannide*, 136, n. 57, também nas *Leis* o Ateniense deixa a um "legislador" anônimo a evocação da cidade tirânica e do "bom tirano", assim como no *Político* o elogio da monarquia absoluta é confiado não a Sócrates, mas ao Estrangeiro de Eleia: tantos sinais de como esse tipo de discurso é difícil de atribuir a um cidadão ateniense.

CAPÍTULO OITAVO

Antropologias da *pleonexia*. Cálicles, Trasímaco e Gláucon em Platão[1]

1

Nos diálogos de Platão existem personagens de grande relevo intelectual, bem caracterizados no plano literário e que sustentam teses de notável nível teórico, que os intérpretes normalmente menosprezam, considerando-os como simples pretextos para a refutação socrática, cujo triunfo edificante é celebrado inclusive além da letra e do sentido de conjunto do texto platônico. Tais interpretações se baseiam em um falso e superado pressuposto metodológico, que identifica muito facilmente no personagem Sócrates o único porta-voz da filosofia de Platão. Mas, ao menos nas duas últimas décadas, tornou-se cada vez mais presente a consciência de que Platão é autor de diálogos, e que seu anonimato de autor não é casual. Os diálogos não são capítulos de um tratado, e o que neles é exposto não é um sistema fechado de doutrinas filosóficas. Os diálogos representam antes a encenação da investigação filosófica, de seus problemas, de seus métodos, de seus argumentos; o autor está presente em todos os seus personagens (segundo a eficaz expressão de Erik Ostenfeld, "Who speaks for Plato? Everyone!"), nas teses filosóficas e nas formas de vida que eles representam, tal como é Sófocles em Édipo, Jocasta ou Tirésias. Isso não significa que não seja possível identificar teoremas e traços de um pensamento filosófico

---

1. Texto originalmente publicado em *Enosis kai philia*, Catania, CUECM, 2002.

próprio de Platão, mas pode-se reconhecê-los como tais apenas após uma leitura atenta dos diálogos, que permita a seus personagens, e às posições que sustentam, toda a sua autonomia e eficácia teórica, e que compreenda as razões e o significado de seu conjunto.

2

Pretendo discutir aqui as posições de dois grandes interlocutores da *República*, Trasímaco e Gláucon, aos quais é necessário somar um personagem que em certos aspectos é próximo a eles, o de Cálicles no *Górgias*. Desejaria mostrar como Cálicles, Trasímaco e Gláucon representam três variantes teóricas de um mesmo paradigma filosófico, fundado naquela antropologia da *pleonexia* que havia se imposto na cultura grega, particularmente na ateniense, a partir dos últimos anos do século V. Desejaria, além disso, mostrar que algumas posições que podemos considerar tipicamente platônicas, atribuídas ao personagem Sócrates, são profundamente influenciadas pelas teorias críticas sustentadas por Cálicles, Trasímaco e Gláucon, a ponto de não permitir uma visão panorâmica da *República* otimista, adocicada e edificante como tem sido proposta por muitas de suas interpretações tradicionais.

3

Antropologia da *pleonexia* significa – em termos muito esquemáticos – uma concepção da natureza originária, profunda e imutável do homem como dominada pelo desejo de satisfação recíproca, do impulso incoercível de "ter mais" – em termos de poder, glória, riqueza, portanto, de "senhoria" – em relação a uma repartição equilibrada e paritária desses bens.

A lei da *pleonexia* aplica-se tanto às relações entre grupos e indivíduos em comunidades citadinas específicas quanto às entre as *poleis*, as próprias cidades. O contexto histórico em que se desenvolve esse pensamento antropológico é claramente identificável: de um lado, o imperialismo ateniense, que, sob a mascara de um empreendimento democrático, desvela a natureza da cidade como *polis tyrannos*, segundo a expressão que Tucídides (II 62.3) atribui a seu maior líder, o próprio Péricles; de outro, os conflitos internos entre os grupos rivais dos oligarcas e dos democratas, as *staseis* que atingem o pacto de cidadania sobre o qual havia sido construída a experiência histórica da *polis*. Trata-se, em suma, para dizer com as palavras de Tucídides, daquele "mestre violento" (*biaios didaskalos*, III 82.3) que a guerra do Peloponeso havia sido para os gregos e para seu pensamento antropológico e político.

O primeiro e mais lúcido aluno desse mestre havia sido sem dúvida o próprio Tucídides. Há uma "natureza humana", escreve ele (e acrescenta em outros lugares: "uma natureza necessária", *physis anankaia*, V 105.2), que o impele a exercer a violência da *pleonexia* contra as leis comuns (III 82.2, 6), para tomar posse do poder (*arche*), por causa de uma *philotimia* inata, desejo de vitória e de glória (III 82.8). Para os deuses e para os homens vige de fato uma só lei: quem possui a força comanda, *ou an krate archei*, independentemente do direito e da razão (V 105.2).

Platão mostra com grande clareza como essa antropologia da *pleonexia* era de tal modo difusa, na passagem entre o V e o IV séculos, que atingia os intelectuais próximos a seu círculo familiar: seu irmão Gláucon, em primeiro lugar, e também Cálicles, uma figura política critiana apresentada no *Górgias* como o amante de Demos, um meio-irmão do próprio Platão.

Por natureza, sustenta Cálicles no *Górgias* (483c-d) "o mais forte é destinado a ter mais [*pleon echein*] que o fraco", ainda que, com uma espécie de revolução nietzschiana na moral, os fracos chamem de "injustiça" (*adikein*) esse natural e necessário *pleonektein* dos fortes.

Quanto a Gláucon, no livro II da *República*, ele afirma que todos por natureza desejam o exercício da *pleonexia*, e que a igualdade não é senão um vínculo não natural imposto pela violência do *nomos* desejado pelos fracos com a intenção de se protegerem (359c).

É comum a personagens dialógicos como Cálicles, Trasímaco e Gláucon insistirem no fato de que essa antropologia pleonética representa a "verdade das coisas", uma verdade que desmascara as mentiras impostas pelas ideologias igualitárias e pela moral pública da cidade (e talvez fosse justamente essa "verdade" que inspirou o título do escrito de Antifonte, um homem que tanto na teoria quanto na prática política havia contribuído para a formação desse pensamento da *pleonexia*).

A partir dessa base comum, todavia, os três personagens platônicos oferecem três variantes diferentes do paradigma, de nível intelectual e teórico muito diversificado.

4

Comecemos, portanto, por Cálicles, cuja posição é ao mesmo tempo a mais forte enquanto testemunho da escolha de um modo de vida e a menos profunda sob o ponto de vista teórico.

Há, segundo Cálicles, uma *pleonexia* natural dos mais fortes; para se defenderem, os fracos (*astheneis*) introduziram a moral e as leis de igualdade (*to ison echein*, 483b-c), desenvolvendo uma formação educativa que tenta convencer os fortes de que nessa igualdade contra a natureza reside "o belo e o justo" (484a).

Cálicles reflete aqui, sem dúvida, as nostalgias de poder da oligarquia ateniense humilhada pela lei igualitária da democracia: basta, por ora, nos referirmos ao fragmento do *Sísifo* atribuído a Crítias, no qual se fala de uma justiça tirânica (*dike tyrannos*) que se contrapõe ao uso natural da força, *kratos* (DK 88 B 25 vv. 5-7); ou ainda do diálogo de Alcibíades com Péricles nos *Memoráveis* de Xenofonte, em que o primeiro insiste no caráter violento, constritivo, de qualquer lei, mesmo daquela democrática (I 2.40-45). Essa nostalgia emerge ainda mais claramente na evocação feita por Cálicles da figura de um homem leonino, um homem dotado de uma natureza capaz de

> rasgar-se, espedaçar-se e libertar-se de todos esses grilhões: ele inverteria nossas escrituras, os truques e os encantamentos e todas as leis contra a natureza. Ele, que era um escravo, destacar-se-ia e mostrar-se-ia um senhor – e então resplenderia a justiça segundo a natureza (484a).

A nostalgia do homem-leão deixa transparecer ainda uma vez a sombra de Alcibíades, que havia sido definido como um "leão" perigoso para a cidade nas *Rãs* de Aristófanes (vv. 1431-1432).

Como se dizia, a força extraordinária com a qual Cálicles evoca a antropologia da *pleonexia* representa mais uma escolha de vida, uma nostalgia de memória homérica, uma esperança de libertação dos vínculos da moral e da lei igualitária, do que um argumento teórico propriamente dito. Desse ponto de vista, a fraqueza de Cálicles consiste em evocar a força como uma qualidade natural, por isso absoluta, mas que se transforma no plano histórico e social em uma fraqueza: o homem leonino é de fato um derrotado, um fraco, diante da força coletiva da maioria, do *plethos*, como observa Sócrates sem dificuldade (488d-489b). A mesma tese já havia sido sustentada pelo sofista defensor da lei igualitária conhecido como Anônimo de Jâmblico: nenhum indivíduo, ainda que forte como o aço (*adamantinos*) pode resistir vitoriosamente às leis compartilhadas pela comunidade citadina (DK 89 B 1.6). De resto, os mesmos exemplos adotados por Cálicles (as guerras conduzidas em nome do direito do mais forte por Dario contra os citas, e por Xerxes contra os gregos, 483e) remetem ambos, de modo muito irônico, a duas derrotas sofridas pelos assim chamados "fortes".

É, contudo, em um outro terreno que o testemunho de Cálicles sobre a "verdade" da antropologia da *pleonexia* se mostra insuperável: em sua recusa de aceitar o confronto dialético com Sócrates, de sofrer sua refutação e seus argumentos (505d); desse ponto de vista, Cálicles é imbatível, a menos que use a força (e confirme, assim, sua "verdade"). Sócrates, por isso, é constrito ao solilóquio, a um monólogo que conclui (523a ss.) com a narrativa, de inspiração órfica, sobre os prêmios e punições que no além esperam o justo e o injusto, reintegrando, portanto, o equilíbrio violado pela *pleonexia* nesta vida. Trata-se, deve-se notar, precisamente do argumento que no livro II da *República* Adimanto, também ele irmão de Platão, proibira a Sócrates (de modo sumário: não se pode recorrer aos deuses em defesa da moral, pois tudo aquilo que sabemos da religião provém dos poetas, e eles dizem também que os deuses se deixam convencer e seduzir pelos sacrifícios: quem melhor que o injusto, graças às riquezas acumuladas com sua *pleonexia*, pode oferecer sacrifícios suntuosos?).

5

Se, portanto, a força da posição de Cálicles está sobretudo no testemunho irredutível de uma ideologia e de uma forma de vida, bem diferente é o caso de Trasímaco no livro I da *República*.

Não há nele nenhum traço da oposição ideológica entre natureza e lei, nenhuma nostalgia heroica do homem-leão. O que Trasímaco descobre são a força, o *kratos*, e sua *pleonexia* não contra a lei, mas por trás da lei, como seus pressupostos mascarados. Trasímaco sustenta, com efeito, duas teses diferentes, a primeira das quais (338d-e) é, sem dúvida, a teoricamente mais rigorosa e original. Essa tese é articulada da seguinte maneira: *a)* as normas da justiça são estabelecidas pela lei. Não há um valor moral que transcenda a lei; de resto, o princípio de que a conduta justa é aquela que se conforma à lei é tese largamente difundida no século V e a equivalência entre *dikaion* e *nomimon*, sustentada no texto sofístico *Peri nomon*, é compartilhada pelo próprio Sócrates do *Críton* e dos *Memoráveis* de Xenofonte; *b)* mas a lei emana de quem tem força para fazê-lo, ou seja, do poder, *to archon*: pelo que eu saiba, o Trasímaco da *República* é o primeiro a formular esse conceito abstrato de poder, que pode se referir tanto à maioria democrática quanto à oligarquia dos aristocratas e ao arbítrio do tirano; *c)* mas toda forma de poder emite leis funcionais ao interesse primário da própria conservação. Portanto, se a justiça é o respeito à lei, e se as leis são instrumentos de poder, segue-se que, conclui Trasímaco, a justiça não é senão a vantagem do mais forte, *tou kreittonos xympheron*.

Partido de um positivismo jurídico amplamente compartilhado, Trasímaco desmascara seu engano ideológico, lendo o que está por trás desse positivismo do poder (ou seja, ele passa de um *Rechtpositivismus* a uma *Machtpositivismus*). Platão resumirá as duas teses nas *Leis* (IV 714c-d) da seguinte maneira: "As leis, dizem, são sempre impostas na cidade pela parte mais forte [*to kratoun*]. E credes, dizem, que nenhuma democracia vitoriosa, ou outra força política, ou mesmo um tirano, quererá emitir leis com outra finalidade principal que não a da vantagem de manter seu próprio poder [*arche*]?".

A força teórica dessa primeira tese de Trasímaco é tal, como veremos, que não pode ser seriamente refutada por Sócrates, exigindo, para uma reinterpretação, se não para sua refutação, todo o desenvolvimento do diálogo até o livro IX.

A segunda tese de Trasímaco (344a-c) deriva da primeira, não por consequência lógica, mas por um efeito retórico, e é mais fraca no plano teórico e menos original, acabando por se aproximar das posições de Cálicles (cuja abordagem é, ademais, parcialmente retomada na recusa de Trasímaco em continuar a discussão com Sócrates no final do livro I).

De acordo com a primeira tese, o poder, sendo anterior à lei, era por definição externo à norma da justiça. Estabelece-se, assim, uma polaridade poder/justiça da qual, de modo retórico, é possível derivar as equações poder = injustiça, subordinado = justo. Daqui a tese segundo a qual a justiça, praticada pelos subordinados, é um "bem diverso", ou seja, funcional aos interesses dos poderosos injustos que os oprimem. A figura perfeita do poder injusto volta, portanto, a ser aquela da *pleonexia* do tirano, o único homem que é verdadeiramente "livre" enquanto "senhor" de si e dos outros: essa imagem de homem *eleutherios* porque *dispotikos* evoca diretamente as nostalgias "heroicas" de Cálicles.

Por que Platão atribui ao personagem Trasímaco essas duas teses, que não são logicamente conexas e representam dois níveis de pensamento muito diversos? Pode-se tentar uma resposta hipotética a essa pergunta: talvez Platão pretendesse sugerir que a segunda tese constituía para a cultura contemporânea a "verdade", não teórica, mas psicológica e justamente retórica, da primeira; ou seja, que o rigor lógico de uma "teoria crítica" como a atribuída a Trasímaco acabaria, de modo inevitável, se não fosse reinterpretada de modo adequado, por deixar o campo aberto à *pleonexia* tirânica à maneira de Cálicles, e sobretudo – na concretude histórica – de Crítias e de Alcibíades.

6

Por sua vez, Gláucon deriva do paradigma da *pleonexia* uma teoria crítica da justiça que assume a forma de uma genealogia da moral. Como para Cálicles e para Trasímaco, a pulsão primária e natural do homem é a de *adikein*, de exercer uma violenta prevalência sobre os outros para conquistar poder, glória e riqueza (358e). Mas – e aqui está a originalidade dessa tese de Gláucon, que faz dele um extraordinário precursor de Hobbes e do pensamento contratualista – a agressividade natural gera um sentimento igualmente universal de medo: não há super-homens como o evocado por Cálicles, cada um é muito fraco para poder esperar exercer a violência sobre os outros sem dever sofrer outra maior. Nasce, assim, o pacto (*syntheke*) de justiça, que consiste na renúncia recíproca à violência e no compromisso comum de respeitar as leis. A lei e a justiça constituem, portanto, a proteção dos fracos, mas não há, como pensava ainda arcaicamente Cálicles, fracos e fortes "por natureza": a fraqueza, e o medo dela decorrente, são uma condição universal dos homens em sociedade, que os constrange a renunciar à pulsão primária, ao *basic instinct* da violência.

Ao menos em aparência, pois a renúncia à *pleonexia* diz respeito somente à superfície civilizada e socializada do cidadão que tem necessidade de aprovação (*eudokimesis*) dos outros. Sob essa superfície permanece a ferocidade originaria do "verdadeiro homem" (359b). A pulsão da *pleonexia* escolhe, então, a via do segredo, do complô, da sociedade secreta (*hetairia, synousia*), sob a proteção pública da habilidade oratória e da exibição das virtudes cívicas. O conflito pleonético se desloca, portanto, da atmosfera "heroica" de um Cálicles, da evocação tirânica de Trasímaco, à realidade cotidiana da trama secreta, da intriga, da mentira.

Por trás da tese de Gláucon está provavelmente a figura de um "mau mestre" do pensamento e da política como foi, no final do século V, o ateniense Antifonte. As pesquisas papirológicas de Fernanda Decleva Caizzi e as análises historiográficas de Michel Narcy mostraram a unidade desta figura, que, em geral, era cindida entre o sofista "democrático", que teria contraposto o igualitarismo natural às hierarquias arbitrárias impostas pelas convenções e pelas leis, e o golpista oligárquico sobre o qual Tucídides testemunha (VIII 66-70). Antifonte havia, na verdade, descrito a renúncia recíproca ao *adikein* na vida pública, que constituía o contrato (*homologia*) sobre o qual se fundam a sociedade e suas leis; havia, contudo, denunciado a violência insuportável que essas leis fazem à verdadeira natureza humana, pretendendo regular seu comportamento, seus desejos (*epithymiai*), e mesmo os gestos e as funções corpóreas. Ele havia, portanto, reivindicado a utilidade da violência secreta (*lathra*) das leis em nome do restabelecimento dos direitos naturais (DK B 44 fr. 1A). Na vida política, como Tucídides nos informa, ele havia organizado, graças à sua inteligência e protegido por sua *deinotes* oratória, o golpe de Estado dos Quatrocentos, preparado pelas sociedades secretas e levado a cabo graças a uma alternância de intimidações e de violências. É provável que Platão se referisse a Antifonte quando denunciava nas *Leis* aqueles maus mestres que ensinam aos jovens que "na verdade" o mais justo é "vencer cometendo violência", promovendo a *staseis* a fim de viver "uma vida correta segundo a natureza", que consiste no dominar os outros e não em servir-lhes como pretenderia a lei (X 889e s.).

Crítias, por um lado, e Antifonte, por outro, parecem, portanto, ter sido os mestres de pensamento e de ação da *pleonexia*, sobre o fundo histórico do imperialismo ateniense, da *stasis* nas cidades, da revolta oligárquica contra a lei igualitária da democracia.

Platão elabora tais posições teóricas, tornando-as, creio, mais rigorosas no plano filosófico do que eram originalmente, produzindo diversas versões, que articulam todo o leque de possibilidades de pensamento implícito no paradigma da *pleonexia*, e os leva à cena do teatro filosófico mediante a voz de grandes personagens dialógicos como Cálicles, Trasímaco e Gláucon.

Tudo isso representa um formidável desafio para a refutação socrática: um desafio do qual, é preciso dizer logo, o personagem Sócrates, ao menos em sua configuração inicial – a do *Górgias* e dos dois primeiros livros da *República* – sai perdedor.

A refutação socrática falha muitas vezes. Falha diante do silêncio de Cálicles, que opõe a força de uma escolha de vida àquela dos argumentos, e constringe Sócrates a um monólogo que se conclui com o mito do juízo das almas: um mito, portanto, e não uma teoria, do tipo daqueles aos quais Adimanto lhe proibirá de recorrer no livro II da *República* (365d-366b).

A refutação falha várias vezes também diante de Trasímaco, como Sócrates reconhece abertamente no final do livro I da *República*. Aqui a falência deve-se sobretudo à impotência do paradigma das *technai*, ao qual Sócrates recorre, como faz com frequência, para dizer algo diante da lógica do poder: o médico e o pastor não são bons exemplos para refutar a relação entre *kratos*, *arche* e *nomos*, e, de resto, Trasímaco não tem dificuldade para desvelar o interesse pleonético que está também por trás das máscaras desses bons artesãos (e o usurpador Giges, da fábula de Gláucon, era um pastor).

E é justamente Sócrates, no livro II, que se declara incapaz de "ajudar" a justiça diante do ataque deferido pelos "filhos de Trasímaco", que são, segundo ele, no plano intelectual, se não no moral, os irmãos de Platão, Gláucon e Adimanto. Não é disso capaz a não ser com a condição de abandonar o nível da moral individual que lhe era habitual e aceitar o desafio da *pleonexia* no terreno que lhe é próprio, o antropológico e, portanto, político.

7

Para dizer a verdade, também nesse terreno Sócrates vai inicialmente ao encontro de um fracasso, que escapou à atenção dos intérpretes. Sócrates abre sua passagem para a dimensão política com a proposta de uma outra antropologia, que não refuta a pleonética, mas a substitui. Trata-se de uma antropologia colaborativa, segundo a qual os homens são impelidos a se unirem em sociedade pela necessidade de satisfazer suas necessidades primárias (*chreia*). Há provavelmente reflexos democríteos nessa nova antropologia socrática, da qual se origina uma sociedade com prevalência econômica, baseada no princípio da colaboração produtiva, da divisão do trabalho, da troca paritária de bens e serviços. Uma sociedade simples, sadia, e a seu modo – isto é, no nível de uma economia elementar – também justa. Como se sabe, essa hipótese antropológica de Sócrates e o modelo de sociedade dela derivado são liquidados por Gláucon com uma seca ironia: se trataria, diz ele, de "uma sociedade de porcos" (372d), na qual o termo não é tomado naturalmente em sentido moral, mas no da excessiva simplicidade, da ignorância e da estupidez. Mas, por que Sócrates considera que essa ironia seria suficiente para lhe fazer abandonar seu primeiro modelo social? O dizer de Gláucon não é evidentemente um argumento, mas tem, ainda uma vez, a força do testemunho de uma escolha de vida: e nesse caso quem a propõe é muito importante para que sua discordância possa ser ignorada. O grupo que Gláucon representa – precisamente aquele a quem é endereçado todo o esforço persuasivo da *República* – jamais poderia aceitar um mundo primitivo e regressivo como o delineado por Sócrates, que não satisfaz suas exigências urbanas, seus ideais de uma vida culta, refinada, embelezada pelas artes e premiada com o prestígio de um poder político e militar certamente justo, mas acompanhado pela *time*, pelo reconhecimento social ao qual aquele grupo "senhorial" se sente destinado.

Diante da oposição radical de Gláucon, o primeiro projeto socrático de uma antropologia e de uma sociedade não pleonéticas é, portanto, destinado a ser abortado. É então necessário empreender uma via mais longa, que aceite como dados primários da condição humana a necessidade do luxo, a *tryphe*, portanto, da *pleonexia* da qual se origina a guerra entre as cidades. A necessidade da guerra produz, por sua vez, a formação de um grupo político-militar que era ausente no primeiro modelo. É a nova educação desse grupo, que mergulha suas raízes na *tryphe* e na *pleonexia*, que conduzirá finalmente à formação da cidade justa, na qual o conflito pleonético será superado por uma estrutura social hierarquizada e governada por um poder racional (tudo isso ao menos no *logos*; no tempo histórico essa reeducação poderia se configurar – segundo as perspectivas formuladas nos livros V e VI – como a conversão de *dynastai* políticos e militares por obra de um pequeno grupo de autênticos filósofos-legisladores).

8

Um conflito superado e controlado, mas certamente não extinto. Ao contrário, o livro IV da *República* oferece uma poderosa fundamentação psicológica à antropologia da *pleonexia*. Pela primeira vez, a concepção da "natureza humana" que ela evocava é justificada por uma teoria da alma, que mostra como o conflito pleonético está radicado no aparato psíquico de todo homem de tal modo que qualquer esforço de governá-lo não pode senão mostrar-se precário.

É preciso fazer uma observação de método que com frequência é ignorada pelos comentadores. A tripartição do corpo social sobre o qual se funda o equilíbrio da cidade justa é, no texto platônico, um projeto delineado pelo *logos*, um modelo normativo confiado aos fundadores e aos legisladores da *kallipolis*, sejam eles filósofos ou *dynastai*. Em contrapartida, a tripartição da alma é o resultado de uma descrição da efetiva realidade psíquica, de uma fenomenologia dos processos de decisão e das fontes motivacionais das quais dependem (o "conflito trágico" exerce um papel importante no saber psicológico que está na base dessa fenomenologia). Essa diferença de pontos de vista (o dever ser social de um lado, a realidade psicológica de outro) explica muitas das dificuldades na construção de uma perfeita *homologia* entre as duas tripartições, que Bernard Williams analisou de modo magistral.

A fenomenologia da alma revela que nela estão presentes dois componentes, duas massas energéticas destinadas a reproduzir sem cessar a insurgência da pulsão pleonética: o *thymos*, o desejo de autoafirmação, a agressividade dirigida ao espírito de vingança, à glória e ao poder; e o *epithymetikon*, a fonte dos desejos de prazeres e de riqueza. Graças a uma estratégia educativa complexa, o *thymos* pode ser induzido a aliar-se com a parte racional da alma, convencendo-se que somente no governo da razão poderá encontrar a autêntica realização de suas necessidades (mas também nesse caso se trata de uma aliança precária e exposta ao perigo de uma *stasis* psíquica). Ao contrário, o *epithymetikon* é uma irredutível ameaça para o poder da razão. Escreve Platão:

> essas duas partes [*logos* e *thymos*], assim criadas e verdadeiramente educadas de modo a aprender aquilo que lhe é próprio, assumirão o controle daquela parte desiderante – que é a mais ampla na alma de cada um e por sua natureza a mais insaciável de riquezas. Ela deve ser vigiada para evitar que, tornada grande e forte fartando-se dos assim chamados prazeres conexos ao corpo, cesse de desempenhar sua própria função e tente reduzir à servidão e colocar sob seu poder as outras partes, o que não lhe é cabido por sua origem, subvertendo assim todo o modo de vida de cada um (442a-b).

A *pleonexia* não é, portanto, uma concepção antropológica arbitrária, concebida por algum historiador, sofista e oligarca, impressionado pela lição daquele "mestre violento" que havia sido a guerra do Peloponeso, à qual se deve contrapor, como fazia Sócrates no livro II, uma antropologia colaborativa do trabalho e da troca. Trata-se, antes, segundo Platão, de uma realidade psicológica insuperável, que pode ser controlada, mas não suprimida, por um tenaz esforço de condicionamento educativo da alma e da cidade.

Um esforço, todavia, cujos sucessos não podem ser senão parciais e precários. Essa é a lição daquela paradoxal inversão de perspectiva que Platão realiza nos livros VIII e IX da *República*. Segundo os teóricos da *pleonexia*, na origem estava um estado de natureza, precisamente pleonético, que o engano das leis e da justiça buscava de algum modo reprimir e vigiar, para a proteção dos fracos. Segundo Platão, ao contrário, a "natureza" que está no princípio – uma natureza que constitui evidentemente um conceito não descritivo, mas normativo, e um início que não é histórico ou cronológico, mas, por assim dizer, fenomenológico – é a cidade justa, a *kallipolis*. Ela sofre um processo inevitável de deformação e decadência sob a pressão das pulsões pleonéticas, primeiro a tímica, depois a epitimética. É, portanto, o tempo histórico, não a natureza das origens, que constitui o lugar fenomenológico de realização da *pleonexia*. Mas o resultado não muda: ele se conclui, em um paradoxal "fim" antiteleológico, na tirania, a forma de vida e de poder que Platão recusava e que constituía, ao contrário, o objeto de desejo de Cálicles e de Trasímaco, a secreta aspiração de todo "verdadeiro homem" segundo Gláucon.

As leis históricas – as da oligarquia, da democracia, e, naturalmente, da tirania – não são, então, segundo Platão, freios para a *pleonexia*, mas seus instrumentos. Trasímaco (sobretudo o Trasímaco de sua primeira tese) tinha, portanto, razão. A realidade inevitável da história das sociedades humanas consiste no triunfo, em formas diversas, da violência e da satisfação recíproca, na subjugação dos pobres por parte dos ricos, ou dos ricos por parte dos pobres, até a servidão universal representada pela tirania.

Se essa é, ainda uma vez, a "verdade das coisas", Platão não tem senão uma só resposta, e uma só proposta. É preciso aceitar, com Trasímaco, a centralidade da questão do poder, *to archon*. Pode-se, todavia, tentar construir um grupo de poder não trasimaico, ou seja, relativamente imune ao espírito de *pleonexia*, mediante uma operação de cirurgia político-moral que extirpe as raízes, isto é, a propriedade, a família, o caráter privado do patrimônio e dos afetos (como Platão havia recordado nas *Leis*, trata-se, em suma, de fazer que "de todo modo tudo aquilo que se define privado seja em toda parte erradicado da vida humana", V 739c): em suma, tudo aquilo que de outro modo transforma inevitavelmente o cão de guarda em um predador feroz como o lobo (perigo evocado no livro III da *República*). Esse grupo de poder deveria sofrer uma indelével pintura educativa, simultaneamente ética e intelectual, capaz de garantir que seu poder seja de serviço e não de opressão. Ele deveria, enfim, ser dotado da força necessária graças à aliança com um grupo guerreiro cujas aspirações à autoafirmação podem ser sublimadas em direção à busca da felicidade universal do corpo social, compreendida como única garantia possível também para uma verdadeira felicidade de seus componentes singulares: uma finalidade eudaimonista, portanto, que não se contrapõe à deontologia mas nela está estritamente implícita.

Neste ponto, tudo funcionaria segundo o esquema de Trasímaco: é verdade que as leis seriam, em última instância, instrumento da conservação do poder desse grupo, *to archon*, mas é também verdade que ele trabalhará para a felicidade de todo o corpo social mais do que para sua espoliação. A questão do poder, de "quem comanda", permanece, portanto, primária e central: mas é possível pensar que a destinação do próprio poder mude de sentido, oriente-se para o bem comum, fazendo com que a justiça se torne um "bem próprio" mais do que algo diverso.

Trasímaco então não é refutado, mas ao menos corrigido. Entretanto, também essa correção é, como foi visto, provisória e instável. O imenso esforço de recondicionamento intelectual e moral da *pleonexia*, inspirado pelo "paradigma no céu" da justiça, dá lugar a uma construção artificial, que se apoia em um *terrain vague*. A realidade psíquica do ser humano, a mutação das circunstâncias históricas, o conflito sempre reproduzido pelas condições mesmas da vida social, determinam uma doença perpétua, uma *aeipatheia* do gênero humano, que é justamente a *pleonexia*. Vale a pena combatê-la, como dizem as linhas finais da *República*, para "estar bem" (*eu prattein*), neste e talvez no outro mundo, em uma viagem que pode durar mil anos. Mas a cura da alma e da cidade, sua saúde, nunca podem ser consideradas estáveis e adquiridas em definitivo. De definitivo há apenas a "verdade" da *pleonexia*.

O pior erro que se pode atribuir a Platão é considerá-lo um pensador edificante, retirando-o daquele lado obscuro de seu pensamento que dá voz a personagens como Cálicles, Trasímaco e Gláucon, e que constitui uma parte não pequena de sua "verdade".

Referências bibliográficas

Sobre o papel dos personagens dialógicos, cf. PRESS, G. A. (ed.), *Who Speaks for Plato?* (que inclui o ensaio acima mencionado de E. Ostenfeld); cf. também VEGETTI, M., Società dialogica e strategie argomentative nella *Repubblica* (e contro la *Repubblica*), 74-85.

Sobre Cálicles, cf. GASTALDI, S., La giustizia e la forza, 85-105. Para Trasímaco, cf. VEGETTI, M., in: PLATONE, *La Repubblica*, trad. e comentário, v. I, 233-256; sobre Gláucon, ID., v. II, 151-172.

Sobre Antifonte, cf. DECLEVA CAIZZI, F., *Hysteron proteron*. La nature et la loi selon Platon et Antiphon, *Revue de métaphysique et de morale*, v. 91 (1986) 291-310; NARCY, M., Les interprétations de la pensée politique d'Antiphon au XX siècle, *Revue française d'histoire des idées politiques*, v. 3 (1996)

31-45; sobre Tucídides e o debate sofístico em torno da *pleonexia*, cf. também GIORGINI, G., *I doni di Pandora*, Bologna, 2001, capítulos I, VII.

Sobre a teoria da justiça e a *homologia* alma-cidade no livro IV da *República* foi feita referência a WILLIAMS, B., The analogy of city and soul in Plato's *Republic* in: LEE, E. N.; MOURELATOS, A. P. D.; RORTY R. M. (ed.), *Exegesis and argument*, Assen, 1973, 196-206. Sobre a questão, cf. também VEGETTI, M., PLATONE, *La Repubblica*, v. III, 11-45.

Observações críticas interessantes sobre as teses discutidas neste ensaio foram formuladas por DECLEVA CAIZZI, F., Glaucone, Socrate e l'antropologia della *pleonexia*, *Elenchos*, v. 24, n. 2 (2003) 361-373.

parte quatro

A VERDADE

CAPÍTULO NONO

À sombra de Theuth.
Dinâmicas da escrita em Platão[1]

A primeira e maior ambiguidade do *corpus* filosófico de Platão está em sua existência. Trata-se de um conjunto de escritos teóricos sem precedentes, em dimensão e qualidade, na experiência cultural grega – que, contudo, são apresentados como projeto mimético de transcrição da palavra de um filósofo – Sócrates – que sempre havia criticado a escrita. Além disso, esses escritos contêm também elementos de uma teoria sistemática da crítica da escrita em seus valores comunicativos (*Fedro*), legislativos (*Político*), cognitivos (*Carta VII*). A ambiguidade corre o risco de paralisar em seu nascimento uma investigação sobre as formas e as dinâmicas da escrita em Platão. Ao se privilegiar o dado de fato da existência do *corpus* platônico pode-se ver em Platão – contra suas próprias palavras – o artífice de uma revolução escrita, o descobridor das virtualidades conceituais implícitas à passagem do pensamento à escrita: é a proposta, fundamental, mas também paradoxal, feita por Havelock[2]. Se nos determos, de outro lado, na letra das passagens há pouco recordadas, nelas lendo os momentos fortes da constituição de uma teoria unificada da negatividade da escrita, é

---

1. Texto originalmente publicado em DETIENNE, M. (ed.), *Sapere e scrittura in Grecia*, Roma/Bari, Laterza, 1989.
2. HAVELOCK, E. A., *Cultura orale e civiltà della scrittura. Da Omero a Platone* (1963), trad. it. Roma-Bari ²1983. Para uma refinada avaliação das discussões suscitadas por esta obra, cf. CERRI, G., Il passaggio dalla cultura orale alla cultura di comunicazione scritta nell'età di Platone, *Quaderni Urbinati*, v. 8 (1969) 119-133.

preciso desclassificar todo o *corpus* ao estatuto de um jogo literário, não mais que propedêutico em relação ao exercício da verdadeira filosofia, cujos traços serão então buscados na direção das doutrinas não escritas: é essa a via na qual se moveram, com um relevante esforço argumentativo, os intérpretes da Escola de Tübingen, Gaiser e Krämer em particular[3].

Para fugir da armadilha que Platão armou para seu leitor – cujo sentido, todavia, será interpretado – escolheu-se aqui mover-se em paralelo em relação aos obstáculos dessa alternativa. Ou seja, tentar-se-á seguir, de modo extensivo[4], os numerosos segmentos de interrogação platônica sobre a escrita, em suas direções dispersas e até divergentes: uma linha tortuosa de limite entre o impacto arcaico da experiência gráfica e as teorias maduras da língua do texto próprias do século IV. Poderão ser definidos alguns perfis locais: o mito ambíguo das origens da escrita, sua assunção metafórica na figura de um saber elementar que remete a um possível saber dos elementos, a construção de um modelo de conhecimento analítico-sintético posto à prova sobretudo pela *phone*, o instrumento de uma circulação cultural e de uma prática legislativa que se trata de controlar e de governar, e, enfim, o problema do texto filosófico. Tantos elementos que tornam a reflexão platônica sobre a escrita – à parte de seu eventual fechamento teórico – produtiva, em sua autonomia, de novas formas de saber possível, de novas explorações intelectuais.

---

3. Basta aqui nos referirmos ao amplo balanço dessa tendência interpretativa delineado por KRÄMER, H. J., *Platone e i fondamenti della metafisica* (sobre o qual cf. ISNARDI PARENTE, M., Recensione, *Gnomon*, v. 57 (1985) 120-127). Cf., agora, também REALE, G., *Platone*, Milano, 1986. Mais problemático e matizado GAISER, K., *Platone come scrittore filosofico. Saggi sull'ermeneutica dei dialoghi platonici*, Napoli, 1984. Muitos ensaios relevantes dessa tendência são coletados em WIPPERN, J. (ed.), *Das Problem der ungeschriebenen Lehre Platons*. Uma imagem das pressuposições culturais dessa posição em FRANCO REPELLINI, F., Gli agrapha dogmata di Platone, 51-84. Para um balanço geral, consulte-se o capítulo 1 desta obra.

4. Esta análise é, de fato, baseada em uma análise global das passagens de Platão relativas aos diferentes aspectos da escrita e da leitura, e os lugares citados podem constituir um índice quase completo deles. É importante notar que a *Carta VII* foi considerada autêntica (para esta opção, bastará aqui referir-se a ISNARDI PARENTE, M., *Filosofia e politica nelle Lettere di Platone*). Deve-se notar também que a seguinte interpretação envolve inevitavelmente o isolamento da escrita das sequências metafóricas em que está inserida, e que muitas vezes incluem aritmética, música e outras formas de aprendizagem "elementar".

A invenção da escrita

Platão retira dos deuses e dos heróis da tradição grega, como Prometeu[5] ou Palamedes, a responsabilidade preocupante da invenção de uma descoberta ambígua como a escrita. Ela é antes situada na antiguidade imemorial do Egito dos reis, dos sacerdotes e dos templos: aqui se desenvolve uma escrita sacra (*hiera grammata*) e capaz de conservar uma memória omnicompreensiva (*pania gegrammena*) (*Tim.*, 23a-d)[6]. No oposto do velho Egito, bárbaro[7] a seu modo, pelo excesso de antiguidade e de civilização, situam-se os bárbaros privados de *grammata*, ligados à tradição oral das leis dos pais, cujo protótipo são os ciclopes homéricos (*Leg.*, III 680b). No espaço intermediário entre essas barbáries "oriental" e "ocidental", marcadas respectivamente pelo abuso e pela ausência da escrita, situam-se os gregos: submetidos como são às vicissitudes das catástrofes aluviais, descobrem e perdem ciclicamente as *grammata*, aproximando-se por vezes da condição egípcia, por vezes da "ciclópica", constritos a uma memória lacunar e intermitente, bem como a uma relação difícil com a escrita (*Tim.*, 23a ss.; *Leg.*, III 680a), de algum modo indicativo da própria abordagem platônica.

Como se sabe, o inventor da escrita que Platão substitui a Prometeu e Palamedes é um deus egípcio, Theuth, que submete seu *heurema* ao rei Thamus e é por ele reprovado, por ser nocivo à memória e ao saber verdadeiro (*Phaedr.*, 274a ss.). A capacidade inventiva de Theuth é coerente, mas ambígua. Suas descobertas – uma variante platônica da lista outrora atribuída a Palamedes – podem ser dispostas em duas séries; a primeira, "alta", compreende a aritmética, a

---

5. Que "certo [*tis*] Prometeu" mencionado no *Filebo* (16c) não é o inventor da escrita, mas da análise da relação entre o uno e o múltiplo. Também neste diálogo a invenção das letras do alfabeto é atribuída – segundo "uma lenda egípcia" – a Theuth, ou, mais vagamente, a "um deus ou um homem divino" (18b). Sobre as origens egípcias da lenda, cf. EISLER, R., Platon und das ägyptische Alphabet, *Archiv für Geschichte der Philosophie*, v. 27 (1922) 3-13.

6. Primeiros historiadores, os sacerdotes egípcios são também os primeiros tradutores. Pela tradução de Sólon, seus *grammata* teriam alcançado os Crítias (avô e neto), portanto, o mesmo ambiente familiar de Platão (*Criti.*, 113a-b). Aqui, a escrita egípcia torna-se o veículo para a continuidade de uma história de casta que une a remota antiguidade de Atenas desde a época de Atlântida com o legislador e o tirano da Atenas histórica e com o filósofo que planeja sua refundação. Cf., a esse respeito, BRISSON, L., *Platon, les mots et les mythes*, Paris, 1982, 32-49.

7. Os egípcios são também bárbaros: cf. *Resp.*, IV 435s.

geometria, e a astronomia – precisamente as disciplinas que a *República* indica como essenciais para a formação do filósofo; segue-se a ela uma "baixa", que inclui as damas (*petteiai*), os dados (*kybeiai*) e as letras escritas, as *grammata* (*Phaedr.*, 274d). A coerência entre as duas séries está no fato de que todas as disciplinas compreendidas se baseiam em elementos simples (números, figuras, sólidos, no primeiro caso; pedras, dados, letras, no segundo), empregando suas propriedades combinatórias. Quanto à ambiguidade da invenção da escrita, ela é evidente se forem reescritas as duas séries em ordem de crescente complexidade cognitiva[8]: obteremos então a sequência de damas, dados, *grammata*, aritmética, geometria, astronomia. No campo geral das invenções elementares-combinatórias, a escrita situa-se, portanto, no limite entre a série dos jogos, dos quais faz parte, e a dos saberes produtivos de verdade, aos quais precede.

A invenção de Theuth não é, de resto, abandonada à condenação do rei Thamus. Em sua elaboração mítica, ela antecipa a produtividade cognitiva do empenho metafórico e paradigmático das *grammata*, precisamente na exploração da possibilidade de construir uma forma geral de saber elementar-combinatório.

Saber elementar, saber dos elementos

Emprego metafórico e paradigmático, foi dito. Em si mesma, a técnica da escrita (e aquela conexa da leitura) já não representava para Platão um fenômeno cultural emergente e inovador, nem um formador do imaginário científico, como podia ocorrer ainda com os atomistas. Escrita e leitura constituem certamente um saber, que tem seus especialistas, os *grammatistai*. Sem esse saber teremos a pura percepção da figura e da cor das letras, mas não as conheceremos, tal como ouvimos o som da *phone* dos bárbaros sem compreendê-la (*Theaet.*, 163b)[9]. Mas se trata de um saber de grau mínimo, óbvio e desvalorizado – bem

---

8. A primeira série é construída naturalmente em analogia à segunda, tal como aparece no livro VII da *República*.

9. Como conhecimento especializado, pode-se ser *agathoi* (*Prot.*, 345a) ou *phauloi* (*Phaedr.*, 242c) por escrito; por exemplo, a velocidade de escrita da *grammata* é relevante (*Charm.*, 159c). Em um nível superior, deve-se supor que o ensino da escrita se integrasse com o "métrico": Hípias é definido como um mestre da *dynamis* das *grammata*, sílabas, ritmos e harmonias (*Hipp. ma.*, 285d). É o caso de sublinhar, no que diz respeito à passagem do *Teeteto* e outras semelhantes, que *gramma* oscila em Platão entre um significado gráfico e um significado fonético: cf. GALLOP, D., Plato and the alphabet, *Philosophical Review*, v. 72

como os seus especialistas[10] –, elementar no sentido que é o primeiro ao qual as crianças acedem e, portanto, o mais difuso. O *grammatistes* ocupa sempre o primeiro lugar nas sequências dos professores elementares formuladas por Platão, que os situa na ordem dos *kitharistes* e dos *paidotribes* (cf., por exemplo, *Prot.*, 312b); a primeira aprendizagem das crianças consiste em passar da compreensão da voz à das *grammata* (*Prot.*, 325e), e é a eles que com frequência os pais confiam a tarefa mínima de ler ou escrever algo (*Lys.*, 209a-b). Platão não faz senão registrar essa situação quando prescreve nas *Leis* que os futuros cidadãos devem aprender "com precisão" as *grammata* entre os 10 e os 13 anos de idade (*Leg.*, VII 809c ss.).

Capacidade mínima e difusa e, como tal, rapidamente apreensível em um plano metafórico elementar, a escrita goza, todavia, de uma série de propriedades interessantes. Pode ser repetida o quanto quiser (*Hipp. mi.*, 366c), tem capacidades referenciais (quando um menino escreve ou lê um nome diverso "não faz suas próprias coisas", *Charm.*, 161d-e). O sinal gráfico permanece idêntico também na variação de suas dimensões (*Resp.*, II 368d); forma um pequeno grupo de *stoicheîa* que permanecem reconhecíveis em todas as combinações nas quais vêm a se encontrar (*peripheromena*) (*Resp.*, III 401 a). A *gramma* é, portanto, *stoicheîon*, elemento primeiro, simples e invariável da escrita; *stoicheîon* ele mesmo, pode ser assumido como paradigma extensível a qualquer elemento ao qual se possam reduzir, e do qual se possam derivar, estruturas complexas[11]. Saber elementar, a leitura pode, por sua vez, ser concebida como o paradigma universal de um conhecimento dos elementos. Uma passagem do *Político* (277e-278b) oferece a chave dessa extensão paradigmática do *gramma/stoicheîon* e da escrita/leitura:

(1963) 364-376, que responde a RYLE, G., Letters and syllables in Plato, *Philosophical Review*, v. 69 (1960) 431-451.

10. Sobre a condição social dos *grammatistes*, cf. MANACORDA, M. A., Scuola e insegnanti, in: VEGETTI, M. (ed.), *Oralità scrittura spettacolo*, Torino, 1983. Sobre o valor filosófico desta figura em Platão, cf. JOLY, H., Platon entre le maitre d'école et le fabriquant de mots. Remarques sur les grammata, in: *Philosophie du langage et grammaire dans l'antiquité*, Bruxelles, 1986, 105-136.

11. Sobre a questão da relação entre *gramma* e *stoicheîon*, é fundamental consultar SCHWABE, W., "Mischung" und "Element" im griechischen bis Platon, *Archiv für Begriffsgeschichte*, Supplementheft 3 (1980) 83, 116 ss. Cf. também DRUART, T. A., La stoichéiologie de Platon, *Revue Philosophique de Louvain*, v. 73 (1975) 243-262.

De algum modo sabemos que as crianças, tão logo tenham aprendido as letras [*grammata*] [...] discernem bem cada elemento [*stoicheîon*] quando se encontra nas sílabas mais breves e mais simples, e são capazes de exprimi-las corretamente [...]. E não crê então que será facílimo e muito eficaz esse modo de lhes guiar no conhecimento daquilo que ainda ignoram? – Qual? – Conduzi-las [*anagein*] ante às sílabas que reconheceram corretamente, depois àquelas ainda desconhecidas, e finalmente comparando as primeiras às segundas mostrar que em ambas as séries de combinações [*symplokai*] estão presentes elementos similares e da mesma natureza, até que junto a todos os ignorados sejam postos e mostrados os elementos correspondentes por elas interpretados corretamente, e tais elementos, uma vez mostrados assim e tornando-se, portanto, modelos [*paradeigmata*], possibilitem dominar qualquer elemento em qualquer silaba, quando é diferente, como diferente dos outros, quando idêntico, como idêntico sempre do mesmo ponto de vista consigo mesmo.

À primeira vista, a propriedade mais surpreendente do conhecimento por elementos, fundada no paradigma da *gramma*, é sua possibilidade indefinida de repetição, e, portanto, de extensão. O *Político* observa que reconhecer as letras das quais se forma um nome qualquer significa imediatamente se tornar mais capaz em relação à técnica (*grammatikoteros*, 285c-d). Nesse sentido, não é difícil para o sofista Eutidemo chegar ao paradoxo – que provavelmente reflete uma surpresa mais arcaica diante da experiência da escrita – segundo o qual na medida em que todo texto é composto de *grammata*, conhecer as letras significará conhecer qualquer texto possível; a posse desse saber primário reduz qualquer conhecimento posterior a um simples reconhecimento (*Euth.*, 211a)[12].

Mais seriamente, o paradigma das *grammata* pode ser empregado somente no que diz respeito à possibilidade de redução das estruturas complexas a seus elementos primários, mas também em vista da produção dos critérios de seleção que regulam as combinações possíveis. Algumas letras, com efeito, podem dar lugar a mesclas porque concordam (*synarmottei*) entre si, outras não; as vogais, em particular, exercem o papel de vínculo sem o qual nenhuma combinação de letras seria possível; e a gramática representa o saber específico relativo a esse campo de combinações (*Soph.*, 253a). Coloca-se então o problema de identificar os equivalentes metafóricos gerais da função vocálica e do saber gramatical. Entretanto, a definição do modelo escrito como possível infraestrutura teórica de

---

12. O paradoxo ecoa em *Theaet.*, 198e.

uma *episteme* analítico-combinatória está completa: invariabilidade dos elementos primeiros, possibilidade de redução dos compostos a eles, regras de derivação dos compostos a partir dos elementos. A produtividade teórica desse paradigma é posta à prova por Platão, com uma série de experimentos conceituais em direções diversas e com resultados contrastantes.

O primeiro desses experimentos, realizado no *Teeteto*, é de ordem epistemológica. Em questão está a possibilidade de se obter uma forma de conhecimento baseado na redução das estruturas complexas aos elementos simples que o compõem; em particular, de se obter a definição (*logos*) dos enunciados ou dos nomes, denominando os *stoicheîa* a partir do qual são gerados. A articulação teórica do discurso platônico é muito complexa para que seja possível aqui reconstruí-la de modo analítico; igualmente difícil é o problema historiográfico de se identificar os defensores desta doutrina, à qual Platão alude muito vagamente[13]. Trata-se, segundo alguns, de Antístenes; segundo outros, dos megáricos, posições de qualquer modo não estranhas ao horizonte socrático-platônico, talvez compartilhadas problematicamente pelo próprio Platão, ainda que não desprovidas de um eco atomista, como sempre, afinal, quando está em jogo um pensamento sobre os elementos. A quem quer que se deva essa teoria, ela põe em jogo, segundo Platão, o paradigma das *grammata/stoicheîa* e de sua relação com as sílabas: elas têm um *logos*, uma possibilidade de definição, que consiste precisamente na resolução nas letras que as compõem; o processo se detém aqui, pois os *stoicheîa* não são posteriormente definíveis (*aloga*), mas nomináveis com seu som ou classificáveis segundo os tipos[14]. O *stoicheîon* não é, portanto, cognoscível (*gnoston*) em si mesmo: como o será então a sílaba se seu conhecimento resultasse da decomposição em letras e da enumeração/denominação destas? Por outro lado, se se inferisse (*tekmairesthai*) do modelo adotado para o desenvolvimento dessa teoria, as letras-elementos deveriam possuir uma cognoscibilidade mais evidente e segura do que sílabas delas derivadas. A conclusão, como se sabe, é dubitativa e aporética: quem não combina as letras nas sílabas não tem conhecimento, mas também escrevendo ordenadamente todos os *stoicheîa* do nome "Teeteto" se obterá uma reta opinião baseada em

---

13. Sobre a questão, cf. SCHWABE, W., "Mischung" e "Element", 151 ss. Para uma aproximação da teoria ao próprio Platão, BURNYEAT, M., The material and sources of Plato's dream, *Phronesis*, v. 15 (1970) 101-122.

14. Uma classificação de *grammata* de acordo com o som (consoantes sonoras, consoantes surdas, vogais) em *Theaet.*, 203b; cf. *Phil.*, 18b.

um *logos* definidor, mas não ainda um conhecimento científico, uma *episteme* (*Theaet.*, 201e-208a).

No que nos interessa mais de perto, as dúvidas epistemológicas abordadas por Platão – com muita cautela e também respeito pela teoria discutida – parecem ser de dois tipos. O primeiro diz respeito à legitimidade cognitiva geral de um método "elementar", analítico-decompositório, que não é recusado *tout-court*, mas que parece incapaz de compreender a originalidade formal do composto em relação a seus elementos (cf. sobretudo 203e)[15], ou seu caráter referencial, como no caso do nome "Teeteto" (208b). O segundo diz respeito mais de perto à legitimidade da *gramma* a operar como metáfora do *stoicheîon*: como não definível em si, mas somente denominável, a *gramma* parece carecer de transparência cognitiva, da riqueza de significação que um elemento deveria possuir para que suas combinações sejam suscetíveis de conhecimento ulterior e mais elevado. As possibilidades oferecidas nesse sentido da *gramma* serão posteriormente exploradas no *Crátilo*. Mas o tema é retomado de modo direto no *Timeu*, no qual Platão se pergunta explicitamente com quais caracteres o livro do mundo está escrito. Aqueles que uma longa tradição considera "elementos", o ar, a água, a terra e o fogo, não apenas não são considerados *stoicheîa*, mas sequer sílabas do alfabeto cosmológico (*Tim.*, 48b-c). A pirâmide, por exemplo, é o *stoicheîon* do fogo, mas ela – como qualquer outro sólido – é por sua vez uma "sílaba", o composto (*systasis*) dos verdadeiros elementos, os triângulos retângulos escalenos e equiláteros (56b-57c).

Como se vê, o *Timeu* não recusa de fato o modelo analítico-combinatório, mas substitui a sugestão metafórica da *gramma* com a referência ao menos parcialmente não metafórica às figuras geométricas "primeiras" como constituintes elementares do mundo. Em relação às *grammata*, os triângulos têm para Platão a incomensurável vantagem epistemológica de uma total definibilidade, de uma transparência sem resíduos à visão cognitiva, e, portanto, a capacidade de fundar um edifício cognitivo cada vez mais complexo, mas cada vez mais linearmente redutível às propriedades de seus elementos primeiros.

---

15. Para os antecedentes da escrita desse problema, cf. a investigação sobre a escrita ática de HERDER, R., Die Meisterung der Schrift durch die Griechen (1942), in: PFOHL, G. (ed.), Das Alphabet, Darmstadt, 1968, 269-292 ("Jeder Buchstabe steht als Individuum fur sich, die Atomisierung ist bis zu letzter Abstraktheit getrieben, die Einheit des Ganzen beruht nur noch in dem Koordinatentennetz des System", 281); também *Rottenschrift*, in: ibid., 321-380 (em particular 379-380).

Quanto ao *Sofista*, Platão ali experimenta, como se sabe, um método decompositivo particular e, portanto, definidor dos agregados ideais complexos, o dicotômico. Aqui os elementos nos quais a decomposição se conclui não são *grammata* nem triângulos, mas formas simples e indivisíveis, os *atoma eide* (*Soph.*, 229d). À parte o andamento geral do método, parece interessante destacar a formação de novos nomes correspondentes a níveis intermédios de realidade, que a dicotomia ilumina e que permaneceram até agora anônimos (267d).

A onomaturgia platônica procede empregando as palavras da linguagem comum como *stoicheîa* de cuja composição resultam os novos termos; reciprocamente, a definição desses últimos consistirá na suma das definições dos termos elementares nos quais podem ser decompostos (que se pense em palavras de cunho platônico como *zootherike*, *pezotherikon*, *anthropotheria*, *mathematopolike* etc.: *Soph.*, 220a ss.).

Também aqui, como em outros aspectos no *Timeu*, o paradigma analítico-combinatório da *episteme* da escrita permanece ativo e produtivo, não obstante as aporias do *Teeteto* e a negação à *gramma* da dignidade de *stoicheîon* universal.

Contudo, é naturalmente no terreno da língua, da relação *phone-gramma*, que as potencialidades cognitivas da escrita podem ser experimentadas mais a fundo[16].

Decisiva nesse sentido é a análise do *Filebo* (17 a-b, 18b-d). A emissão vocal constitui um *continuum*, em certo aspecto unitário, e em outro também indefinidamente múltiplo (*apeiron*). O único modo para governar cognitivamente esse contínuo paradoxal são justamente as letras do alfabeto, as *grammata*: elas representam um instrumento analítico que mediante os grafemas decompõe a voz em sons-fonemas elementares que a constituem. A *gramma* é, portanto, o termo médio entre a voz, una e indefinida, e o conjunto discreto e numerável dos sons que a compõem. Mediante essa análise, Platão elabora ao mesmo tempo uma aquisição conceitual e um modelo epistemológico. A primeira consiste no completo reconhecimento da estrutura e da função do alfabeto fonético: cuja invenção é atribuída a "um deus ou um homem divino", Theuth segundo a lenda egípcia (o pano de fundo egípcio, portanto, semi-ideográfico, mostra-se aqui discrepante da descoberta alfabética, mas, como se verá, a insistência nele não é privada de sentido em relação a alguns desenvolvimentos do *Crátilo*).

---

16. As considerações a seguir devem muito à contribuição apresentada para o colóquio sobre a escrita (Paris, 1988) por Gian Arturo Ferrari.

A seu modo definitiva, a teoria da escrita fonética interessa aqui a Platão por seu emprego modelar; e precisamente por sua capacidade de aludir – ainda uma vez – a uma forma de saber que não sucumbe de modo estéril na polaridade uno-infinito, mas que está em condições, mediante o processo analítico de elencar e enumerar os *stoicheîa*, e que recompõe de agregação ordenada dos próprios *stoicheîa*, de mover-se no espaço intermediário entre aquela polaridade, de passar de uma concepção indiferenciada a uma articulada e composta da unidade (*Phil.*, 18a-b). Também nessa via – a via da exemplaridade escritural – chega-se ao "parmenicídio", reconstrói-se um espaço discursivo embora sempre epistemologicamente controlável e situado entre a tautologia eleática e seu horror pela multiplicidade indefinida: o saber da dialética é, assim, estritamente metaforizado pelo da *grammatike* (18d).

Certamente é no *Crátilo* que Platão realiza o experimento intelectual mais radical e mais exaustivo sobre as possibilidades cognitivas da escrita como tal, fonética e não.

Como se sabe, o problema do *Crátilo* consiste em experimentar a força do vínculo entre linguagem e realidade, a consistência da relação entre os nomes e as coisas[17]. Trata-se, em outras palavras, de verificar se é possível, e pensável, uma "normalidade" correta da linguagem de modo a estabelecer uma sequência entre a essência das coisas mesmas (*ousia tou pragmatos*), a forma do "nome por natureza" (*onoma physei*), e a transcrição deste último em elementos (*stoicheîa*) fonético-gráficos, portanto, em *grammata* e sílabas. Se essa sequência fosse possível, ela poderia ser então percorrida ao inverso: letras e sílabas, com os nomes que delas resultam, seriam legíveis como simulações (*mimesis*),

---

17. No âmbito da vasta bibliografia sobre o *Crátilo*, é necessário referir-se pelo menos aos ensaios fundamentais: GOLDSCHMIDT, V., *Essai sur le Cratyle*, Paris, 1940; PAGLIARO, A., *Nuovi saggi di critica semantica*, Messina-Firenze, 1956; BUCCELLATO, M., Linguaggio e società alle origini del pensiero greco, *Rivista critica di storia della filosofia*, v. 16 (1961) 259-277; LORENZ, K.; MITTELSTRASS, J., On rational philosophy of language. The program in Plato's Cratylus reconsidered, *Mind*, v. 75 (1966) 1-29; ROBINSON, R., *Essays in greek philosophy*, Oxford, 1969; DERBOLAV, J., *Platons Sprachphilosophie im Kratylos und in den späteren Schriften*, Darmstadt, 1972; KAHN, Ch. H., Language and ontology in the Cratylus, in: LEE, E. N.; MOURELATOS, A. P. D.; RORTY, R. M. (ed.), *Exegesis and argument*, Assen, 1973, 152-176; GAISER, K., *Name und Sache in Platons Kratylos*, Heidelberg, 1974; Genette, G., *Mimologiques. Voyage en Cratylie*, Paris, 1976; e os ensaios de SCHOFIELD, M.; WILLIAMS, B.; ANNAS, J., in: SCHOFIELD, M.; NUSSBAUM, M. (ed.), *Language and Logos*, Cambridge, 1982, respectivamente, 61-81, 83-93, 95-114.

ou, melhor ainda, como revelações (*deloma*) da *ousia* da coisa mesma (*Crat.*, 390d, 393d, 423e, 433b).

Esse nexo imediato entre o nome e a coisa não pode ser revelado no nível dos nomes compostos ou agregados. Um primeiro passo analítico deverá reduzi-los a seus componentes primeiros, aos nomes-*stoicheîa*, como podem ser, no contexto de um pensamento do movimento de tipo heraclítico, *rhoe*, fluxo, ou *ienai*, andar (*Crat.*, 422a, 424a). Mas um segundo passo está em condições de reduzir esses nomes a seus radicais alfabéticos: letras como *rho* e *iota* corresponderão de tal modo ao fluxo e ao movimento, *delta* e *tau* à imortalidade e ao repouso (426c ss., 434c ss.). Mas o que significa essa correspondência? A primeira possibilidade explorada nessa direção por Platão consiste em fazer corresponder a todo fonema-grafema um semantema, ou seja, a todo elemento da escrita fonética um radical semântico imediatamente referencial em relação à estrutura fim da realidade mesma. A agregação desses radicais nos nomes primeiros, e deles nos nomes compostos, daria finalmente lugar a uma linguagem "natural" ou normal, ou seja, adequada a sua função de instrumento de simulação/revelação das coisas mesmas.

Essa primeira possibilidade semântica de adequação da linguagem ao mundo é exemplificada por Platão com os nomes das letras: ainda que compostos, devem sempre conter a *dynamis* da coisa-letra significada, como é, por exemplo, B no nome *beta* (393e). O nome correto se apropria, portanto, da "potência" da coisa, e a significa. Há indubitavelmente um sabor arcaico nesse nexo elementar de significação entre palavra e coisa; Platão o exemplifica, todavia, ao menos em sua vertente compositiva, que vai do simples ao complexo, com um saber relativamente "moderno" como é o dos métricos ou *rhythmikoi* do século V. Eles estão em condições de reconhecer e quantificar a *dynamis* dos *stoicheîa* remontando destes às sílabas e depois ao ritmo em seu conjunto (424c: com as mesmas palavras era definido o saber de Hípias, mestre da *dynamis* de letras, sílabas, ritmos e harmonias, em *Hipp. ma.*, 285d)[18].

Contudo, o que pode garantir que a *dynamis* da coisa seja de fato capturada pelo signo fônico-gráfico, e que o nome a restitua, a "manifeste" graças à sua potência semântica? Platão é sistematicamente consciente, ao longo de todo o *Crátilo*, da arbitrariedade do nexo semântico que se presume imediato entre sistema dos *stoicheîa*, dos nomes primeiros e dos nomes compostos de um lado,

---

18. Cf. SCHWABE, W., "Mischung" und "Element", 124 ss.

e a essência das coisas, o estado do mundo de outro. Tanto é verdade que ele produz duas análises diferentes dos "radicais semânticos" que remetem a duas visões de mundo opostas, uma das quais – a "heraclítica", centrada no domínio do movimento – é seguramente errada.

Diante da exaustão e do fracasso desse primeiro experimento intelectual, Platão toma, embora de modo menos sistemático, um outro caminho, o sugerido pelo grafismo da tradição atomista[19]. Nessa nova perspectiva, o sinal gráfico, liberto da conexão orgânica com o fonema, conta com sua forma material e visível. O nome correto será aquele que contém e exibe, nos sinais que o compõem, o *"typos* da coisa", seu selo, sua impressão: uma marca de reconhecimento reduzida ao essencial, mas bem visível (*Crat.*, 432e). Nesse novo contexto, e não por acaso, retoma-se o exemplo dos nomes das letras; mas agora o nome *beta* não é tanto o veículo semântico da *dynamis* de B quanto seu representante figurativo, pois encerra sua forma em si. Os *stoicheîa* dos nomes primeiros deverão, portanto, ser não significativos, mas reprodutivos da coisa, deverão ser *homoia* (iguais ou semelhantes) a ela, tal como as cores da pintura estão para a coisa pintada (434a).

É difícil interpretar o sentido desse segundo experimento platônico, diretamente centrado no sinal gráfico, se não se voltando, para além dos próprios *stoicheîa* do atomismo, em direção de um imaginário ideográfico. Em tão drástica quanto provisória renúncia ao horizonte da escrita fonética elaborado no *Filebo*, o hieróglifo egípcio parece se tornar agora o possível modelo do *stoicheîon* do primeiro nome "correto". E isso pode lançar nova luz sobre a insistência platônica sobre as origens da escrita na terra do Egito.

Renúncia, todavia, provisória, dizia-se. Também o experimento de substituição dos radicais semânticos com radicais (ideo-)gráficos para garantir a consistência do nexo entre o nome e a coisa é levado rapidamente a seu fracasso. O contraexemplo imediatamente evocado é o dos nomes dos números, igualmente primeiros em relação aos das letras, mas incapazes de exibir em sua configuração o *typos* da coisa (435c ss.).

Diante dessa dupla falência não resta a Platão senão propor – com uma nova formulação que não é apenas irônica – o retorno a um critério mais "grosseiro"

---

19. Sobre a natureza "gráfica" dos átomos democríticos, cf. WISMANN, H., Réalité et matière dans l'atomisme démocritéen, e FERRARI, G. A., La scrittura fine della realtà, in: ROMANO, F. (ed.), *Democrito e l'atomismo antico*, Catania, 1980, respectivamente 61-74 e 75-90.

(*phortikon*), e sobretudo mais fraco, de garantia da relação entre linguagem e estado do mundo: aquele da convenção semântica entre os falantes. Abre-se, assim, a via para o desdobramento, além da questão sobre a linguagem e sobre sua infraestrutura gráfica, para a reflexão dirigida às "coisas mesmas".

O que permanece desse questionamento? Em negativo, a renúncia à pretensão de capturar no sinal gráfico, par uma via ou por outra, a essência e a potência das coisas. Em positivo, ainda uma vez, um paradigma "gramatical" que constitui o modelo forte de um saber analítico-combinatório não sem relações, como foi visto, com o mesmo programa do empreendimento dialético; e ainda, um movimento patente em direção da constituição de uma nova ciência, a linguística, que nasce no espaço da relação entre voz e escrita, com a consciência da capacidade dessa última de objetivar, articular, dominar a voz falada, e da autonomia – aceita de má vontade – da língua em relação à realidade[20].

Da escrita ao livro

Ao lado de sua potencialidade como paradigma teórico, há seguramente um incentivo externo que impele Platão à sua reflexão sobre a escrita. Não mais certamente o arcano de uma *techne* há pouco inventada, como havia ocorrido em tempos já longínquos; mas uma verdadeira e recente "revolução cultural", a difusão do livro e sua acessibilidade geral[21]. Para Platão, esse fenômeno parece capaz de alterar profundamente os modos, os conteúdos e os destinatários da comunicação cultural.

---

20. Cf. a este respeito a análise e bibliografia de LESZL, W., Linguaggio e discorso, in: VEGETTI, M. (ed.), *Il sapere degli antichi*, Torino, 1985, 13-44.
21. Sobre as dimensões histórico-culturais do fenômeno, basta aqui nos referirmos a TURNER, E. G., I libri nell'Atene del V e IV secolo a.C. (1952), trad. it. in: CAVALLO, G. (ed.), *Libri, editori e pubblico nel mondo antico*, Roma-Bari, 1975, 5-24; LANZA, D., *Lingua e discorso nell'Atene delle professioni*, Roma-Bari, 1975, 52-87; para a filosofia, cf. CHERNISS, H., Ancient Forms of Philosophic Discourse, in: ID., *Selected papers*, Leiden, 1977, 14-35; cf. também GOODY, J.; WATT, I., The consequences of literacy, in: GOODY, J. (ed.), *Literacy in traditional societies*, Cambridge, 1968, 27-68, em particular 49 ss. Cf., mais recentemente, ERLER, M., Platons Schriftkritik im historischen Kontext, *Altsprachlicher Unterricht*, v. 28, n. 4 (1985) 27-41; NIEDDU, G. F., Testo, scrittura, libro nella Grecia arcaica e classica: note e osservazioni sulla prosa scientifico-filosofica, *Scrittura e civiltà*, v. 8 (1984) 213-261, em particular sobre Zenão e Anaxágoras, 249 ss.

Como a experiência do século V havia demonstrado, a escrita é um instrumento flexível e acessível a muitos (enquanto a forma oral da comunicação requer a credibilidade preliminar do falante, sua capacidade de atrair e dominar um auditório). O livro permite, além disso, uma liberdade quase que ilimitada de discurso, não submetida à censura imediata por parte do auditório; e, sobretudo, se oferece a uma utilização não seletiva, nem no que diz respeito ao círculo de leitores, nem às circunstâncias e razões da leitura[22]. Logo, o livro, de um lado, "democratiza" a circulação cultural, e, de outro, a torna também a-social – para quem almeja um modelo de sociabilidade fechado e coeso – porque isola seu leitor do contexto e do controle do corpo social ao qual pertence[23]. Por todas essas razões, a circulação dos livros se mostra a Platão subversiva em relação a seu projeto de reconstrução de uma cidade fundada na educação coletiva e na coesão cultural, que lhe é necessária; uma potencialidade dos livros confirmada, como veremos, por seus conteúdos efetivos, com frequência irresponsáveis, e, por isso, decisivamente perigosos em relação aos temas centrais do projeto platônico: a verdadeira filosofia, as leis justas, as crenças sobre os deuses.

O fenômeno é preocupante também porque agora radicado e difundido de modo irreversível: os atenienses são suficientemente conhecedores de *grammata* para poder ler o livro de Anaxágoras sobre os astros (*Apol.*, 26d). Sobre o próprio Sócrates, que embora refute de modo tenaz a escrita, o livro age de modo irresistível como uma isca sobre os animais (*Phaedr.*, 230d): não lhe basta ouvir ler os livros de Anaxágoras, mas adquire-os e os lê avidamente, com a maior rapidez possível (*Phaed.*, 98d). A difusão e a fascinação do livro requerem então um esforço dirigido não a uma impossível remoção, mas a limitar, controlar, governar seu impacto a fim de torná-lo compatível com as estratégias do programa platônico.

Os diálogos oferecem, entretanto, ainda que de modo esporádico, uma apresentação das estantes daquela que poderemos chamar de "biblioteca de Atenas".

"Nas *poleis*" – afirma Platão introduzindo o problema da escrita das leis – "há obras escritas e discursos escritos que são obra de muitos autores" (*Leg.*, IX

---

22. Ainda que não explicitamente nomeada, a escrita é provavelmente a responsável por essa vulgarização (*anaphandon*) das doutrinas filosóficas sobre o movimento, outrora escondidas pelos antigos sob o véu da poesia, que os estudiosos modernos disponibilizam também aos sapateiros (*Theaet.*, 180d).

23. Cf., neste sentido, HERDER, R., Die Meisterung, 291.

858c). Essa biblioteca também compreende livros "profanos", que podem levar à profanação, à impiedade e ao ateísmo.

Há sobretudo "obras escritas, com ou sem metro, por poetas e tantos outros que quiseram depositar na memória seu parecer sobre a vida", de Homero e Tirteu a Licurgo e Sólon (*Leg.*, IX 858d-e). Há ainda obras poéticas escritas, mas não musicadas, em verso ou em prosa, e *syngrammata* antológicos deles tomados, que os jovens devem aprender de memória: *sphalera grammata*, escritos perigosos, diz Platão, pela irresponsabilidade de seus autores e o caráter inesperado de seus conteúdos (*Leg.*, VII 810b-811b). Há os livros dos retores, como os de Lísias, igualmente irresponsáveis, e, ademais, capazes de matar a memória, segundo a reprovação feita pelo rei Thamus a Theuth. Fedro tenta aprender de memória o discurso de Lísias, mas depois abandona esse esforço "arcaico" de memorização da comunicação boca-ouvido e se apodera do livro, que deseja recitar de memória; no final, movido por Sócrates, renuncia também a esse exercício e se rende à leitura (*Phaedr.*, 228a-e): um preâmbulo irônico, que precede a grande discussão do *Fedro* entre o inventor da escrita e seu rei na terra do Egito.

Na biblioteca de Atenas existem ainda numerosos manuais de artes, de retórica em primeiro lugar[24] (*Phaedr.*, 266d), gênero literário que se imagina inaugurado por Nestor e Odisseu durante o ócio sob os muros de Tróia (261b), além de medicina (268c): manuais naturalmente incapazes de transformar seus leitores em bons retores ou em bons médicos, porque contêm, no máximo, as premissas das artes (268a ss.).

Mais fúteis ainda são os livros dos sofistas, como o elogio de Héracles, atribuído a Pródico, ou o do sal (*Symp.*, 177b). Mas esses escritos se tornam grotescos e perigosos quando tocam os grandes temas da verdade filosófica e religiosa. Grotescos, como a *Alétheia* de Protágoras, que profetiza do *adyton* não de um templo, mas de um livro obscuro (*Theaet.*, 162a); ou como as fórmulas enigmáticas (*ainittontai*) dos autores de escritos "sobre a natureza e sobre o todo" ao modo de Empédocles (*Lys.*, 214b-d). Mas sobretudo perigosos, como a biblioteca ateniense do ateísmo, produto de uma "ignorância tão mais grave quanto parece ser o máximo da inteligência" (*Leg.*, X 886b).

---

24. A controvérsia do século IV sobre o caráter oral ou escrito da retórica certamente constitui um dos fundos da reflexão platônica: cf. FRIEDLÄNDER, P., *Plato* v. I, 111 ss.; GASTALDI, S., La retorica del IV secolo tra oralità e scrittura, *Quaderni di storia*, v. 14 (1981) 189-216.

Há discursos nossos escritos em livros, alguns em versos, outros em prosa [...] que falam dos deuses. Os mais antigos narram como no princípio houve a primeira natureza do céu e das outras coisas, [...] expõem o nascimento dos deuses e como vieram ao ser os deuses quando tiveram relações entre si (*Leg.*, X 886c).

Esses escritos não são nem louváveis nem úteis, nem ao menos verídicos, ainda que mereçam alguma indulgência por sua antiguidade. "Mas deixemos e digamos adeus ao que diz respeito a essas coisas antigas [...]. Devemos agora acusar as obras de nossos modernos e sábios na medida em que são causa dos males" (*Leg.*, X 886d): esses livros negam, como se sabe, a divindade dos astros e a existência de qualquer providência divina.

Tudo aquilo que existe nas estantes da *polis*, tudo aquilo que a escrita oferece a uma circulação cultural difusa e indiscriminada, é, portanto, inútil ou nocivo: esses livros enfraquecem a memória, oferecem ao consumo jogos intelectuais fúteis, dão a seu leitor a ilusão, mas não a realidade do saber, minam as crenças tradicionais sem poder substituí-las por outras mais verdadeiras. Quando se coloca a questão crucial do livro filosófico – o livro da verdade por excelência – Platão esclarece como a má qualidade da biblioteca de Atenas não depende somente da irresponsabilidade ao mesmo tempo teórica e moral de seus autores, embora mais intrinsecamente da mesma forma-livro, da falha que a escrita opera em seus conteúdos.

Três obras podem representar a tipologia do livro filosófico (além dos escritos sofísticos dos quais já se falou). Em um extremo, há o livro de Anaxágoras, verdadeiro *best-seller* do ateísmo na apresentação que dele faz Platão (*Apol.*, 26d, *Phaed.*, 97b ss.).

Ao lado deste, um livro nada desprezível, de autor "sério" (*spoudaios*) como Zenão de Eleia: que sente, contudo, o dever de justificar tanto a publicação – o livro lhe foi roubado antes que pudesse decidir se lhe "daria à luz" ou não – quanto a composição: foi escrito, com efeito, para oferecer "alguma ajuda" (*boetheia*) ao *logos* de Parmênides (*Parm.*, 128c-d). Justificação de fato insuficiente à luz da passagem do *Fedro*, na qual é o livro, mudo e impotente nas mãos de todos, a ter necessidade de "ajuda do pai"-autor (*Phaedr.*, 275e). E enfim, no extremo oposto, há o "livro de Platão": feito, no entanto, não do filósofo, mas antes significativamente do tirano siracusano Dionísio, que se apoderara com um ato de força do *logos* do mestre e o enrijecera na própria escrita (*Ep. VII* 341b). Mas Platão resiste a essa imposição tirânica da forma-livro a seu pensamento: ele não o reduzirá jamais a *syngramma*, pois a filosofia não é comunicável (*rheton*) como as outras disciplinas, mas se acende de improviso na alma após o trabalho da *synousia* dialética (342c); nem nesse campo os *syngramma* podem valer – como ocorre para os outros saberes e como o *Fedro* havia concedido (*Phaedr*., 275d) – como pró-memória, *hypomnemata*, pois aquilo que de fato é importante em filosofia não se esquece uma vez que tenha deixado seu traço na alma (*Ep. VII* 344d). Mesmo que aconteça de um autor "sério" consignar algo à escrita, não serão certamente suas coisas mais sérias: retorna o tema da escrita como "jogo" (*paidia*), como tesouro de recordações destinadas sobretudo a nós mesmos, remédio contra o esquecimento da velhice, do qual o *Fedro* havia falado (276d).

Se os manuais das *technai* têm, portanto, alguma legitimidade, embora não bastando para gerar o saber, o manual filosófico não tem nenhuma, não pode e não deve existir: quando isso ocorre, ele se torna inevitavelmente ateu ou "tirânico". Põe-se, igual e inevitavelmente, nesse ponto, o problema da escrita filosófica de Platão. O *Fedro*, e ainda mais a *Carta VII*, excluem que ela possa ser levada "a sério": a verdadeira filosofia não ocorre senão no "discurso vivo e animado", "escrito com a ciência na alma", da qual aquilo que está escrito no livro é no máximo um irmão, ou melhor, um *eidolon* (*Phaedr*., 276a)[25].

Esse discurso vivo é capaz de selecionar seus interlocutores legítimos – diante do anonimato vulgar dos leitores de livros –, de defender-se e de ensinar – diante do opaco mutismo do outro[26] –, enfim, de determinar a conversão crucial, na qual está em jogo a essência do platonismo, da palavra dialética à visão ontológica, do *logos* ao *eidos*. Se tudo isso pode parecer óbvio, a aposta que está em jogo no conflito das interpretações é alta. Não levar "a sério" a escrita de Platão pode significar a referência, para além dela, a um *corpus* doutrinal "sério", portanto, fechado sistematicamente, e metafísico, cujo ponto de referência explícito será buscado, mais ou menos, no neoplatonismo; ou ainda – segundo uma perspectiva neokantiana – pode significar, por outro lado, uma consciência platônica dos limites do texto escrito, de suas condições de uso nos contextos da comunicação, enfim, da impossibilidade de fechamento de qualquer sistema

---

25. Sobre este problema, podemos consultar as ponderadas considerações de JOLY, H., *Le renversement platonicien. Logos, episteme, polis*, Paris, 1974, 111 ss. Cf. também DERRIDA, J., *La pharmacie de Platon*, in: ID., *Dissémination*, Paris, 1972; as observações de CHARRUE, J. M., Lecture et écriture dans la civilisation hellénique, *Revue de Synthèse*, v. 83-84 (1976) 219-249; sobre Platão, 232 ss.

26. Sobre a incapacidade do livro de "questionar e responder", sobre sua compulsão de "repetir a mesma coisa indefinidamente", cf., além de *Phaedr*., 275d, *Prot*., 329a.

filosófico[27]. Está em jogo, como se vê, o sentido do platonismo: um jogo provavelmente sem fim, do qual se ocupou a tradição filosófica ocidental, e cuja indecidibilidade hermenêutica diz muito sobre a ambiguidade originária do próprio platonismo.

A bem dizer, com efeito, a *Carta VII* não assinala somente a inadequação da escrita em relação ao discurso vivo da filosofia, mas insiste sobretudo no limite absoluto da palavra filosófica, escrita ou falada: um limite conexo ao caráter não exprimível discursivamente (*rheton*), mas só intuitivamente visível da verdade mesma. Há, portanto, uma dupla substituição, que é também decadência: da visão pela palavra (e isso faz com que se duvide de modo radical que Platão possa ter considerado as "doutrinas orais" como expressão adequada da verdade)[28]; e do diálogo falado por sua transcrição. Ambas as substituições parecem compensar sua inadequação com uma igual necessidade: a de representação mimética do nível superior[29], e de preparação educativa para ele. Sobre isso se retornará adiante; por ora, como havia sido dito, prefiramos penetrar no labirinto oferecido pelas declarações platônicas explícitas. Leremos, portanto,

---

27. Um exemplo nesse sentido é a posição recente de WIELAND, W., *Platon und die formen des wissens*, 13 ss., 53 ss.

28. Nesse sentido, as observações de CHERNISS, H., *The riddle of the early Academy*, New York, 1962, 11. De acordo com GAISER, K., *Name und Sache*, 47-48, os princípios básicos de acordo com Platão não são "totalmente inefáveis. Na verdade, eles podem ser formulados muito bem verbalmente": aparentemente, isso fez muito mais sucesso na escola de Tübingen do que ao próprio Platão. Que há algo que "não pode ser transmitido por palavras", que não se pode eliminar o "sudden flash of insight" ["lampejo repentino da percepção"], também é concedido por SZLEZÁK, T. A., The acquiring of philosophical knowledge according to Plato's Seventh Letter, 363. Pelo contrário, é certo que o limiar da inefabilidade é constantemente posto à prova pelo trabalho (na verdade, pela "batalha", cf. *Resp.*, VII 534c) do discurso dialético, que continuamente retrocede sua proposta de sentido na espera, ou no lugar, da visão última do fundamento.

29. Assim como a escrita é o *eidolon* do *logos* vivente (*Phaedr.*, 276a), o diálogo é o *eidolon* da própria verdade (cf. por exemplo, *Resp.*, VII 533a). Escrita e diálogo, portanto, são comparados a voz e verdade na posição do *eidolon* de Helena em Tróia, segundo a mesma versão do mito valorizada pelo próprio Platão (*Resp.*, IX 586c). Assim como a Guerra de Tróia, o trabalho filosófico, portanto, parece se desdobrar em torno do simulacro do que está ausente. A fala pode assumir uma curvatura inesperada se presumirmos, como faz HAVELOCK, E. A., *Dike. La nascità della coscienza* (1978), trad. it. Roma-Bari, 1981, 405-406, de que o primado da visão é um "reflexo da crescente, embora inconsciente preponderância da palavra escrita sobre a falada, da palavra vista sobre a ouvida". A extremidade inferior da escala determinaria, portanto, a superior. Mas é possível atribuir tal inconsciência da escrita a Platão?

no preâmbulo do *Teeteto*, a regra (irônica) e o sentido da não seriedade da escrita dos diálogos.

Como é fabricado um diálogo platônico, segundo a versão do narrador do *Teeteto*, Euclídes? Na fonte do diálogo escrito existe, naturalmente, um diálogo falado e "vivo", aquele entre Sócrates e Teeteto, que se supõe ocorrido trinta anos antes, e que Euclídes não pode relatar de viva voz (*apo stomatos*), por não o ter assistido. Mas, ouvindo logo o primeiro relato de Sócrates, havia tomado notas, *hypomnemata*; depois com calma havia composto tudo o que recordava, pedindo aos poucos a Sócrates para preencher as lacunas, até que no final "todo o discurso havia sido escrito" (*Theaet.*, 143a). Mas não é nessa forma, na forma da narrativa de Sócrates, que o jovem lerá o livro em que o diálogo foi depositado (pois tornar-se agora, como de regra em Platão, um diálogo dos mortos). Euclídes escolheu apresentar o Sócrates dialogante (*dialegomenon*) com os outros personagens: ou seja, eliminou as partes narrativas e empregou apenas o discurso direto. Após esse complexo percurso intermediário, a escrita, originada pela voz de Sócrates, cede novamente lugar a uma voz, a do jovem leitor (*Theaet.*, 143b-c).

Tecnicamente, não há dúvida que Euclídes-Platão faça aqui referência explícita ao modelo da escrita teatral, que é definido com os mesmos termos na *República*: "Quando se suprimem as palavras intercaladas do poeta entre um discurso e outro e se deixam os diálogos [...] tem-se a tragédia" (*Resp.*, III 394b)[30]. Mas sobretudo teatral é toda a sequência de geração do diálogo: o evento originário, o diálogo, situado em um passado não longínquo, mas marcado por seu fechamento pela morte dos protagonistas; a narrativa, ou propriamente o "mito"; a composição do diálogo escrito; enfim, a encenação que se realiza na leitura e devolve ao diálogo sua voz (o *Teeteto* produz antes um efeito de "teatro no teatro", pois os dois protagonistas do primeiro diálogo, que se supõe falado, Euclídes e Terpsion, são depois os expectadores do segundo, do qual Euclídes é também o autor).

---

30. Uma análise das partes narrativas dos diálogos pode mostrar que, em muitos casos, eles fornecem ao ouvinte/espectador informações "cênicas" (cf. ANDRIEU, J., *Le dialogue antique*, Paris, 1954, 306-307, 318-319). Não é necessário lembrar a famosa anedota de Diógenes Laércio, 3.5; Segundo Trasillo, Platão também publicou os diálogos em tetralogias, à maneira dos tragediógrafos (DL 3.50). Porém, a teatralidade dos diálogos não deve ser pensada no sentido de que sua "publicação" (um problema ainda em aberto) se deu por meio de sua recitação nos Jogos, com Platão no papel de Sócrates, segundo a improvável tese de RYLE, G., *Plato's progress*, Cambridge, 1966, 21-54.

Que o diálogo se defina na dimensão teatral, seja transformando os leitores em espectadores-ouvintes, seja visando se colocar como a "verdadeira tragédia" capaz de substituir aquelas da tradição, é de resto dito muitas vezes pelo velho Platão (*Criti.*, 108b; *Leg.*, VII 817b-c). Sua relação com a verdade serve certamente para pôr o diálogo filosófico a salvo da censura que atinge as outras formas teatrais[31]. Mas não pode esconder outros dois de seus aspectos, que compartilha com toda a dimensão teatral à qual pertence. O primeiro é a presença inelimínável, constitutiva, da escrita como registro (imaginário), suporte, regra da voz dialogante. Se é impossível e ilegítimo escrever o manual filosófico, será, ao contrário, legítimo e possível escrever teatro filosófico, que pode simular, ou seja, representar, os modos da comunicação verídica entre as almas. Certamente continua difícil entender como esse teatro pode se subtrair da censura psicológica que a *República* moveu contra a tragédia: um dispositivo que apaga o autor, fragmenta e pluraliza a unidade, tanto do narrador, quanto do sujeito ouvinte, induzindo dinâmicas incontroláveis de identificação (*Resp.*, III 395a ss.).

O segundo aspecto, ao contrário, dá conta da necessidade, da razão secreta desse teatro filosófico: segundo a análise do *Górgias*, "nos teatros os poetas fazem retórica [...] que tem todo o povo como ouvinte" (*Gorg.*, 502c-d). Do teatro, a réplica filosófica espera, portanto, derivar eficácia retórica, capacidade persuasiva universal posta a serviço de um projeto de nova fundação da cidade[32].

Tanto mais porque ela está em condições, de modo diverso da tragédia, de "pôr em cena" o espectador que quer convencer, de fazer dele um protagonista da ação representando e controlando, portanto, não apenas o esforço de persuasão, mas também os progressivos efeitos que determina em seu destinatário: o livro I da *República* é, nesse sentido, o mais espetacular, mas certamente não

---

31. Cf., a esse respeito, as amplas (mas nem tão convincentes) observações de LABORDERIE, J., *Le dialogue platonicien de la maturité*, Paris, 1978, 91 ss. (em particular sobre o *Teeteto*, 395 ss.).

32. Sobre esses temas, é preciso referir-se a alguns escritos de alguma forma "clássicos": HIRZEL, R., *Der Dialog*, v. I, Leipzig, 1895 (que define a forma dramatúrgica de Platão "ein Tribut an den herrschenden Zeitgeist", 205); FRIEDLÄNDER, P., *Plato*, v. I, 121 ss.; GADAMER, H. G., Platone e i poeti (1934), trad. it. in: ID., *Studi platonici 1*, Casale Monferrato, 1983, 185-215; KUHN, H., The true tragedy. On the relationship between greek tragedy and Plato, *Harvard Studies in Classical Philology*, v. 52 (1941) 1-40; v. 53 (1942) 37-88. Cf. também HAVELOCK, E. A., *Dike*, 401 ss.; e, sobre o caráter trágico do livro VIII da *República* (545d), JANKE, W., Alethestate tragoidia, 251-260. Cf., mais recentemente, NUSSBAUM, M. C., *The fragility of goodness*, Cambridge, 1986 (especialmente *Plato's anti-tragic theater*, 122-135) [trad. bras.: *A fragilidade da bondade*, São Paulo, Martins Fontes, 2010 (N. do T.)].

o único exemplo de convocação de "todo o povo" sobre a cena do diálogo, de transformação do leitor/espectador em personagem da ação cênica[33].

Escrever filosofia é necessário para representar de modo persuasivo a filosofia e sua pretensão ao comando; escrevê-la na forma de teatro é o único modo possível para conjugar o máximo de eficácia retórica, no contexto da "teatrocracia" ateniense (*Leg.*, III 701a), com o máximo de negação de uma presença tanto inevitável quanto embaraçosa como a da escrita. A ambiguidade do recurso platônico à escrita filosófica, embora na recusa explícita – de matriz socrática – da possibilidade de um livro filosófico, repete, portanto, a ambiguidade da própria experiência teatral[34]. Isso certamente não resolve os problemas hermenêuticos dos quais se falou, mas talvez proponha uma dimensão diferente para repensá-los.

Em todo caso, o jogo irônico de espelhos entre voz e texto oferece a Platão uma saída para poder escrever aquilo que não deveria ser escrito. Mas a questão se coloca de modo ainda mais agudo em torno de um problema decisivo como o da escrita das leis.

Escrever as leis?

A biblioteca da cidade coloca, em seu lugar de honra, um gênero particular de escrita, a das leis e dos decretos[35]. Os mesmos homens mais poderosos e ilustres nas *poleis*, que se envergonham de compor e de deixar discursos escritos porque

---

33. Sobre o tema nietzschiano do "espectador em cena" em Eurípides, cf. LANZA, D., Lo spettatore sulla scena, in: LANZA, D. et al., *L'ideologia della città*, Napoli, 1977, 57-78; sobre a "encenação" da *República*, cf. LABORDERIE, J., *Le dialogue platonicien*, 402 ss.; sobre a cidade nos diálogos, de maneira geral, VIDAL-NAQUET, P., La société platonicienne des dialogues, in: *Aux origines de l'hellénisme. Hommage à Henri van Effenterre*, Paris, 1984, 273-293. Nesse sentido (mesmo sem a necessidade de aceitar hipóteses "esotéricas") estão as observações de SZLEZÁK, T. A. Dialogform und Esoterik, *Museum Helveticum*, v. 1 (1978) 18-32: o autor Platão assume também a responsabilidade pela interpretação de seu texto, segundo uma modalidade arcaica que esta era entre o privilégio da oralidade e o domínio da escrita tende a tornar anacrônica.

34. Cf., a esse respeito, o importante ensaio de SEGAL, Ch., Tragédie, oralité, écriture, *Poétique*, v. 50 (1982) 131-154.

35. A característica que as leis oferecem à vida da cidade é comparada no *Protágoras* (326d) ao que os mestres gravam com o estilete na tábua para ensinar a escrever às crianças: mais uma conexão metafórica entre lei e escrita.

temem ser tomados por sofistas, ou seja, por autores e vendedores de discursos por causa dos outros[36], amam, contudo, essa forma particular de logografia: seus *syngrammata* consistem justamente nas leis, uma escrita em virtude da qual figuras como Licurgo, Sólon, Dario, obtiveram honra eterna (*Phaedr.*, 257d-258c). A difusa aprovação social da escrita legislativa, o *syngramma politikon*, não a subtrai, contudo, da crítica do *Fedro*: ela não possui nem estabilidade (*bebaiotes*) nem certeza (*sapheneia*), e é antes motivo de vergonha para seu autor porque tem os contornos vagos do sonho em que, diante de questões do justo e do injusto, do bem e do mal, caberia o rigor da verdade dialética (277d-278a).

É tarefa do *Político* a retomada e o aprofundamento dessa crítica à escrita das leis. Há dois tipos de legislação: a oral, baseada nas tradições dos pais – própria, como sabemos pelas *Leis*, dos primitivos e dos bárbaros – e a constituída por leis escritas. Rígidas, inadaptáveis à mudança das situações, hostis por sua própria natureza a toda mudança para melhor, essas últimas são tais que determinam a esclerose da vida social, a destruição das *technai*, a paralisia do progresso (*Pol.*, 269a ss.). Elas são, no máximo, um substituto, um remédio para a ausência do verdadeiro político e legislador: tal como um médico, que, partindo, pode deixar aos pacientes um pró-memória escrito da terapia a ser seguida, tão logo tenha voltado o abandona e se adapta à nova situação (295c ss.). A lei escrita não é senão imitação da verdade, na qual, em presença da *techne* régia, o dialético rei, o *mimema* perde todo sentido e deve abrir espaço à plena verdade da política, capaz de governar as situações sempre mutáveis em relação a uma posse estável da *episteme* (300c-e).

Contudo, no *Político* há uma importante concessão em relação à rigidez crítica do *Fedro*. Na ausência, ou na espera, do verdadeiro rei e de sua ciência, o melhor é que toda a *politeia* se atenha a um rigoroso respeito à lei escrita, que ao menos pode preservá-la do arbítrio tirânico. O espaço da lei escrita se estende entre o poder do rei-filósofo e o do tirano, que constitui sua contrapartida (*Pol.*, 300e-301c).

Um passo posterior nessa direção é dado no diálogo sobre as *Leis*, no qual Platão parece, sob certos aspectos, realizar uma refutação precisa e pontual das teses extremas do *Fedro*. As leis são as melhores e mais belas de todas as

---

36. O desprezo pela logografia, por seu aspecto mercenário, é certamente difundido na sociedade ateniense entre os séculos V e IV. Platão o generaliza em uma rejeição da escrita política, o que representa, no entanto, um problema mais complexo: se Péricles não escreve discursos, oligarcas como Crítias e o autor da *Constituição dos atenienses* o escrevem.

grammata existentes na cidade. Elas deverão parecer aos cidadãos como pais e mães amorosos (é o caso de notar que enquanto no *Fedro* a escrita tinha necessidade de um pai, aqui ela mesma é pai), não como um tirano que prega nos muros seus editos despóticos; e por isso deverão ser precedidas por amplos proêmios que persuadam os cidadãos e os eduquem na obediência (*Leg.*, IX 858c ss.)[37]. A função das tradições orais e pátrias é aqui reduzida àquela do tecido conectivo, de envolvimento protetor que garante o *corpus* das leis propriamente ditas, que devem ser escritas (VII 793a-b). As disposições escritas das leis, capazes de dar conta (*elenchos*) de si, gozam de uma estabilidade total (*pantos eremei*) (X 891a): também aqui não é difícil medir a distância do *Fedro*, no qual à escrita, muda e incapaz de se defender, faltava precisamente estabilidade e certeza. Mas há mais: as *grammata* do legislador serão uma pedra segura de comparação (*basanos sapbes*) de todos os outros discursos; os juízes deverão conservá-las em si como antídoto, *alexipharmakon*, que os proteja do murmurar das vozes da cidade (XII 957d).

A escrita das leis, recusada no *Fedro*, apenas tolerada no *Político* como remédio para a ausência do rei, triunfa, portanto, no último Platão como regra fundamental da vida da cidade, como cânon de todo discurso possível. E a cidade das *Leis* é repleta de escrita: escrevem-se, além das leis e de seus proêmios, as tabuletas para a eleição dos magistrados (V 753c), suas eventuais condenações (VI 755a), os títulos de propriedade da terra – memória escrita para o futuro – (V 741c), os testamentos (XI 923c). É notável que a escrita acompanhe nas *Leis* justamente momentos da vida social ignorados ou banidos da *República*, como os mecanismos eleitorais e sobretudo a propriedade patrimonial do *oikos*. Mas é ainda mais notável que essa escrita das *Leis* possa consumar seus fastos somente a preço de um retorno às suas originárias modalidades "egípcias": é escrita do poder e do sacerdócio, conservada sobre os altares e nos templos (741c, 753c, 856a).

Platão parece recuperar assim, por último, a plena legitimidade social da escrita, mas com uma série de condições pesadas, que a sequestram da livre circulação cultural: o controle de sua produção, confiado ao legislador, de seus conteúdos, que deverão consistir no comando, na norma e na educação para a

---

37. Platão, sem dúvida, reformula uma experiência ateniense aqui: os longos decretos dos séculos V e IV são precedidos por uma ampla síntese do discurso do proponente. Sobre a função dos proêmios às leis, cf. GASTALDI, S., Legge e retorica. I proemi delle Leggi di Platone, *Quaderni di storia*, v. 20 (1984) 69-109.

obediência, e, enfim, dos espaços de sua publicação. Essa escrita normalizada e normativa parece destinada a reabsorver, nas *Leis*, também o ambíguo teatro filosófico, e constituir ela mesma a "verdadeira tragédia"[38]. Quanto aos outros livros, que não podem ser banidos como os dos ateus – ou seja, a recordação das artes, as compilações poéticas e assim por diante –, sobre eles pesam a desconfiança do legislador, o descrédito que atinge os autores, a incerteza da publicação e da divulgação (basta recordar o livro "roubado" de Zenão, o de Lísias, que Fedro esconde sob o manto, o execrável manual do tirano Dionísio).

Contudo, uma avaliação geral da presença das dinâmicas da escrita em Platão certamente não pode se deter nas *Leis* e em sua rígida codificação da palavra escrita.

O sistema vicariante

A análise até aqui realizada permite, segundo um plano de leitura transversal ao texto platônico, recompor elementos diversos em um perfil sistemático do lugar e das funções da escrita. Um sistema de proximidade e diferenças, articulado em uma longa série de duplas só aparentemente polares.

Gramma/stoicheîon: a letra *não* é elemento, mas a escrita alfabética constitui o modelo do saber dos elementos.

Escrita/matemática: um saber baixo e outro alto, que têm, todavia, a mesma origem e a mesma forma combinatória.

Gramma/phone: na qual o primado pertence à voz, ao "discurso vivo", que, contudo, diz respeito à capacidade analítica da escrita de articular e transformar em "língua".

Escrita/filosofia: o livro filosófico não pode existir, mas, por sua vez, o discurso da filosofia não pode ser senão transcrito.

Escrita/lei: a verdadeira lei é a viva voz do verdadeiro rei, mas em seu silêncio é preciso escrever as leis.

---

38. Aqui (*Leg*., VII 811e) há toda um anseio pedagógico de "não abandonar" o discurso filosófico sobre as leis, de o lançar ao circuito da escrita educacional, como se a ausência (do professor-Sócrates, da verdade, do rei legislador) pudesse ser mais suportável. Platão prescreve que os *nomophylakes* e os *paideutai*, se encontrarem discursos não escritos como os encenados nas *Leis*, "não os deixem escapar de forma alguma, mas escrevam [*me methienai* [...] *grophesthai de*]" e obriguem os *didaskaloi* a aprendê-los e ensiná-los. Cf. a este respeito GAISER, K., *Name und Sache*, 107ss.

Escrita/memória: a escrita danifica a memória individual, mas, ao mesmo tempo, produz e conserva a memória social.

Escrita/alma: a escrita é oposta à alma, que, contudo, pode ser metaforizada como um livro escrito pelo *grammateus* interior que são nossa memória e nossas sensações (*Phil.*, 38e-39a).

Parece, portanto, que a escrita tende pouco a pouco a preencher os espaços deixados (provisoriamente?) livres pela ausência do verdadeiro saber, da verdadeira memória, da verdadeira voz, do verdadeiro rei. Um sistema provisório e vicariante, uma sombra, ou melhor, um "duplo", do qual deve ser mantida sob controle a pretensão de substituir definitivamente a outra polaridade, alta e solar. Reciprocamente, são a ausência, o sempre protelado advento dessa outra polaridade que marca o caráter precário, limitado, de umbral, da dimensão da escrita, todavia insubstituível (bem como, na *República*, a distância sideral da ideia do bem tornava simultaneamente provisório e indispensável o trabalho da dialética, suas metáforas, seus mitos). Na espera da transparência do nome, da iluminação da alma, da ascensão ao poder do rei filósofo, a dimensão da escrita gera paradigmas de conhecimento, projetos de saber, formas de coesão política, objetos intelectuais.

Platão elabora uma irrepetível fusão entre arcaísmo e profecia de um novo mundo. De ponto de vista histórico, todavia, ele não escapa de uma colocação precisa: sua interrogação sobre a escrita, sua prática de transcrição das palavras dos mortos (mas de mortos recentes, como quase todos os personagens dos diálogos), situa-se no sutil limiar entre duas épocas, a de Sócrates e a de Aristóteles – ligadas, respectivamente, ao privilégio da palavra e ao do texto. Um breve intervalo, uma condensação de possibilidades abertas: destinadas a constituir uma miragem recorrente para a filosofia, mas um ponto de inflexão irreversível para a história cultural da escrita no Ocidente. E também a consolidar um caráter específico do antigo: o de ser uma civilização permeada de escrita que, todavia, nunca foi uma civilização do Livro nem dos livros[39].

---

39. Cf., neste sentido, as importantes observações de VERNANT, J.-P., *Divinazione e razionalità* (1974), trad. it. Torino, 1982, 15 ss.

CAPÍTULO DÉCIMO

Gláucon e os mistérios da dialética[1]

A intervenção de Gláucon no livro VII da *República* (532d-e) desempenha, como com frequência ocorre no diálogo, um papel estratégico em relação a seu desenvolvimento teórico. Gláucon ouviu de Sócrates suas indicações sobre a dialética, e em particular a estrita conexão com o "bom", que lhe confere como âmbito específico o "lugar" mais elevado do campo noético-ideal. Ele inaugura sua intervenção destacando a persistente falta de *homologia*, de consenso dialógico sobre as argumentações de Sócrates: "parecem-me coisas extremamente difíceis de se admitir" (532d3: χαλεπὰ μὲν ἀποδέχεσθαι), embora admita, de outro lado, seu caráter persuasivo ("difíceis de não se admitir"). Essa ausência de *homologia* impõe, segundo Gláucon, a necessidade de um reenvio a discussões posteriores e repetidas, que podem eventualmente conduzir a um nível mais sólido de consenso: "não se deve ouvir falar delas somente nesta ocasião [532d4s.: ἐν τῷ νῦν παρόντι][2], mas será preciso retornar a elas muitas vezes". De momento, Gláucon está disposto a aceitar as teses socráticas somente a título de hipóteses (532d6: ταῦτα θέντες ἔχειν ὡς νῦν λέγεται). Mas para desenvolver a discussão, e ir além das rapsódicas indicações socráticas sobre as características, as tarefas e os privilégios da dialética, Gláucon tem um pedido preciso a

---

1. Texto originalmente publicado em LISI, F. L. (ed.), *The ascent to the good*.
2. Gláucon repete aqui, para adiar seu assentimento, as mesmas fórmulas de reticência que Sócrates usara na discussão sobre o "bom": τὸ νῦν, τὴν παροῦσαν ὁρμήν (506e2), ἐν τῷ παρόντι (509c9s.). Para uma fórmula semelhante, cf. também *Tim.*, 48c5.

fazer, que ele formula com o rigor conceitual que lhe é habitual. Até aqui nos limitamos ao "proêmio" do discurso, ele argumenta, agora é preciso adentrar no verdadeiro *nomos* da dialética (532d6 s.): a metáfora musical remete ao completo deslocamento argumentativo da análise, à saturação metódica do espaço teórico que Sócrates discutiu.

Gláucon exige, portanto, que Sócrates ilustre, acerca da *dynamis* dialética: *a)* qual é sua modalidade específica (o *tropos*); *b)* sob que formas (*eide*) se distingue; *c)* quais são seus procedimentos (*hodoi*: 532d8-e1). O que é pedido, portanto, é uma definição formal, teoricamente completa, do método dialético, que esclareça seu estatuto epistemológico, do mesmo modo em que no livro VI Adimanto havia pedido uma definição conceitualmente precisa da ideia do bom; também nesse caso, a exigência de Gláucon é determinada pela novidade da proposta socrática, e pela consequente incerteza de seus conteúdos, que tornam impossível a concepção de um consenso imediato por parte dos interlocutores.

A resposta de Sócrates é nesse caso (muito mais que na discussão sobre o "bom") surpreendente por sua reticência, que assume um tom quase agressivo no contexto dialógico. Enquanto no caso do "bom" Sócrates havia tentado evitar uma resposta a Gláucon, aduzindo a própria inadequação, agora debita em primeiro lugar essa inadequação justamente a seu interlocutor: "não estarás mais [...] em condições de seguir-me (Οὐκέτ' [...] οἷος τ'ἔσῃ ἀκολουθεῖν) pois não descuidarei certamente de fazer qualquer esforço [*prothymia*]" (VII 533a1 s.). Na discussão sobre a ideia do bom, o esforço, a *prothymia*, eram aqueles que Sócrates se declarava disposto a fazer na investigação, embora sua incapacidade (οὐχ οἷος τ' ἔσομαι) corresse o risco de expô-lo ao ridículo (VI 506d7 s.). Agora, ao contrário, esse esforço não é do investigador incerto, mas o do mestre diante de um aluno inadequado: uma situação de fato muito pouco "socrática", que inverte aquela na qual Sócrates se encontrava diante de Diotima no *Banquete*. Nesse contexto, era a sacerdotisa que temia a incapacidade de Sócrates (οὐκ οἶδ' εἰ οἷος τ'ἂν εἴης, 210a2) para segui-la na via da iniciação aos mistérios de *eros*, não obstante estivesse disposta a empenhar toda sua *prothymia*.

Sócrates, contudo, atenua imediatamente essa posição "magistral", essa violência dialógica em relação a seu interlocutor, introduzindo uma segunda razão de sua reticência, que desta vez, de modo mais habitual, diz respeito à natureza mesma de seu saber: "não descobrireis mais uma imagem daquilo sobre o que falamos, mas a própria verdade [αὐτὸ τὸ ἀληθές], ao menos como ela me aparece [ὅ γε δή μοι φαίνεται]. Se é realmente assim ou não, não é ainda o caso de afirmá-lo estritamente [*diischyrizesthai*]" (VII 533a3 s.). A condição do saber socrático sobre a dialética é, portanto, aquela mesma, doxástica, que caracterizava também suas perspectivas sobre o "bom" (τὰ δοκοῦντα, VI 509c3). Isso pode explicar o tom agressivo inicialmente adotado por Sócrates em relação a Gláucon: seu pedido é "impertinente" porque excede os limites do contexto dialógico já esclarecidos naquela ocasião.

Gláucon se mostra, portanto, provavelmente incapaz de seguir Sócrates em um caminho que este esteja em condição de indicar, mas não de percorrer com o rigor epistêmico requerido pela pergunta estratégica em torno dos métodos, às *eide* e ao *tropos* da dialética. Mas por que essa dupla inadequação?

Uma resposta completa à pergunta de Gláucon mostra-se formulada no *Fedro*, sem que a forma da escrita enquanto tal imponha a si alguma reticência. De um ponto de vista "técnico", a *dynamis* dos discursos apresenta duas *eide*, as das divisões e das sínteses (τῶν διαιρέσεων καὶ συναγωγῶν, 265c9, 266b4):

sempre que considero alguém capaz de dirigir o olhar para uma unidade, que seja também por natureza divisível em multiplicidade, eu o sigo [...]. E precisamente aqueles que são capazes de algo assim, denomino-os, até hoje, e se a expressão é ou não correta o deus o sabe, de dialéticos (266b).

Recorrer a um contexto dialógico diverso para responder uma pergunta formulada na *República* pode parecer incorreto, e de fato o seria se também em nosso diálogo não se acenasse claramente para uma concepção da dialética similar àquela mais amplamente desenvolvida no *Fedro*. Em uma passagem que precede a problemática da ideia do bom, o *dialegesthai* autêntico é distinto da argumentação erística por sua capacidade metódica de operar divisões, *diareseis* (V 454a6: τό [...] δύνασθαι κατ᾽ εἴδη διαιρούμενοι τὸ λεγόμενον ἐπισκοπεῖν). Uma concepção da dialética como técnica diairética já está, portanto, presente na *República*, e também seu segundo *eidos*, o sintético, está de alguma maneira implícita pelo caráter sinótico (*synopsis*, VII 537c2 s.) que lhe é atribuído no diálogo.

Por que, então, Sócrates não adentra nesse terreno seguro – destinado a ser explorado em formas solidamente epistêmicas no *Sofista* – e prefere deter-se em uma reticência atribuída à inadequação antes referida agressivamente a Gláucon e depois também às suas próprias convicções? A resposta a essa questão não pode senão remeter à peculiar arquitetura teórica da *República*. O saber dialético mantém aqui – diferentemente do que acontece em outros diálogos, como o *Fedro* e o *Sofista* – uma relação constitutiva com a enigmática ideia do bom, que constitui seu *telos*, o objeto privilegiado e ao mesmo tempo a razão de ser como saber destinado e legitimado ao poder. Se o "bom" é o fundamento da supremacia da dialética, seu estatuto ontológico ambíguo – no limite do ser e além da *ousia* noético-ideal – reverbera no estatuto epistemológico da própria dialética, assegurando-lhe a supremacia como "fastígio" do edifício das ciências e simultaneamente tornando incerto seu perfil metódico.

Em outros termos, o caráter excedente da dialética faz com que o conjunto das *epistemai* e das *technai*, embora reformadas e refundadas, não constitua senão um "proêmio", um prelúdio ao "canto", ao *nomos* que a dialética deve finalmente executar (531d8). Mas o pedido de Gláucon para passar finalmente à execução desse *nomos* após a longa análise do proêmio (532d6 s.), embora pareça de todo razoável, excede os limites que a discussão sobre o "bom" havia claramente indicado. Antes ainda que Gláucon a formulasse, Sócrates havia sustentado que na "capacidade de dar e receber razões" (532e4 s.) consistia "o canto que a dialética realiza" (532a1 s.: οὗτος ἤδη αὐτός ἐστιν ὁ νόμος ὃν τὸ διαλέγεσθαι περαίνει). O *nomos*, o "canto" epistêmico da dialética, coincide na *República* – ao contrário do que acontece em outros diálogos e a despeito das exigências de Gláucon – com sua discursividade "proemial", com a instância crítico-fundadora que ela representa em relação às postulações "hipotéticas" tanto no âmbito dos saberes matemáticos quanto no ético-político. A referência constitutiva de um objeto situado "além da *ousia*" determina, portanto, o caráter "insaturado" do saber dialético, sua estrutural abertura proemial do qual é impossível exigir o seguimento do *nomos*.

A única resposta possível à pergunta de Gláucon consistirá, portanto, em descrever o trabalho que constitui a tarefa da dialética, no qual se explica sua eficácia, sua *dynamis*, que corresponde, na discursividade humana, àquela *dynamis* na qual consistia a supremacia causadora do "bom" no campo ontológico e epistêmico. É, pois, essa descrição, ao invés de uma impossível definição de *tropos*, *hodoi* e *eide*, que Sócrates proporá a Gláucon no contexto do diálogo.

Portanto, a dialética inicia seu trabalho com uma abordagem crítico-negativa, "retirando as hipóteses" (533c8), ou seja, mostrando sua falta de fundamento e deslocando-se de seu nível em direção ao princípio fundador (VI 511b5). Essa refutação das hipóteses ocorre, contudo – e aqui foi assinalado o limite da separação entre a dialética da *República* e o habitual *elenchos* "socrático" – não segundo a *doxa*, mas segundo a *ousia* (VII 534c2 s.): com efeito, o movimento da refutação das hipóteses conduz não à incerteza, à aporia, mas à compreensão (*lambanein*) do *logos* capaz de descrever a *ousia* relativa a qualquer objeto de discussão (534b3 s.). Os primeiros quatro livros da *República* constituem, pode-se dizer, um exemplo provindo desse percurso da dialética. Nos livros I e II são submetidas a *elenchos* as "hipóteses" doxásticas sobre a justiça propostas por Céfalo, Polemarco, Trasímaco e pela cultura à qual dão voz Gláucon e Adimanto. No livro IV chega-se a uma descrição, a um *logos*, da essência (*ousia*) da justiça (*dikaiosyne*), o objeto da investigação, que a define como "o fazer as coisas próprias". Esse nível mostra-se agora como não-hipotético porque irrefutável por qualquer *elenchos*, δυσελεγκότατον na linguagem do *Fédon* (85c9).

O ulterior e mais específico trabalho em torno do "bom" consta de três movimentos, que podem ser isolados no interior de uma longa e, a bem dizer, muito condensada ironia de Sócrates, exposta em forma negativa, ou seja, com a intenção de descrever em primeiro lugar o que não faz quem não é um verdadeiro dialético (534b8 ss.). O primeiro movimento é aquele que habitualmente consiste no "retirar", mediante o *elenchos*, as hipóteses infundadas acerca do "bom". É o que Sócrates fez, ainda que de modo um pouco sumário, no livro VI, refutando as identificações do "bom" com o prazer e a inteligência. Contudo, esse *elenchos* deve ser conduzido do ponto de vista da *ousia*, e no caso do "bom" não podemos nos deter aqui, pois como se sabe ele não se esgota no plano noético-ideal das *ousiai*. É preciso, portanto, um segundo e mais específico movimento, que consiste em "isolar", em separar o "bom" de todas as outras ideias (534b9 s.: ἀπὸ τῶν ἄλλων πάντων ἀφελὼν τὴν τοῦ ἀγαθοῦ ἰδέαν). Também essa operação foi conduzida no contexto da metáfora solar do livro VI (508e ss.), quando o "bom" havia sido separado e distinguido de ciência, verdade e essência. O que significa exatamente essa "separação" do "bom" pode ser esclarecido comparando-se com a exortação, aparentemente similar, de Plotino (*Enéadas* V 3 17, 38: ἀφέλε πάντα). Plotino pretende negar todas as determinações do Bem-Uno para construir uma teologia negativa do Princípio absolutamente transcendente e, portanto, inefável. Platão pretende, ao contrário, separar o "bom" de todas as outras ideias para revelar sua diferença, sua ulterioridade, a impossibilidade de sua redução ao âmbito do existente, empírico ou ideal que seja. Esse necessário *aphairein* do "bom" – que nega sua identificação sem resíduos com qualquer estado do ser, sublinhando sua posição extrema de causa e *telos* – culmina não na declaração de sua inefabilidade, mas em sua "delimitação" no discurso racional (*Resp.*, VII 534b9: διορίσασθαι τῷ λόγῳ). Essa operação não significa propriamente uma "definição" no sentido aristotélico, mas uma delimitação em relação às outras ideias, que de um lado nega a possibilidade de identificações do tipo "o bom é a justiça, a verdade" e assim por diante, e, de outro, abre, consequentemente, a via para uma descrição racionalmente "positiva": não se tratará nesse caso de um verdadeiro e propriamente dito *logos tes ousias*, em razão do caráter hiperessencial do "bom", mas de uma análise de sua *dynamis* causal, de sua eficácia (se se quiser falar de definição, não se dirá, portanto, "o que é o bom", mas "o que faz o bom"). Aqui é o caso de reconsiderar a passagem de VI 508e3-4, que pode ser interpretada neste sentido: "considere que a ideia do bom é conhecida por ser causa de ciência e de verdade": o conhecimento do "bom" é, portanto, obtido não em si mesmo, mas mediante sua função causal, seus efeitos epistêmicos-veritativos[3].

O terceiro movimento da dialética é, enfim, o descendente. Trata-se aqui, depois de ter conhecido o "próprio bom", de ver as "outras coisas boas", o "resto do bom" (VII 534c5: ἄλλο ἀγαθόν). Isso significa instituir as relações corretas de participação/predicação, que permitem, por exemplo, dizer com certeza que "o justo é bom", ou mesmo – para retomar as *hypotheseis* refutadas no livro VI – que, se é falso afirmar que "o bom é o prazer", ou "o bom é a inteligência", é, de outro lado, correto dizer, em certas condições, que "o prazer é bom" ou "a inteligência é boa". O conhecimento da ideia do bom, obtido por via crítico-negativa mediante um processo de separação/distinção do resto do existente, permite, portanto, na vertente descendente/positiva da dialética, "fundar" as hipóteses, pronunciar, no campo do próprio existente, juízos corretos de valor que reconheçam a eventual participação no bom (como causados por ele) dos entes ideais ou estados de coisas.

Até aqui, portanto, a resposta de Sócrates, que, embora em seu entusiasmo e em sua forma negativa, forneceu – após a reticência inicial – alguma informação importante sobre os *tropos* e os *hodoi* da dialética (se não propriamente de suas *eide*). A ela Gláucon concede, pela primeira vez, um enérgico (*sphodra*) assentimento (534d1).

Entretanto, podemos reformular, por sua vez, e de seu ponto de vista, algumas questões ulteriores – ou seja, podemos prosseguir a interrogação dialética que é aqui suspensa provisoriamente, reunindo aquela injunção a "voltarmos a tratar" que Gláucon havia dirigido a Sócrates. As perguntas dizem respeito ainda uma vez mais às *modalidades do conhecimento dialético* e a uma determinação mais precisa do *objeto principal* desse conhecimento.

---

3. Αἰτίαν δ'ἐπιστήμης οὖσαν καὶ ἀληθείας, ὡς γιγνωσκομένης μὲν διανοοῦ. SLINGS, S. R. Critical notes on Plato's Politeia VI, *Mnemosyne*, v. 54 (2001) 158-181, argumentou que o genitivo depende de *hos + dianoou* ("verbo de pensamento"), e deve, portanto, referir-se não a *aletheias*, mas à ideia do bom.

No que diz respeito à primeira, ela é descrita muitas vezes como uma compreensão (*haptesthai, lambanein*) obtida mediante um ato noético (*noesis*, cf., por exemplo, 532b1). De outro lado, ela é igualmente descrita como uma operação lógico-discursiva ("interrogar e responder", *logon didonai*, διορίσασθαι τῷ λόγῳ; cf., por exemplo, 534b4s., b9). Muitos intérpretes identificaram nessas duas formas de descrição do conhecimento dialético uma tensão, ou ainda uma oscilação, entre uma polaridade discursivo-argumentativa (talvez remissível a uma matriz "socrática"), e uma outra, que culmina em uma intuição noético-eidética, em uma *Evidenzerlebnis* requerida pela natureza extralinguística dos objetos ideais e/ou de seu "princípio". Outros sustentaram que, além de certas sugestões derivadas dos usos linguísticos, o conhecimento dialético deve ser concebido como uma *Ideenbestimmung* de caráter inteiramente definitório-proposicional. Uma linha de compromisso foi identificada ao se conferir à conclusão noética do percurso dialético o caráter de um *state of understanding* estável ao qual se chega após um longo trabalho crítico-refutatório realizado no âmbito da argumentação discursiva.

Contudo, é necessário traçar uma distinção clara entre os dois diferentes níveis que o conhecimento dialético está em condições de alcançar. O primeiro é o dos entes ideais: aqui a "visão" eidética da essência é inteiramente solidária com a sua *Bestimmung* definidora, o *logos tes ousias* na linguagem platônica, em relação ao qual a primeira se apresenta como a certeza adquirida do caráter irrefutável da *hypothesis* final porque se refere ao caráter invariável e à identidade mesma da ideia. Trata-se de uma situação certamente rara, mas não ausente de contextos dialógicos: que se pense na "definição" rigorosa da justiça no livro IV 443c-444a. Todavia, essa mesma raridade de aquisições teóricas similares marca uma dupla ordem de dificuldades. Dificuldades sobretudo internas a esse primeiro nível: a compreensão definitória das essências ideais, nos diálogos, mostra-se problemática e precária na ausência de um método preciso de "mapeamento" do campo noético, de identificação das relações, das afinidades e das diferenças que articulam as relações entre ideias, do tipo daquilo que será delineado pela primeira vez, ainda que de forma hipotética, no *Sofista*. Experiências desse tipo, mas privadas de uma infraestrutura metódica sólida, são repetidas vezes nos diálogos (pense-se, por exemplo, na discussão sobre o *kalon* no *Hípias maior*), dando lugar a resultados não totalmente negativos, mas parcialmente aporéticos. Permanece, portanto, sem resposta (salvo o caso específico da justiça) a injunção que Trasímaco dirigia a Sócrates no livro I da *República*: "cuidas para não me dizer que o justo é o oportuno ou o adequado ou o vantajoso ou o proveitoso ou o útil; mas dizei-me com clareza e precisão o que pretendes [σαφῶς μοι καὶ ἀκριβῶς λέγει ὅτι ἂν λέγῃς]" (336d1 ss.).

Mas a segunda e maior ordem de dificuldades é externa a esse primeiro nível, e consiste na necessidade de remeter a uma fundação posterior de verdade e valor das mesmas ideias a cuja definição a dialética eventualmente possa ter chegado, como no caso da justiça. Essa remissão implica a passagem ao segundo nível do conhecimento dialético, o do princípio último de fundação. Nesse âmbito, a pergunta sobre as modalidades cognitivas próprias da dialética se entrelaça de modo estrito com aquela sobre a determinação precisa de seu objeto principal; o estatuto deste não pode senão reagir – segundo um nexo tipicamente platônico – sobre as formas de sua compreensão.

Sabemos que, além das ideias, a dialética culmina (*perainei*) no *telos* de seu percurso de conhecimento, que é inicialmente caracterizado como "princípio do todo" (VI 511b7), que pode ser concebido como unívoco ou, de modo distributivo, como relativo ao problema examinado. Conforme a alternativa exegética escolhida, a universalidade da dialética é configurada no primeiro caso como "intensiva" (porque chega à compreensão do princípio singular do universo e/ou das ideias), no segundo como "extensiva" (porque assume constantemente um ponto de vista unitário sobre o conjunto dos saberes e dos problemas em discussão).

A questão se complica ulteriormente ao se aceitar reconhecer no "princípio do todo" a ideia do bom, como o texto platônico parece sugerir de modo inequívoco, mas sem declarar de modo explícito[4]. Mas também essa omissão não pode ser assumida como não problemática. Se, com efeito, o "princípio do todo" é o "bom", isso parece limitar a universalidade da dialética em ambas as acepções que agora são consideradas. O "bom" não pode constituir, de um lado, o ponto mais alto ao qual chega o movimento sintético-sinótico da dialética, no sentido teorizado pelo *Fedro*, da συναγωγὴ εἰς μίαν ἰδέαν, porque ele não pode de modo algum ser considerado um *summum genus* inclusivo das diferenças específicas. De outro lado, é difícil pensar que o "bom" possa constituir o "princípio" do universo, pois sua ação parece circunscrita à causação das ideias como núcleos essenciais de verdade e de valor[5]. E também no que diz respeito ao próprio

---

4. Cf. VII 532b1 s.: o dialético não se deve deter "antes de ter apreendido com puro pensamento a essência do bom".

5. Na fórmula "teológica" de II 380c8 s., "o deus" é causa não de "tudo", mas apenas dos "bens".

campo noético-ideal, do qual o "bom" é certamente causa e fundamento, parece difícil entender como a dialética, assumindo-o a "princípio" possa dele derivar, em seu movimento descendente, a fundação dos teoremas próprios de saberes como os matemáticos, que saem do âmbito ético-político no qual propriamente a ideia do bom desempenha seu papel fundador.

A decisão platônica de deixar ao menos explicitamente anônimo o "princípio do todo" ao qual a dialética chega, poderia, portanto, comportar uma abertura teórica implícita para duas opções simultaneamente possíveis sobre a natureza do conhecimento: *a)* um saber sinótico em condições de assumir um ponto de vista geral sobre diversos *mathemata* e sobre seus campos argumentativos; *b)* um saber do "bom" como fundamento do campo ético-político. O nível de síntese entre essas duas opções poderia consistir em conceber a dialética como *c)* um saber em condições de compreender (*logon lambanein*), de avaliar (*logon didonai*) e de empregar conhecimentos em uma orientação ético-política das condutas individuais e públicas, em suma, um saber "régio" e de governo.

Em todo caso, se o "princípio do todo", como sugere a dinâmica do texto, além de seu inicial, e provavelmente intencional, anonimato, é identificado com a ideia do bom, que preenche de conteúdo a formalidade de sua primeira aparição, disso derivam importantes consequências para a natureza do conhecimento dialético, sobre o qual agora é o caso de voltar a se interrogar.

Deve-se certamente excluir uma forma proposicional-definitória que se conclua com a enunciação do *logos tes ousias*: isso se torna impossível, como foi dito, pelo estatuto não essencial/substancial do "bom". Também se deve excluir uma visão intuitiva inefável em razão da base intersubjetiva e discursiva constitutiva do *dialegesthai*. Deve-se, portanto, supor que o tipo de conhecimento que a dialética pode adquirir em torno do "bom" seja no essencial o que é delineado nos livros VI e VII da *República* ou, segundo um outro ponto de vista, no *Filebo*: a inserção, por contiguidades e diferenças, em uma rede de ideias afins, na qual a do bom constitui por assim dizer um "nó" (verdade, ciência, essência, e em outros aspectos, belo, limite); uma ou mais descrições metafóricas, como a analogia solar; enfim, e sobretudo, a compreensão da eficácia causal, de sua *dynamis* específica.

Nesse quadro, os movimentos da dialética na *República* dão uma imagem muito precisa de seu trabalho *in progress* (na medida do possível, ou seja, não suficiente para satisfazer as exigências epistêmicas de Gláucon). Há uma primeira vertente crítico-negativa, elênquica, que consiste em dizer o que o "bom" não é: portanto, na recusa dos pseudovalores e de sua identificação com qualquer "estado de coisas", na asserção de sua ulterioridade fundadora mesmo em relação ao plano epistêmico-ideial. Porém, essa vertente não pode permanecer isolada senão com o risco da transformação da dialética em uma espécie de niilismo erístico. Ele deve ser integrado em um trabalho fundador, que consiste em primeiro lugar na valorização – ou seja, na transferência da utilidade, desejabilidade, portanto, de intencionalidade cognitiva – do campo das ideias como tais, da verdade e da ciência.

E é para esse último âmbito que se dirige o movimento conclusivo da dialética: ela está em condições de governar a vida dos indivíduos e da cidade porque está em condições tanto de criticar suas falsas e infundadas finalidades quanto de delinear uma orientação da *praxis* ético-política fundada em um princípio não controverso de verdade do valor, e de valor da verdade.

Nessa junção entre a vertente onto-epistemológica e ético-política que reside a natureza da *dynamis* da dialética, que constitui, então, como dito, a representante intersubjetiva – na discursividade argumentativa entre os homens – da *dynamis* causal do "bom". Aquilo a que a dialética é propriamente chamada a fundar, a partir dessa *dynamis*, é o nexo imprescindível entre verdade e valor. Há aqui, sem dúvida, uma espécie de excesso da tarefa da dialética, que corresponde ao excesso ontológico de seu "princípio" de fundação: a afirmação programática desse duplo excesso torna inevitavelmente parcial qualquer esforço de realização, e confina, portanto, sempre de novo o saber dialético – como temia Gláucon – em uma condição proemial, incoativa, no limiar de uma execução completa daquele *nomos* destinado a permanecer um horizonte não preenchido. No contexto da *República*, a tensão para essa realização – ou seja, para a realização de um saber dialético estável e total – é tão essencial quanto seu inevitável deslocar-se para a condição de prelúdio: um prelúdio não estéril, pois carregado de energia intelectual e ética, de uma *dynamis* eficaz nos saberes e na vida.

Na grande tentativa lógico-ontológica de responder a Gláucon elaborada no *Sofista* – envolvendo a teoria da dicotomia, a introdução dos cinco gêneros supremos, a teoria da comunicação entre as ideias como fundamento para a distinção entre enunciados verdadeiros e falsos – o trabalho do dialético era chamado a percorrer novamente as escansões entre níveis noéticos e relações entre ideias. Devia estar em condições de

> reconhecer de modo adequado [1.] uma única ideia extensa em todas as direções entre muitas outras, embora permanecendo cada uma delas unitária e separada; [2.] e muitas ideias, diversas entre si, compreendidas do exterior de uma

só ideia, [3.] que, por sua vez, permanece na unidade, embora extensa entre muitos conjuntos de ideias, [4.] e muitas ideias que são separadas como completamente distintas. Isso significa saber distinguir em gêneros, ou seja, como eles podem ou não se comunicar (253d).

O caso 1. parece se referir às ideias dos "gêneros supremos", como ser, identidade, diferença; os casos 2. e 3. às ideias-classes, como "técnica" ou "animal", e o que elas incluem, como "pescador com o anzol" ou "homem", ou ainda às ideias "participadas", como "bom", bem como as que delas participam, como "justo"; o caso 4., enfim, parece constituir antes o resultado ou o êxito do trabalho dialético, a identificação de ideias simples como essências delimitadas como "nós" singulares da rede de relações de comunicação e de diferença que as constituem.

É preciso então perguntar quais seriam as perdas e os ganhos teóricos dessa nova configuração da dialética em relação àquela proposta na *República*. Como "gramática geral" do ser e do pensamento, ela não renunciava à supremacia e à universalidade no âmbito dos saberes que a *República* lhe havia conferido. Era, contudo, diminuída a verticalização do movimento da dialética para um "princípio do todo", marcado pela prioridade em termos de verdade e de valor, e com ela a pretensão da dialética de deter o controle do nível crítico e normativo em relação tanto às ciências quanto às condutas ético-políticas. Com isso, como foi dito, a dialética renunciava a constituir diretamente a "ciência real" como saber teórico-prático relativo ao sentido das ciências e aos fins da vida (ainda que, como mostrava o *Político*, se pudesse continuar a pensar que ela constituísse a forma de saber em condição de definir quem seria o "verdadeiro político", ou seja, o "homem de estirpe real").

Em compensação, a nova base da dialética estava em melhores condições de responder às exigências que Gláucon havia formulado na *República*, ou seja, de esclarecer as próprias modalidades procedimentais (condições de possibilidade da comunicação entre ideias, descrição das relações seletivas entre elas mediante a análise dicotômica, discriminação entre enunciados verdadeiros e falsos). Um decisivo passo à frente na definição do estatuto epistêmico peculiar da forma do pensamento dialético, portanto. Que talvez não chegasse a transformar a dialética finalmente em uma verdadeira ciência, por diversas boas razões.

Contudo, em primeiro lugar, a permanência do caráter dialético, isto é, dialógico, intersubjetivo, desse pensamento era um obstáculo. O procedimento dicotômico envolvia a cada passo uma decisão, ocorrida entre os participantes da investigação, sobre o conjunto ou o subconjunto no qual tivesse que ser posto pouco a pouco o objeto indagado (no caso do "sofista", ele era frequentemente consignado a sete "gêneros" distintos). Mas havia também um obstáculo mais tocante no plano teórico. A dialética dicotômica teria podido constituir-se como uma ciência pelo modelo da geometria – mas no nível de universalidade que lhe era próprio – somente com a condição de que se tivesse tornado possível construir uma só árvore dicotômica capaz de dividir o "gênero" ser na pluralidade de todas as suas articulações – ou seja, em condições de construir uma espécie de mapa taxonômico de toda a realidade. O que era, no entanto, impossível, porque "ser" não é, diferente, por exemplo, de "técnica" ou "animal", uma ideia-classe subdivisível em espécies, embora represente uma propriedade comum a todos os entes como tais. Não há, portanto, uma dicotomia do ser, e, portanto, não pode haver uma taxonomia dicotômica universal (como teria tentado, ao contrário, constituir o neoplatônico Porfírio). Isso vale naturalmente também, e com maior razão, para os outros "gêneros supremos" como o não-ser e a diferença, a identidade, o movimento e o repouso. A dialética dicotômica permanecia, portanto, um procedimento heurístico que partia de um problema determinado, a formulação do *logos* da coisa" relativo ao objeto particular indagado, o identificava como um nó na rede móvel de relações entre ideias em cujo interior se situava, fornecendo, assim, um crivo útil para distinguir os enunciados verdadeiros que podiam ser formulados em torno daqueles falsos. Quanto às ideias, elas continuavam a operar nesse procedimento como unidades estáveis de significado capazes – em suas relações recíprocas – de representar referências ordenadoras para a compreensão da realidade (seja empírica ou noética); elas não constituíam ainda – como ocorreria em Aristóteles – formas de uma legalidade imanente à natureza, mas certamente sua "separação" em relação ao mundo da pluralidade e do devir estava fortemente enfraquecida e reduzida.

Seria possível, portanto, pensar que a dialética – como a *República* havia prescrito – se movesse apenas no campo das ideias; e seria, além disso, possível considerar que seu estatuto epistêmico estivesse agora melhor especificado, em resposta às exigências de Gláucon (que provavelmente refletiam a discussão acadêmica). A dialética não renunciava à sua natureza originária de investigação móvel e aberta conduzida no confronto entre sujeitos dialógicos diversos; suas aspirações imediatas reduziam-se à "realeza" ético-política, contudo, não se transformava em um sistema abstrato de "ciência universal" ou de metafísica do ser ou do uno. O *Parmênides* parece destinado justamente a mostrar a impossibilidade de princípio do fechamento dialético, a natureza inesgotável de sua tarefa de análise crítico-refutatória das "hipóteses". Aqui, como no *Sofista*, o velho Platão parece querer mostrar aos acadêmicos que tanto a pretensão de Gláucon de uma execução completa do *nomos* da dialética quanto a tendência dos "amigos das ideias", e do "jovem" Sócrates, para a construção de um sistema metafísico das ideias, são estranhas às potencialidades teóricas da dialética.

De qualquer modo, o *nomos* requerido por Gláucon é realizado – "no dia seguinte" à narrativa da *República* – no *Timeu*, no qual se narra justamente a geração do mundo a partir de um "princípio do todo" que é bom, ainda que não seja o "bom". Esse *nomos*, contudo – como é próprio da tradição literária – tem um caráter de hino que expõe os feitos e as *aretai* de uma divindade. Ou seja, ele assume as formas de uma grande narrativa mítico-metafórica que dramatiza a relação entre ideias e mundo concentrando-as na obra de uma *dynamis*, de uma potência "boa", como é o demiurgo. Mas certamente Gláucon – que de fato sai de cena – não teria reconhecido nesse *nomos* aqueles métodos, aquelas formas e aqueles modos do procedimento dialético, cuja definição havia requerido na conversação noturna na casa de Céfalo.

CAPÍTULO DÉCIMO PRIMEIRO

Desafio sofístico e projetos de verdade em Platão[1]

1

Barbara Cassin escreveu, com boas razões, que a sofística é uma invenção de Platão. À parte Górgias, sobre quem dispomos de testemunhos independentes, mas que também é protagonista de um importante diálogo platônico, quase tudo o que sabemos sobre a antropologia de Protágoras nos vem do diálogo intitulado com seu nome, e sua epistemologia é interpretada e discutida no *Teeteto*. Outros importantes sofistas, como Cálicles (*Górgias*) e Trasímaco (*República*) são, em grande medida, criações de Platão, que não terão muito em comum com o personagem histórico que tem seu nome. E, acima de tudo, é Platão que interpreta as teses dos sofistas, e com frequência as torna mais rigorosas, as amplia, as unifica conceitualmente – até dedicar-se a um diálogo tardio, como o *Sofista*, composto por volta de 360, em que ainda uma vez interroga-se sobre "o que verdadeiramente é o sofista". Portanto, uma interrogação recorrente e sempre aberta se pensarmos que naquela época Protágoras já havia morrido há sessenta anos, Górgias há vinte; mas que com sofistas como Antifonte Platão teria continuado a discutir até seu último diálogo, as *Leis*.

---

1. Este capítulo, inédito, é a intervenção apresentada como conferência conclusiva do colóquio da Seção mediterrânea da *International Plato Society*, realizada em Aix-en-Provence em outubro de 2015.

Parece, portanto, aceitável que Platão tenha dedicado à sofística uma boa parte de seu percurso filosófico: um rival a ser combatido, um desafio a ser compreendido, talvez um demônio a ser exorcizado, em todo caso, uma presença tão próxima que chega a ser perturbadora. Invertendo a afirmação inicial talvez possamos dizer que a filosofia platônica é um *efeito da sofística*, ou seja, o extraordinário esforço para responder um pensamento que, segundo Platão, ameaçava a possibilidade mesma da filosofia no momento de sua formação, e, pior ainda, corria o risco de se confundir com ela contrapondo seus traços.

A proximidade inquietante entre o sofista e o filósofo dá-se, acima de tudo, no terreno do discurso – ou seja, daquela refutação dialógico-dialética, o *elenchos*, que era o emblema do socratismo –, e depois também naquele da concepção e no exercício do poder. Uma proximidade que se assemelha, em ambos os casos, àquela existente entre o cão e o lobo, que compartilham, em pontos diferentes, os mesmos territórios agonísticos.

Falando no *Sofista* sobre a técnica da refutação, o *elenchos* de inequívoca matriz socrática, o Estrangeiro de Eleia que conduz o diálogo afirma:

> Que nome daremos àqueles que possuem esta técnica? Hesito em pronunciar a palavra "sofistas". – Contudo [objeta Teeteto], foi nosso raciocínio que nos conduziu a algo desse tipo. – Sim [responde o Estrangeiro], mas também o lobo é similar ao cão, a besta mais selvagem ao animal mais doméstico. Quem quer estar seguro deve se prevenir quanto às semelhanças: é um campo no qual é fácil escorregar (231a).

O Trasímaco ideólogo da tirania no livro I da *República* é, por sua vez, apresentado como um "lobo". E é também no terreno do poder que a proximidade entre o cão "filosófico", protetor de seu rebanho, e o temível predador, torna-se inquietante, a ponto de induzir o Sócrates legislador da *República* a temer uma perigosa metamorfose de seus futuros filósofos-reis:

> O mais terrível e vergonhoso para os pastores é criar cães de guarda dos rebanhos de modo que, por índole rebelde, fome ou algum outro mal hábito, os próprios cães comecem a fazer mal às ovelhas acabando por se comportarem como lobos ao invés de cães [...]. Não devemos, portanto, vigiar de todas as maneiras para que nossos guardas não façam o mesmo com os cidadãos, a partir do momento em que são mais fortes do que eles, acabando por se transformarem de benévolos aliados em senhores selvagens? (III 416a-b).

Para evitar as metamorfoses do bom governante em tirano (que, segundo Trasímaco, é inevitável em toda forma de poder), Platão se verá constrangido a propor dois dos maiores "escândalos" da *República*, a abolição da propriedade privada e da família para os membros do grupo dirigente (os cães de guarda dos quais se aventa a transformação em lobos se tivessem interesses particulares a perseguir).

2

Segundo Platão, a ameaça sofística investia sobre o âmbito da linguagem, da verdade e dos valores, e destes reverberava até o campo da política e do exercício legítimo do poder.

Vejamos seus traços (tal como Platão provavelmente o compreendia), a partir de Górgias.

O grande sofista siciliano parece ter sido o primeiro a fundar teoricamente a autonomia da dimensão retórica, persuasiva, portanto, performativa da linguagem, em relação à sua tradicional (e parmenídica) referência à verdade do ser. Górgias teria sustentado, segundo o resumo do cético Sexto Empírico, estas três teses: 1. "Nada existe" em sentido objetivo e absoluto; 2. "ainda que algo existisse, não poderia ser apreendido pelo conhecimento humano", ou seja, permaneceria totalmente estranho à experiência subjetiva; não há relação entre ser e pensar, pois de outro modo qualquer coisa pensada existiria, como, por exemplo, um homem que voa; 3. "ainda que algo existisse e fosse compreensível, não seria comunicável aos outros", porque a "coisa" existente é radicalmente diversa em relação à "palavra" comunicativa (DK B 3).

Portanto, a linguagem da comunicação humana não apreende o mundo objetivo; este não possui *verdade*, se por verdade se entende uma fiel descrição do ser em si, nem os discursos podem ser avaliados em termos de verdadeiro/falso. Resta, então, ao discurso a eficácia, a capacidade persuasiva, a potência produtora de crenças e condutas, em suma, a dimensão pragmática.

Sobre as ruínas das pretensões de verdade do discurso, Górgias podia celebrar o triunfo de seus efeitos retóricos. Em um exercício de escola visando a absolvição póstuma de Helena da acusação de traição por ter ido com Páris para Tróia, dizia Górgias que, se Helena foi convencida por palavras, não deve ser considerada culpada, pois a palavra é um grande senhor [...]. Pode fazer cessar o medo, suprimir a dor, infundir alegria, suscitar compaixão [...]. A persuasão, quando se agrega ao discurso, pode deixar na alma a impressão que quer, por isso, deve ser compreendida considerando em primeiro lugar os discursos dos naturalistas dedicados às coisas celestes, que substituem uma opinião por outra eliminando esta e sustentando aquela, de modo que aos olhos da opinião vêm a se manifestar coisas incríveis e obscuras; em segundo lugar, as vivazes argumentações judiciárias, nas quais um único discurso, escrito segundo os ditâmes da técnica retórica, não segundo a verdade, diverte e convence uma grande multidão; enfim, as disputas dos discursos filosóficos nos quais se mostra também a rapidez da mente, capaz como é de tornar a crença em qualquer opinião instável e mutável (DK B 11).

O que distingue entre si os discursos da ciência, da moral, da justiça, da política e da própria filosofia não é, portanto, a respectiva verdade, mas sua eficácia retórica que se exerce em contextos agonísticos, como os da política, dos tribunais, das disputas científicas e filosóficas. A palavra persuasiva pode nos induzir a crer, e a fazer, o que quer que deseje. Quanto às finalidades éticas da persuasão, elas são confiadas, segundo o Górgias do diálogo platônico homônimo, ao senso de responsabilidade do retor.

O segundo grande sofista, Protágoras de Abdera, não parece ter sido tão teoricamente radical quanto Górgias, mas certamente capaz de uma influência intelectual, segundo Platão, ainda mais perigosa. À parte as interpretações platônicas, dele nos restam somente poucas linhas, entre as quais está aquela que parece ter sido sua principal tese: "o homem é a medida de todas as coisas, das que são enquanto são, das que não são enquanto não são" (DK B 1). O sentido dessa enigmática afirmação pode, talvez, ser interpretado da seguinte maneira (também com base na análise que Platão dela propõe no *Teeteto*): há um mundo exterior, mas todo sujeito é juiz inapelável da qualidade das coisas que dele fazem parte, segundo o modo que lhes aparecem (doces ou amargas, belas ou feias, justas ou injustas); dele depende o juízo se algo é X ou Y, ou se *não é* X ou Y. Trata-se, em outras palavras, do princípio da hermenêutica contemporânea segundo o qual não há fatos, mas apenas interpretações.

Desse princípio seguem algumas importantes consequências de ordem epistemológica, e sobretudo ético-políticas. No que diz respeito às primeiras, toda afirmação, na medida em que descreve uma percepção ou avaliação subjetiva, é "verdadeira", pois não se pode colocar a questão da verdade do discurso como sua correspondência ao estado das coisas. No plano ético-político, o "homem-medida" se transforma em uma identidade coletiva: temos então um sujeito plural, o "nós" da cidade ou de sua maioria reunida em assembleia, como critério definitivo dos valores públicos. Por isso, "aquilo que cada cidade decide ser justo e belo, tal, com efeito, o será para ela, desde que assim o considere" (*Theaet.*, 167c); e Platão comenta que as doutrinas de Protágoras

> em relação às coisas justas e injustas, morais e imorais, pretende sustentar que nenhuma delas possui em realidade uma essência objetiva própria, mas que vem a ser verdadeiro aquilo que é sancionado pela opinião coletiva ao ser opinado e pelo tempo em que for opinado (*Theaet.*, 172b).

Protágoras não se detinha, contudo, nesta afirmação de relativismo extremo da verdade e dos valores; nele, a dimensão pragmática da linguagem também exercia um papel central. Não é possível discriminar as opiniões em "verdadeiras" e "falsas", mas em "úteis" e "nocivas" para o indivíduo e para a comunidade, em função de seus interesses individuais e coletivos, e é para essa melhoria pragmática, não veritativa, das opiniões, que pode apontar a convicção do retor sofista (*Theaet.*, 167a-c).

Niilismo gorgiano e *relativismo* protagórico delineavam, assim, para Platão, um formidável desafio intelectual. No plano do conhecimento, eles convergem ao sustentarem a impossibilidade de um saber universal e objetivamente válido, capaz de descrever segundo a verdade o estado do mundo além das crenças subjetivas. No plano ético-político, abandonavam as normas da justiça do arbítrio das decisões conflituosas de indivíduos e grupos, negando a existência de critérios autônomos de referência que consistissem em avaliar a justiça dessas decisões. No livro I da *República*, Platão faz o sofista Trasímaco sustentar uma tese radicalmente relativista: o "justo" consiste na conformidade com as leis; mas a lei é imposta por quem tem poder para fazê-lo, e por isso ela é sempre instrumento de conservação do poder; a justiça, portanto, consiste na utilidade de quem detém a força, e, por isso, na opressão dos subordinados (I 338c-339a).

O trabalho filosófico de Platão consiste em boa parte na tentativa de responder a esse desafio, a fim de reconstituir as condições da *verdade* do saber e da *objetividade* dos critérios de juízo ético-político.

3

Segundo Platão, para responder ao desafio sofístico seria preciso, antes de tudo, consolidar a linguagem, recuperando sua referência à realidade, e com isso garantir as condições de possibilidade do discurso verdadeiro, além do flutuar das opiniões abandonadas aos efeitos retóricos da persuasão. Como escreveu Hannah Arendt, "a persuasão", para Platão, "não é o oposto do domínio mediante a violência, mas somente outra forma sua"; melhor então substituí-la por aquela que a mesma Arendt chamou de "tirania do verdadeiro". Mas para tanto era necessário nada menos que construir uma nova concepção da realidade, isto é, uma nova ontologia, anti-heraclítica (portanto, fundada na estabilidade do ser mais que sobre os fluxos da mudança), por isso – segundo a decisiva conexão estabelecida no *Teeteto* entre o mobilismo heraclítico e a epistemologia de Protágoras – antiprotagórica e antirrelativista.

A necessidade de consolidar a referência da linguagem à realidade, e, portanto, de restabelecer uma dimensão veritativa da própria linguagem, é particularmente aguda no campo dos valores públicos e privados, como o belo, o bom, o justo (portanto, da ética e da política), que havia sido o terreno de eleição do relativismo protagórico. É o caso de ler por extenso, a esse respeito, uma memorável passagem do *Crátilo* (439c-440c):

> Sócrates – Podemos dizer que há algo de belo considerado em si mesmo; e igualmente o bom, e qualquer coisa singular? Ou não podemos?
> Crátilo – Parece-me que sim, Sócrates.
> Sócrates – A isso, portanto, mantenhamos bem fixa nossa atenção; quero dizer, não a um rosto ou a qualquer coisa do gênero, se nos parecem belos, e se temos a impressão de que todas essas coisas transcorrem em um perene fluir. Porque o belo, digamos, em si, não é sempre tal qual é?
> Crátilo – Necessariamente.
> Sócrates – Mas nunca será possível atribuir-lhe um nome verdadeiramente adequado se continuamente nos é subtraído em seu ser e em suas qualidades? Ou, ao contrário, não é necessário que, ao estarmos falando a seu respeito, ele logo se torne algo diverso, e nos escape, e não seja mais como era antes? […] Mas sequer poderia ser conhecido por ninguém. Tão logo nos aproximássemos para conhecê-lo, tornar-se-ia outro e diferente, não mais o poderíamos conhecer, nem por aquilo que é, nem quanto às modalidades de seu ser. Nenhum conhecimento de fato conhece aquilo que conhece se isto não é de algum modo estável em seu ser. […] Mas sequer é possível que haja conhecimento a seu respeito,

Crátilo, se tudo passa de um estado a outro e nada permanece de modo estável [...]. Se, ao contrário, há aquilo que conhece, há aquilo que é conhecido, há o belo, há o bom, há qualquer ente singular em si, então me parece que essas coisas das quais estamos falando não têm nada a ver com o fluxo ou com o movimento.

Se linguagem e conhecimento devem ser estáveis e verídicos (portanto, salvos das areias movediças do niilismo e do relativismo), é preciso que haja uma referência real igualmente estável e imutável (ou seja, de modo contrário ao mobilismo heraclítico). Escrevia, com efeito, Platão no *Timeu* (29b-c):

Os discursos são congêneres àquilo de que falam: por um lado, portanto, os discursos sobre o que é estável, claro e evidente ao pensamento, devem ser também estáveis e sólidos, e, na medida em que, para os discursos, é possível e conveniente, ser irrefutáveis e invencíveis, e nada lhes deve faltar [...]. O ser está para o devir do mesmo modo que a verdade está para a crença.

É precisamente nesse terreno problemático que nasce a ontologia das ideias, destinada a assumir diversas configurações nos contextos dialógicos, mas constante na intenção de garantir à linguagem e ao conhecimento uma referência objetiva estável e invariável. Os predicados universais do tipo "justo", "belo", "grande" ou também (embora particularmente problemático), "homem", "cavalo" e assim por diante, constituem *núcleos de significado* unitários e invariáveis que podem ser referidos a uma pluralidade mutável e instável de sujeitos e de circunstâncias.

Se, todavia, seu conteúdo pudesse variar conforme as opiniões subjetivas, ainda não teria sido superada, segundo Platão, a ameaça do relativismo sofístico. Esses predicados devem, portanto, ser pensados como descrições de um referente primário, que possui de modo objetivo, absoluto e invariável a propriedade que enunciam. A referência do "justo" é um objeto que Platão chamava de "o justo em si", "a própria justiça", em suma, a *ideia* (ou *forma*) da justiça que tem com as coisas singulares das quais se pode predicar a justiça a mesma relação que o triângulo ideal dos matemáticos apresenta com os triângulos singulares desenhados sobre o papel ou produzidos com madeira.

Não há dúvida de que a ontologia de Platão, ao menos em sua forma "clássica" (entre o *Fédon* e a *República*) – que pode ser diferente no caso da perspectiva "dinâmica" delineada no *Sofista* – seja uma ontologia de modelo geométrico.

Qualquer que seja o estatuto ontológico dos entes matemáticos (um problema, no mais, que pertence antes à escolástica platônica), eles constituem o exemplo evidente de objetos dotados das propriedades da invariabilidade, da autoidentidade, da convertibilidade entre nome e definição, propriedades que Platão transfere às ideias como seu traço distintivo. Elas fazem dos entes matemáticos *objetos verdadeiros*, portanto, em condições de transferir essa característica aos discursos que os descrevem. Sobre esse aspecto, que, por sua vez, é transferido às ideias, funda-se a estreita unidade platônica entre ontologia e epistemologia, segundo o princípio, estabelecido na *República* (477a), da conexão incindível entre *pantelôs on* e *pantelôs gnoston*.

Mesmo no nível do método, aliás, as potencialidades veritativas dos procedimentos das matemáticas fornecem, sem dúvida, um modelo para os modelos dialéticos. É verdade que, segundo a bem conhecida crítica do livro VI da *República*, a inferioridade epistêmica das matemáticas em relação à dialética consiste em sua base axiomático-dedutiva, que requer assumir por consenso convencional (*homologia*) *hypotheseis* não ulteriormente fundadas e em deduzir os teoremas delas derivados (510c-d). A dialética, ao contrário, deveria partir dessas *hypotheseis* e remontar a um princípio não hipotético, *anhypotheton*. Todavia, também na investigação dialética um indicador de verdade é constituído pela *homologia* obtida entre os participantes do diálogo; e, conforme o *Fédon* (100a-b), as ideias mesmas podem ser consideradas como "hipóteses", embora dificilmente refutáveis (*dysexelenchotatoi*, 89c-d), mas não totalmente an-hipotéticas. *Homologia* e *hypotheseis* parecem, portanto, aproximar os procedimentos dialéticos e matemáticos mais do que Platão parece estar disposto a reconhecer de modo explícito.

Há ainda um outro aspecto decisivo na relação entre método matemático e pensamento dialético. O livro VII da *República* mostra claramente que o processo abstrativo-idealizante proposto pelos saberes matemáticos constitui a condição necessária e suficiente para o acesso dialético ao conhecimento eidético-noético. Ele permite superar o paradoxo gnosiológico do conhecimento de entes imateriais por parte de um sujeito incorporado, paradoxo que havia sugerido o regresso anamnético a um conhecimento pré-corpóreo das ideias. A via matemática em direção às ideias parece, ao contrário, constituir uma alternativa não mitológica à reminiscência, que poderia ser considerada como a representação metafórica da compreensão das ideias como *a priori* transcendental de todo o conhecimento possível.

4

Tudo isso tem consequências também no âmbito do governo da vida pública e privada. Da ontologia das ideias segue-se que os "valores" (o bem, o justo, o belo) existem de modo invariável e independente da mutabilidade das opiniões, do arbítrio das maiorias, do poder da persuasão retórica. Eles são objeto de um conhecimento verdadeiro – e é justamente esse conhecimento que funda a diferença entre os filósofos e os sofistas "filo-doxos", isto é, ligados ao mundo do opinar (*doxa*).

Esse conhecimento valorativo garante a possibilidade de pensar, falar e agir com vistas a finalidades universalmente válidas, daquilo que é de fato bom para o conjunto da comunidade política e da personalidade individual. A existência de uma ordem de valores ideais e a possibilidade de seu conhecimento são, portanto, para Platão, a fonte de legitimação da aspiração ao reino por parte dos filósofos, formulada na célebre "terceira onda" do livro V da *República*. Com efeito, escrevia Platão neste grande diálogo (VI 484c-d):

> Uma vez que os filósofos são aqueles em condição de apreender aquilo que permanece sempre invariável em sua identidade, enquanto que aqueles que disso são incapazes e se limitam a errar no múltiplo e no mutável não são filósofos, quem dos dois deverá ser guia da cidade? [...] Isso é, pois, claro quando se deve escolher um cego ou um homem de visão aguda para ser guia de algo [...]. Parece-te, então, que haja alguma diferença entre os cegos e os que são privados de conhecimento de tudo que é, e que não têm na alma nenhum modelo claro e não podem, à maneira dos pintores, voltar o olhar para aquilo que é mais verdadeiro, sempre se referindo a ele e observando-o do modo mais rigoroso possível, de forma a instituir também lá as normas relativas às coisas belas e justas e boas?

5

Com essa última manobra, Platão podia celebrar sua vitória teórica sobre os rivais sofistas – que, como se dizia no início, ele havia interiorizado de algum modo, absorvido em seu próprio pensamento, a ponto de fazer deles uma espécie de obsessão filosófica e política. Essa vitória havia envolvido um complexo sistema de fundamentação que ia da linguagem à ontologia e à epistemologia, e delas voltava ao uso pragmático, ético e político, da própria linguagem.

Como escreveu Alain Badiou, esse sistema teórico de proteção do desafio sofístico talvez tenha tido efeitos "hiperbólicos", que iam além do espírito do autêntico platonismo, que seria, em si mesmo, uma filosofia aberta, crítica, dialógica, em suma, uma filosofia *socrática*. O temor em relação ao mobilismo heraclítico e ao relativismo protagórico corria o risco, ao contrário, de dar lugar a resultados que podemos definir como de tipo "egípcio" na cultura e na política, isto é, a um desejo de imobilidade nas formas da música, do teatro, da constituição da cidade. Paralelamente, contra o individualismo do "homem medida" produziam-se em Platão formas excessivas de organicismo social, de anulação do indivíduo na totalidade comunitária, como Aristóteles havia denunciado no livro II da *Política*. Se há sombras de totalitarismo na filosofia de Platão (e para identificá-los não é necessário recair nos exageros próprios de Karl Popper), também estas são um efeito da sofística, tal como as reações imunológicas cujo excesso pode se tornar patológico.

Em suma, refutar a sofística apresentava para a própria filosofia de Platão um preço muito elevado. Mas o sentido e a grandeza intelectual dessa filosofia estão em sua excepcional capacidade de oferecer um adversário de extraordinário diapasão teórico, e de se confrontar com ele em uma discussão tenaz e corajosa, na qual podemos reconhecer o ato de nascimento da tradição filosófica ocidental.

6

No mais, o risco de uma reação "hiperbólica" à sofística é somente resvalado por Platão, que dele se mantém longe em um aspecto essencial. Ele certamente insiste na necessidade, e possibilidade, de adquirir a verdade, como o modelo das matemáticas lhe indicava. Mas sua filosofia apresenta uma diferença importante em relação a esse modelo. A geometria trabalhava para construir, até sua realização com Euclídes, um sistema teoremático, axiomático-dedutivo, de suas verdades. E uma tendência a construir sistemas de tipo elementar-derivativo está certamente presente também em Platão: basta pensar na cosmogonia do *Timeu* ou nas doutrinas não escritas dos princípios. Parece, contudo, que a tendência principal da filosofia platônica, tal como se exprime nos diálogos, consiste em jamais fechar o sistema da verdade: seu esforço consiste antes em delinear projetos e regimes de verdade, procedimentos para a construção de discursos verdadeiros.

Isso vale também para a *República*, na qual mesmo a verdade é considerada como o efeito da descrição de "objetos verdadeiros", na enunciação do *logos tes ousias* dos entes noéticos, no que consiste a tarefa consignada à dialética. Da dialética, contudo, Platão diz mais "o que ela faz" do que "o que ela sabe", descreve-a, em suma, mais como um procedimento do que como um depósito de verdade.

A primeira designação da dialética é a de uma técnica, o *dialegesthai*, dotada de uma *dynamis*, uma capacidade eficaz e em condições de produzir efeitos. Há, em seguida, uma ulterior e repetida descrição que apresenta a dialética como um "caminho", uma "viagem" (*poreia*, 532b4), ou seja, um procedimento de investigação organizado metodicamente (*methodos*, 533b3, c7).

A dialética é também apresentada, de modo mais contundente, como uma "ciência" (*episteme*). Esse reconhecimento da cientificidade do procedimento dialético é formulado pela primeira vez por Gláucon (511c5), mas é confirmada em seguida por algumas menções socráticas. Trata-se, com efeito, da capacidade de "interrogar e responder do modo mais científico" (*epistemonestata*, 534d9 s.), que se vale da "insuperável força do discurso racional" (ἀπτῶτι τῷ λόγῳ, 534c3) e que chega, em seu final, àquela "firmeza" (*bebaiosetai*, 533c7) que é própria do saber científico. Mas essa consolidação não é definitiva, e deve ser constantemente reconquistada na "batalha" (*mache*, 534c) que o dialético enfrenta no confronto das refutações recíprocas. O espaço da dialética é, por isso, radicalmente configurado como intersubjetivo: o dialético sempre tem diante de si outros homens, outras *doxai*, diante das quais "dar e receber razões" (531e4 s.: δοῦναί τε καὶ ἀποδέξασθαι λόγον), e sua formação deve visar primordialmente a aquisição dessa capacidade. Aqui está a diferença radical entre dialética e método das matemáticas, que se configura antes como um monólogo teoremático. A consolidação científica das verdades dialéticas (a conquista do *logos tes ousias*) é possível e necessária, mas não dá lugar a um sistema fechado e estável de definições, mas sim, como dizia o *Fédon*, a "hipóteses dificilmente contestáveis" (é esse, por exemplo, o caso da definição da justiça no livro IV da *República*, perfeitamente valida no âmbito político, mas que é posta novamente em discussão no "percurso mais longo", *makrotera periodos*, do livro VI).

No *Sofista*, a forma da verdade já não consiste tanto na produção do *logos tes ousias* de objetos noéticos "verdadeiros" quanto na construção de enunciados que digam "as coisas como são", ou seja, correspondam ao estado das relações reais dos entes noéticos entre si ou com os objetos empíricos. A verdade situa-se, portanto, na união entre sujeito e predicado quando leva em conta a conexão objetiva entre os termos reais aos quais se referem. A produção desse tipo de enunciados é permitida, ao menos no nível dos entes noéticos, pelo procedimento dicotômico, capaz de encontrar a trama de relações de comunicação que conectam, ou separam, os gêneros ideais entre si. Em princípio, o procedimento dicotômico pareceria representar um programa de reconstrução completa de todo o mapa das relações entre gêneros, e por isso constituir um dispositivo em condições de produzir todos os discursos verdadeiros que dizem respeito à realidade inteligível.

Isso, todavia, não é o verdadeiro projeto da dicotomia tal como Platão o constrói no *Sofista*.

A dicotomia certamente não pretende gerar um projeto de taxonomia universal, uma espécie de mapa ontológico de toda a realidade, como parece sugerir algumas de suas interpretações neoplatônicas (por exemplo, a célebre "árvore" de Porfírio). Essa pretensão é excluída por princípio da impossibilidade de dividir o *megiston genos* do "ser", que não constitui uma ideia-classe inclusiva de um conjunto ordenado de entes, como é, por exemplo, "animal", mas uma propriedade comum a todos os entes enquanto tais. Se o ser fosse divisível em espécie, deveriam ser também os outros *megista gene*, como a "identidade", a "diferença", o "movimento" ou a "imobilidade", o que evidentemente é absurdo.

A isso se acrescenta a proibição de dividir o campo dicotômico "de esquerda", que exclui de início a possibilidade de saturar uma taxonomia dicotômica universal.

É sobretudo sublinhado que o campo a ser dividido é assumido por hipóteses – por efeito de uma *homologia* entre os interlocutores (cf., por exemplo, 222b) – e *não* constitui o gênero aristotélico existente *in natura*. Pense-se, por exemplo, na "arte de conduzir animais no pasto" do *Político*, e sobretudo nos seis ou sete âmbitos gerais nos quais aos poucos o "sofista" é incluído no diálogo homônimo, dos quais resultam por via dicotômica outras definições diversas. O fato de que a validade dos resultados obtidos dependa do acordo entre os interlocutores, seja do ponto de partida seja do sucesso do processo de divisão, sublinha o caráter dialético-dialógico, portanto não sistemático-taxonômico, de todo o procedimento.

Para Platão, a verdade é necessária, e possível. Essa possibilidade está fundada no pressuposto de uma afinidade (*syngeneia*) entre a alma e o ser (ainda que depois essa afinidade possa ser interpretada, por exemplo, no sentido aristotélico da passividade do *nous* diante dos *noeta*, ou naquele idealista da produtividade do conhecer). A verdade pode ser adquirida tanto mediante a descrição de objetos verdadeiros quanto mediante a produção de enunciados correspondentes às relações objetivas que organizam o mundo. Em ambos os sentidos podem ser construídos procedimentos racionais para a aquisição da verdade, e graças a esses o relativismo sofístico pode ser refutado. Mas nem a herança de Sócrates nem o desafio do próprio sofista podem ser de fato totalmente removidos.

Pode-se construir projetos e regimes da verdade que estejam em condições de dar respostas objetivamente verdadeiras aos problemas do conhecimento e da *praxis* ético-política. O modo pelo qual essas respostas são geradas produz segmentos parciais da verdade – epistemológica e eticamente decisivos – que têm um horizonte intencional de integração cognitiva. Esse horizonte não parece saturável – de modo a chegar a um sistema de verdade fechado e definitivo – justamente em razão da natureza local e parcial dos projetos de verdade aos poucos perseguidos, que não se configuram como um procedimento derivativo e teoremático. Se é necessário superar, juntamente com o relativismo sofístico, também o não saber socrático, resta o terreno dialético e intersubjetivo no qual se formam e se realizam os projetos de verdade. Refutar Protágoras não implica, portanto, para Platão, antecipar Proclo.

CAPÍTULO DÉCIMO SEGUNDO

Imortalidade pessoal sem alma imortal: Diotima e Aristóteles[1]

1

Diotima[2] sustenta com muita clareza a tese de que o desejo de possuir "aquilo que é bom" (*tagatha*) é motivado pelo outro e dominante desejo de

---

1. Este capítulo foi originalmente publicado em The International Plato Society, X Symposium Platonicum, *The Symposium*, Proceedings I, Pisa, 15th-20th July 2013, Dipartimento di Filologia, Letteratura e Linguistica, Università di Pisa, Pisa, 2013.
2. A maioria dos comentadores sem dúvida reconhece Diotima como uma porta-voz confiável do pensamento platônico. Dúvidas a esse respeito, de diferentes pontos de vista, foram expressas, por exemplo, por SEDLEY, D., The ideal of godlikeness, in: FINE, G. (ed.), *Plato 2. Ethics, politics, religion, and the soul*, Oxford, 1999, 130, n. 2; e por NAILS, D., Tragedy off-Stage, in: LESHER, J. H.; NAILS, D.; SHEFFIELD, F. C. C. (ed.), *Plato's Symposium. Issues in interpretation and reception*, Cambridge (MA), London, 2006, 192-193. São dúvidas legítimas, se levarmos em conta as estratégias complexas de distanciamento do texto apresentadas no prólogo do diálogo (cadeia de narradores pouco confiáveis), e o caráter anômalo da personagem (mulher, estrangeira, sacerdotisa). É verdade, porém, que Diotima usa em diversas ocasiões, como veremos, a linguagem técnica da teoria das ideias que, sem dúvida, pertence a um dos núcleos teóricos constantes do pensamento de Platão. Se é verdade que nenhum personagem (incluindo as várias representações de Sócrates) pode ser considerado sem reservas como um autêntico "porta-voz" de Platão, portanto, não acredito que Diotima deva ser considerada menos confiável, por exemplo, do que o Sócrates do *Fédon* ou da *República*, nem que suas teses devam ser corrigidas com base nas expressas em outro lugar por outros personagens autorizados. Mas a especificidade do personagem no contexto dialógico, em particular no que diz respeito à retórica erótica, deve ser levada em conta no restante desta análise.

"ser feliz" (εὐδαίμων ἔσται: 204e6 ss.). Eros, portanto, está voltado a "possuir o bem para sempre" (206a8-9), entendendo-se com isso a felicidade que dele deriva. Essa aspiração a uma posse perpétua de bem e de felicidade dá lugar necessariamente a um desejo erótico de imortalidade (ἀθανασίας δὲ ἀναγκαῖον ἐπιθυμεῖν: 206e9 s.)[3].

Diotima indica três percursos que podem ser seguidos com vistas à satisfação desse desejo de imortalidade[4].

1.1

A primeira via para a imortalidade diz respeito a todo ser vivente mortal, seja homem ou animal (207b), e consiste na procriação biológica de um indivíduo similar ao genitor, pois "em todo vivente que é mortal há algo de imortal", a gravidez e a geração (206c6-8): "a procriação é aquilo que de eterno e imortal cabe a um mortal" (206e8)[5].

Com efeito, conclui Diotima, "a natureza mortal busca na medida do possível [*kata to dynaton*] ser sempre e ser imortal. Mas somente o pode sê-lo mediante a procriação" (207d1-3).

Trata-se em particular da via seguida pelos homens que estão "grávidos segundo o corpo": eles se voltam à reprodução sexual "procurando por meio da procriação dos filhos imortalidade e recordação e felicidade [ἀθανασίαν καὶ μνήμην καὶ εὐδαιμονίαν] [...] para todo o tempo vindouro" (208e).

1.2

Ao lado da via biológica para a imortalidade, Diotima reconhece outras duas, estas especificamente humanas, que poderemos definir de tipo "cultural"[6].

---

3. Para uma importante passagem paralela sobre a conexão entre imortalidade e felicidade, cf. *Timeu* 90c, ao qual teremos que retornar. A combinação é indicada por FERRARI, F., Eros, paideia e filosofia. Socrate fra Diotima e Alcibiade, in: SORGE, V.; PALUMBO, L. (ed.), *Eros e pulchritudo. Tra antico e moderno*, Napoli, 2012, 38.

4. Cf., neste sentido, LEAR, G. R., Permanent beauty and becoming happy in Plato's Symposium, in: LESHER, J. H.; NAILS, D.; SHEFFIELD, F. C. C. (ed.), *Plato's Symposium*, 109.

5. As traduções citadas do *Banquete* são de M. Nucci (Torino, 2009), com algumas modificações.

6. FUSSI, A., Tempo, Desiderio, generazione. Diotima e Aristofane nel Simposio di Platone, *Rivista di storia della filosofia*, v. 1 (2008), porém, aponta que, no caso dos homens,

A primeira delas diz respeito a um tipo de homem cujo perfil antropológico é diferente daquele dedicado à reprodução biológica. É o homem ambicioso, motivado pela *philotimia*, cujo desejo de imortalidade toma a forma da aspiração – de clara memória homérica[7] – a um *kleos athanaton* (208c5 s.), que assegure "a imortal memória" de seus gestos e de sua *areté*: "é visando uma virtude imortal e uma fama gloriosa que todos fazem tudo, e tanto mais quanto melhores sejam: de fato, amam o imortal" (208d5-e2).

É no âmbito desse tipo antropológico que a tensão para uma imortalidade cultural se desenvolve, após a primeira investigação do *kleos* heroico da épica, em direção a um legado eterno de obras memoriais, tanto no âmbito da criação poética quanto no da história política. A velha *areté* heroica dá lugar agora a um novo quadro de virtudes que se inscrevem no espaço da inteligência, a *phronesis* (φρόνησίν τε καὶ τὴν ἄλλην ἀρετήν, 209a4): aquelas virtudes, *sophrosyne* e *dikaiosyne*, que, para Platão, são essencialmente "políticas" (cf. *Resp.*, IV 430d1), e que Aristóteles preferirá chamar de "éticas". Os heróis epônimos dessas novas virtudes são agora os poetas e os artistas "criadores", como Homero e Hesíodo, mas ainda mais aqueles que se distinguem na garantia da boa ordem (*diakosmesis*) das casas e das cidades, como os protolegisladores Licurgo e Sólon[8]. É

---

também a reprodução biológica envolve um aspecto cultural, pois inclui as noções de família e memória preservada na descendência (6-7). A diferença entre as duas formas de imortalização parece atenuada, ou negada, pela passagem de 206c1-3, em que se afirma que "todos os homens estão grávidos καὶ κατὰ τὸ σῶμα καὶ κατὰ τὴν ψυχήν" (cada um, portanto, também teria um caminho "espiritual" para a imortalidade). Mas a passagem deve ser comparada com 208e2-3, 6, 209a1, em que os dois grupos são claramente opostos: "aqueles que estão grávidos segundo o corpo [οἱ μὲν ἐγκύμονες κατὰ τὰ σώματα] [...]. Aqueles que estão grávidos segundo a alma [οἱ δὲ κατὰ τὴν ψυχήν]". Mesmo o primeiro passo será, portanto, interpretado no sentido de que todos estão grávidos, tanto (alguns) no corpo quanto (outros) na alma.

7. Sobre o tom épico de toda a passagem, cf. Susanetti, D., L'anima, l'amore e il grande mare del bello, introdução a PLATONE, *Simposio*, Veneza, 1992, 25. A aparência do herói é com frequência a de um "deus imortal": cf., sobre Aquiles, *Ilíada*, XXIV 629 s. Sobre as "estratégias de sobrevivência mundana orientadas por uma tensão para o além" na era arcaica, que são "sustentadas pela ideia de que é possível escapar da aniquilação total criando formas de permanência, para além da vida, na vida dos homens: confiados à sua palavra, à sua visão, à sua memória", cf. o importante ensaio de Nicosia, S., Altre vie per l'immortalità nella cultura greca, in: ID., *Ephemeris. Scritti efimeri*, Soveria Mannelli (CZ), 2013, 407-423 (citação em 413).

8. FERRARI, G. R. F., Platonic love, in: KRAUT, R. (ed.), *The Cambridge Companion to Plato*, Cambridge 1992, 255, [trad. bras.: *Platão*, São Paulo, Ideias&Letras, 2011 (N. do T.)], fala de um "pious roll of cultural heroes" ["piedoso rol de heróis culturais"]. Também em *Phaedr.*, 258c Licurgo e Sólon, juntamente a Dario, são considerados "logógrafos imortais".

graças às suas obras no domínio da cultura e da política que eles adquirem, como os velhos heróis, fama (*kleos*) e memória imortais (209d)[9].

Até aqui, segundo Diotima, o jovem Sócrates está em condições de seguir o percurso da iniciação erótica. A sacerdotisa duvida, contudo, que ele esteja em condições de segui-la além dos limites dos assim chamados mistérios maiores, que abrem a via da iniciação epóptica, não obstante se declare disposta a dedicar ao discípulo todo o seu empenho (οὐκ οἶδ' εἰ οἷός τ' ἂν εἴης [...] ἐγὼ καὶ προθυμίας οὐδὲν ἀπολείψω: 210a2-4). Voltaremos mais adiante ao sentido dessa presumida incapacidade de Sócrates em seguir Diotima no percurso iniciático. Trata-se agora de ver o que está além do limite dos "grandes mistérios". É certo, contudo, que não poderá ser o tipo antropológico do homem "filotímico" que a supera, mas uma figura humana diversa: evidentemente, trata-se de antecipar, aquela do filósofo.

1.3

A terceira via para a imortalidade é também ela, como a segunda, de âmbito cultural, e não biológico, mas tanto sua abordagem quanto sua realização são de qualidade intelectual totalmente superior aos da via "filotímica". Quem, portanto, procede corretamente (*orthos*) por essa via passará do *eros* voltado à beleza de um corpo àquele por todos os corpos que participam do traço da beleza, depois ao voltado à beleza superior das almas e de seus produtos: comportamentos (*epitedeumata*), leis, conhecimentos (*epistemai*) (210a-c). Esse *eros* reorientado o colocará diante do espetáculo do "vasto oceano do belo", cuja contemplação lhe inspirará a geração de "discursos [*logoi*] belos e magníficos" além de nobres pensamentos (*dianoemata*) filosóficos, cujo horizonte é o conhecimento unitário e, por assim dizer, intenso (*mia episteme*) do belo (210d).

---

9. Uma passagem interessante das *Leis* une a primeira e a segunda vias para a imortalidade. "Até certo ponto, a humanidade participa por natureza da imortalidade e todos dela têm um desejo inato: é o desejo de se tornar célebre [*kleinon*] sem jazer sem nome quando morto. Na verdade, o gênero humano está de alguma forma ligado à totalidade do tempo que o acompanha e o acompanhará até o fim, e sendo precisamente nesse sentido imortal, ao deixar os filhos dos filhos permanecendo eternamente idênticos a si mesmo e único, participa da geração da imortalidade" (IV 721b7-c7). Deve-se notar que, enquanto a imortalidade pela fama é estritamente individual, a reprodutiva claramente se move, como teria acontecido em Aristóteles (cf. parágrafo 2.1), dos indivíduos para o gênero.

Nesse ponto, tendo agora chegado ao *telos* da contemplação das coisas belas, o iniciado chegará à visão instantânea (ἐξαίφνης κατόψεται) do "belo por natureza" (210e4-6). Tudo isso naturalmente suscitará outras perguntas, mas o que importa aqui, em primeiro lugar, é observar as consequências desta visão do belo em si. Quem a obtém gera não mais simulacros de *areté* – assim serão consideradas evidentemente tanto as virtudes heroicas quanto as ético-políticas – mas a "verdadeira virtude" (212a4-6), cuja natureza deve, portanto, ser considerada somente contemplativa. A quem a obteve cabe se tornar *theophiles*, no duplo sentido de aquele que é "caro aos deuses"[10] e aquele que lhes é devoto. A esse tipo de homem certamente também caberia se tornar imortal, *athanatos*, caso isso pudesse acontecer a um ser humano, e na medida em que isso é possível a um homem (212a7-8). Essa é a terceira e mais elevada forma de imortalidade que pode ser obtida pelos humanos, depois daquela biológica e daquela poética e política.

1.4

Tudo isso, dizíamos, suscita muitas perguntas. O que exatamente o iniciado conhece quando "vê" o belo? Que forma epistêmica assume esse conhecimento? Por que ele deveria ser quase inacessível ao Sócrates aluno de Diotima? Há continuidade ou descontinuidade entre os diversos passos em direção à imortalidade e entre os tipos de homem a eles correspondentes? O que ocorre ao iniciado após a visão do belo? Enfim, a pergunta que para nós é a mais importante: de que tipo é a imortalidade adquirida graças ao conhecimento do belo?

1.4.1

A linguagem com a qual Platão descreve o "belo", objeto da visão epóptica, não deixa dúvidas: trata-se da ideia ou forma do belo, aos quais são requeridos os traços recorrentes naquela que se pode definir como teoria *standard* das ideias[11].

---

10. Também em *Eth. Nicom.*, X 9 1179a24, 30 é essencialmente *theophiles* o *sophos* que se dedica à atividade teorética.

11. Cf., neste sentido, por exemplo, DI BENEDETTO, V., Eros/conoscenza in Platone, in: PLATONE, *Simposio*, Milano, 1985, 41; FRONTEROTTA, F., La visione dell'idea del bello. Conoscenza intuitiva e conoscenza proposizionale, in: BORGES DE ARAÚJO, A.; CORNELLI, G., *Il Simposio di Platone. Un banchetto di interpretazioni*, Napoli, 2012, 99.

É suficiente para isso ler duas passagens comparando-as respectivamente com textos paralelos da *República* e do *Fédon*. O belo do *Banquete* "sempre é e não nasce nem morre, não cresce nem diminui, [...] não é em parte belo e em parte feio, nem algumas vezes belo e outras vezes não, nem belo em relação a uma determinada coisa e feio em relação a outra" (211a1-4). Veja-se a *República*, ao se polemizar com o filodoxo que "considera não haver o belo em si nem qualquer ideia de beleza em si que permaneça invariável em sua identidade", e se lhe for objetado que das muitas coisas belas "não há nenhuma que não possa aparecer também feia [...], e que as mesmas coisas aparecem, de diversos pontos de vista, ora belas ora feias", de modo diferente da identidade invariável da ideia (V 479a1-8). E ainda, o belo do *Banquete* encontra-se "ele mesmo [αὐτὸ καθ'αὐτό] em si mesmo, consigo mesmo, em uma única forma [*monoeides*], eterno, enquanto todas as outras coisas belas dele participam [*metechonta*]" (211b1-3). A comparação aqui é com o *Fédon*, no qual do "igual em si, do belo em si, e de cada coisa que é em si" se diz que "cada uma dessas coisas que são, sendo uniformes [*monoeides*] em si e por si [αὐτὸ καθ'αὐτό] e na mesma condição, em nenhum momento, em nenhum lugar admite qualquer mudança" (78d3-8).

Não há dúvida, portanto, que o objeto da visão iniciática pode ser definido tecnicamente como a ideia do belo. O fato de que o contato com ela (designado pelo verbo *haptesthai*) representa o cume e a realização do percurso erótico (*telos*, 210e4) pode sugerir uma analogia, ao menos de posição, com a ideia do bom na *República*, também essa situada no cume (*telos*) do mundo ideal, e objeto de uma apreensão noética (VII 532b1 s.), que por sua vez pode ser indicada pelo verbo *haptesthai* (VI 511b6). Mas trata-se de uma analogia apenas de posição, porque enquanto na *República* o primado do bom em relação às outras ideias é fortemente defendido, no *Banquete* o belo aparece como *telos* no quadro dominante da sublimação erótica, e jamais está em questão sua relação com as outras formas do domínio eidético.

1.4.2

Pouca dúvida pode haver sobre a forma de apreensão da ideia do belo no *Banquete*. A linguagem platônica refere-se inequivocamente à imediatez do ato intuitivo, que se configura como visão ou contato (*exaiphnes, kathoran, haptesthai*, 210e5, 211b8). Acrescenta-se explicitamente que, neste ato, a aparição do belo não assume a forma de um *logos* ou de uma *episteme* (211a8), sendo, portanto, alheia à esfera do conhecimento linguístico-proposicional[12]. A comparação com a abordagem dialética da ideia do bem na *República* é convincente. Embora aqui não se acene a um conhecimento de tipo intuitivo, o acento recai na definição discursiva (διορίσασθαι τῷ λόγῳ), no *elenchos* (VII 534b8-c1), no *logos tes ousias*, no *logon didonai* (VII 534b3-5). Confesso que não acho apaixonante a discussão sobre o caráter irracional, místico, ou racional e mesmo hiper-racional[13] dos atos cognitivos extralinguísticos. Linguístico/proposicional e racional obviamente não são termos superponíveis e conversíveis, e a história da ideia de *Wesenschau* na filosofia do século XX está aí para prová-lo. Mais interessante é a questão, levantada por Fronterotta[14], se o ato de conhecimento intuitivo vivenciado individualmente é linguisticamente transponível, comunicável e universalizável: parece-me que, ao contrário da *República*, a questão não é tematizada no *Banquete* e, portanto, deve ser deixada em aberto, mesmo que uma resposta positiva pudesse, com grande incerteza, ser sugerida pela relação mestre-discípulo que governa todo o caminho iniciático.

Em vez disso, deve-se notar que a visão plena da ideia do belo é perfeitamente acessível *nesta* vida, e não requer – ao contrário do *Fédon* – qualquer separação da alma do corpo, mas é possível no termo de um processo de sublimação, no qual a atração pela beleza corpórea é o ponto de partida imprescindível. Mas teremos que voltar a isso de um ponto de vista diferente.

1.4.3

O que significa, então, a incapacidade de segui-la na jornada iniciática que Diotima atribui a Sócrates? Nele era possível ler o sinal da insuperável minoria do filósofo, obrigada, pelo menos nesta vida, a amar a sabedoria sem poder alcançá-la e, portanto, confinada à área epistêmica da "opinião verdadeira". No entanto, essa interpretação parece ser refutada por uma passagem muito

---

12. Cf. CENTRONE, B., Introdução a PLATONE, *Simposio*, trad. e comentário de M. Nucci, Torino, 2009, XXXIII; NUCCI, M., in: PLATONE, *Simposio*, Torino, 2009, n. 269; FRONTEROTTA, F., La visione dell'idea del bello, 106-110.

13. BEARZI, F., Il contesto noetico del Simposio, *Études platoniciennes*, v. 1 (2004) 215, fala de "suprema rigorosidade racional". Que não se trata de uma "mystische Erlebnis", porque não há *unio mystica* entre sujeito e objeto, é sustentado por SIER, K., *Die Rede der Diotima. Untersuchungen zum platonischen Symposion*, Stuttgart-Leipzig, 1997, 171-172.

14. FRONTEROTTA, F., La visione dell'idea del bello, 109.

semelhante da *República*, em que, porém, é Sócrates, uma vez que atingiu o limiar da compreensão plena da dialética e de seu objeto terminal, a ideia do bem, que atribui a Gláucon uma semelhante incapacidade de prosseguir[15]. Sócrates usa aqui quase as mesmas palavras que Diotima lhe dirigira no *Banquete*: "meu caro Gláucon, já não poderás [οὐκέτι [...] οἷός τ'ἔσῃ] seguir-me, embora certamente não me descuidarei de todo o esforço [*prothymia*]" (VII 533a1 s.). A mudança de posição entre Sócrates e Diotima pode então sugerir que a incapacidade de Sócrates no *Banquete* deve-se à sua juventude[16], superada na *República* quando um Sócrates maduro teria assumido a atitude de mestre. No entanto, mesmo essa hipótese parece ser questionada por uma comparação com o *Parmênides*. Nesse caso, o velho mestre eleata reconhece como próprio do muito jovem Sócrates um procedimento filosófico que consiste em reconhecer traços comuns a diferentes entidades (é o primeiro passo na construção da teoria das Ideias, isto é, o reconhecimento da unidade além da multiplicidade, do *hen epi pollois*, da qual também começa a ascensão do *Banquete*, 210b3 s.), e ao separar (*choris*) esses traços das entidades que dele participam, fazendo-os existir em si mesmos: "este raciocínio também se aplica às realidades tal como a forma em si mesma [εἶδος αὐτὸ καθ'αὑτό] do justo, do belo, do bom" (130b2-9, cf. 130e5-131a2).

Em suma, o que o muito jovem Sócrates faz de acordo com Parmênides é a construção de uma forma *standard* da teoria das Ideias por meio de um simples procedimento lógico-ontológico que não requer a *paraphernalia* de iniciação nos mistérios eróticos do *Banquete*[17], ou qualquer visão ultraterrena de ideias.

Não parece, portanto, que o motivo da dificuldade atribuída por Diotima a Sócrates consista no aspecto cognitivo de apreender a ideia da beleza. O que é enfatizado e solenizado desta forma é a dificuldade de uma escolha de vida em vez de uma orientação epistêmica: a escolha de vida que levará a uma forma

---

15. Aqui, porém, pode não se tratar tanto de uma incapacidade subjetiva quanto da dificuldade intrínseca de a dialética se constituir como um conhecimento epistemologicamente completo e saturado, uma dificuldade que depende da natureza ontologicamente ambígua de seu objeto último, a ideia do bom: cf., nesse sentido, VEGETTI, M., Glaucon et les mystères de la dialectique, in: DIXSAUT, M. (ed.), *Études sur la République de Platon*, v. II, Paris, 2005, 25-37.

16. Considerações interessantes sobre o "jovem Sócrates" nos diálogos em DE LUISE, F., Il sapere di Diotima e la coscienza di Socrate. Note sul ritratto del filosofo da giovane, in: BORGES DE ARAÚJO, A.; CORNELLI, G., *Il Simposio di Platone*, 115-138.

17. De modo correto, ROWE, Ch., *Il Simposio di Platone*, Sankt Augustin, 1998, enfatiza que o erotismo é apenas um dos caminhos possíveis para o conhecimento filosófico.

de imortalização individual diferente das biológicas, políticas e poéticas, e que, portanto, requer uma plena maturidade moral e intelectual por parte daqueles que se encaminham nessa direção.

1.4.4

Parece ser possível excluir que haja uma continuidade entre os diferentes caminhos para a imortalidade, e que estes possam ser dispostos em uma sequência progressiva[18]: o erótico-filosófico deve ser realizado "desde a mais tenra idade" (210a6), correspondendo-lhe um tipo de homem – precisamente o filósofo – antropologicamente diferente tanto daquele dedicado à procriação biológica quanto dos *philotimos*. A escolha do filósofo envolve uma forma de vida que lhe é peculiar: "esta é a dimensão da vida que, no mínimo, o homem deve viver [*biôton*]: contemplar a beleza em si mesma" (211d1-3).

O *Banquete* – ao contrário da *República* – não parece prever nenhuma descida do filósofo uma vez atingido o estágio contemplativo[19]. É verdade que, tendo chegado à visão da beleza, e ao tipo de vida que a segue, o filósofo ainda tem uma atividade geradora, que consiste em "dar à luz não a simulacros [*eidola*] de virtude, mas a verdadeira virtude, uma vez que apreende a verdade" (212a4-6). Esta *areté*, precisamente na medida em que é "verdadeira", será, portanto, diferente das virtudes poéticas e políticas: se podemos antecipar uma linguagem aristotélica, será uma virtude dianoética, e não ética, que configura uma forma de vida dedicada à verdade e não para a política ou para a criação poética.

---

18. Cf., neste sentido, CENTRONE, B., Introdução, XXXIII; e NUCCI, M., *op. cit.*, n. 260.
19. Assim, NAILS, D. *Tragedy off-Stage*, 193-194: "the ascent in the *Symposium* ends at the summit with exclusive contemplation of the *kalon*" ["a ascensão no *Banquete* termina no cume da contemplação exclusiva do *kalon*"]. No mesmo sentido BEARZI, F., Il contesto noetico del Simposio, 234 (que, no entanto, tenta mostrar uma compatibilidade indireta com a *República*). Escreve efetivamente, FERRARI, G. R. F., Platonic love, 259-260: "far from there being any hint that he [o iniciado] could transfer his concern from the Beautiful itself to the beauty of virtue, he is explicitly envisaged as spending his life in contemplation of the former. In marked contrast to the Lesser Mysteries, what virtue amounts to here is not clearly something other than the vision of the Beautiful that gives it birth" ["longe de haver qualquer indício de que ele [o iniciado] poderia transferir a sua preocupação do Belo em si para a beleza da virtude, ele é explicitamente considerado como ocupando a sua vida na contemplação daquele. Em contraste marcante com os Mistérios menores, o que a virtude representa aqui não é claramente outra coisa senão a visão do Belo que lhe dá origem"].

Blondell[20] acredita que uma descida é inevitável: "já que o filósofo não pode existir permanentemente na contemplação das formas", "o temporariamente solipsista Sócrates logo retornará aos seus companheiros mortais". Isso pode certamente ser verdade para o filósofo da *República*, e talvez também para o nosso bom senso. Mas é menos verdadeiro para a figura do filósofo que Platão esboça no célebre *excursus* do *Teeteto*, com sua dedicação exclusiva à pura teorese (173d-175b), para não mencionar a ascese do *Fédon*[21]. Afinal, nada há de impensável em uma vida inteiramente dedicada a compreender as estruturas do mundo noético, se pensarmos em exercícios teóricos como os protagonizados no *Sofista* e no *Parmênides*. Aristóteles teria indicado claramente que o *bios theoretikos* pode constituir uma forma de vida penetrante – embora certamente nele o objeto de contemplação seja muito mais dilatado em comparação com o platônico.

1.4.5

Essas considerações facilitam a resposta à pergunta mais importante para nós, acerca do tipo de imortalidade pessoal que decorre da visão da ideia de belo (e, por extensão, é razoável supor, do mundo das Formas como um todo). "Não pensas – pergunta Diotima – que quem dá à luz e nutre a verdadeira virtude deve se tornar querido pelos deuses [*theophiles*], e se um homem se tornasse imortal, igualmente deveria sê-lo?" (212a7 s.). O significado desta passagem, em que Platão indica o terceiro e mais elevado caminho para a imortalidade pessoal, é esclarecido pela comparação com um texto paralelo mais explícito do *Timeu*, cuja linguagem tem fortes afinidades com a do *Banquete*:

---

20. BLONDELL, R., Where is Socrates on the "Ladder of Love"?, in: LESHER, J. H.; NAILS, D.; SHEFFIELD, F. C. C. (ed.), *Plato's Symposium*, 155, 176. Parece-me muito similar a posição de GONZALEZ, F. J., Interrupted dialogue. Recent readings of the Symposium, *Plato*, v. 8 (2008) §17. Também PRICE, A. W., *Love and friendship in Plato and Aristotle*, Oxford, 1989, acredita que a contemplação não pode significar inação e indiferença para com as outras pessoas, mas como confirmação dessa tese ele cita principalmente passagens da *República*! (51). Se todas as teses apresentadas por Platão em cada diálogo fossem imediatamente transferíveis para todos os outros, Platão teria escrito apenas um livro: um compêndio, ou *syngramma*, da filosofia platônica, uma obra que ele próprio declara impossível e cujo primeiro exemplo histórico, parece, foi composto pelo jovem tirano de Siracusa Dionísio II (*Ep. VII* 341b-c).

21. Sobre essa tensão entre diferentes perfis de vida filosófica, cf. VEGETTI, M., Il regno filosofico, in: ID. (ed.), PLATONE, *La Repubblica*, Napoli, 2000, v. IV, 362-364.

aquele que se empenhou na busca do conhecimento e em pensamentos verdadeiros, e exercitou acima de tudo esta parte de si mesmo, é absolutamente necessário que, quando se apoia na verdade [ἀληθείας ἐφάπτηται], tenha pensamentos divinos e imortais e que, na medida em que a natureza humana foi dada a participar da imortalidade, não negligencie nenhuma parte dela e, portanto, seja extraordinariamente feliz (90b6-c6, trad. Fronterotta ligeiramente modificada).

O trecho do *Timeu* confirma o que já está bem claro no *Banquete*. Para os mortais, a imortalidade pessoal obtida por meio da aquisição, consolidação e transmissão educativa do conhecimento – como aquela buscada por meio da descendência ou da memória – não requer e não presume a imortalidade da alma individual. Como escreveu Casertano, "todo homem é mortal, em corpo e alma, mas tem a possibilidade, em sua vida mortal, de atingir uma forma de imortalidade, que consiste precisamente em subir ao mundo imortal do conhecimento"[22].

O sentido da ausência no *Banquete* de uma teoria da imortalidade da alma individual, em relação a todo o pensamento platônico, será discutido mais adiante.

Agora é o momento de considerar uma posteridade importante, e em alguma medida surpreendente, das teses sobre a imortalidade ensinadas por Diotima; reciprocamente, esta posteridade servirá para melhor compreender o significado e o alcance das observações que fizemos até agora.

2

2.1

Há uma semelhança extraordinária entre o caminho reprodutivo para a imortalidade indicado por Diotima e a maneira como Aristóteles explica o propósito da reprodução biológica no *De anima* e no *De generatione animalium*:

---

22. Cf. CASERTANO, G., In cerca dell'anima nel Simposio, in: BORGES DE ARAÚJO, A.; CORNELLI, G., *Il Simposio di Platone*, 64-65 (também nota 49 na página 67). No mesmo sentido, LEAR, G. R., Permanent beauty, 115, nota 25 ("no mundo do *Banquete*, as práticas culturais duram mais que as almas porque as almas são mortais. E as ciências são ainda mais 'imortais' porque estão associadas a objetos atemporais"); FERRARI, F., Eros, paideia e filosofia, 39 (a eternidade do conhecimento como única forma de imortalidade humana); ROWE, Ch., *Il Simposio di Platone*, 112-113. Para o *Timeu*, cf. CENTRONE, B., L'immortalità personale. Un'altra nobile menzogna?, in: MIGLIORI, M.; NAPOLITANO VALDITARA, L.; FERMANI, A. (ed.), *Interiorità e anima. La psyché in Platone*, Milano, 2007, 42. Para posições opostas, cf. nota 26.

A função mais natural [*physikôtaton*] dos seres vivos [...] é produzir outro indivíduo semelhante a ele: o animal um animal e a planta uma planta, e este participar [*metechôsin*], na medida do possível, do eterno e divino. Na verdade, é para isso que todos os seres tendem [*oregetai*]. [...] Visto que, portanto, esses seres não podem participar com continuidade do eterno e do divino, pois nenhum ser corruptível é capaz de sobreviver idêntico e uno em número, cada um participa tanto quanto possível, alguns mais e outros menos, e sobrevive não em si mesmo, mas em um indivíduo semelhante a ele, não uno em número, mas uno na espécie [*eidei*] (*De an.*, II 4 415a25-b7, trad. Movia).

De modo mais resumido, Aristóteles o reiterou no *De generatione*:

visto que não é possível que a natureza do gênero dos animais seja eterna, o que nasce é eterno na forma como é dado. Individualmente, portanto, é impossível para ele [...], de acordo com a espécie, porém, é possível. Portanto, há sempre um gênero de homens, animais e plantas (*De gen. anim.*, II 1 731b31-732a1, trad. Lanza).

Assim, Aristóteles generaliza, estendendo a todo o mundo vivo, dos humanos às plantas, a tese de Diotima sobre a imortalidade reprodutiva. No entanto, a extensão tem duas consequências. A primeira é uma certa des-psicologização do discurso de Diotima, que substitui *eros* por uma pulsão "naturalíssima"; também permanece verdadeiro para Aristóteles que a aspiração (*orexis*) à eternidade divina constitui uma espécie de programa genético dos seres vivos, que pode, entretanto, agir de maneira completamente inconsciente. A segunda consequência é que a cena da imortalização reprodutiva passa decisivamente dos indivíduos para a espécie, que é o único contexto possível.

2.2

Aristóteles não segue explicitamente o segundo caminho para a imortalidade pessoal, aquele perseguido pelo tipo de homem "filotímico". Não há dúvida, porém, de que ele delineia essa forma de vida e sua ligação com a virtude e a felicidade, ainda que não diretamente, em relação à imortalidade por meio da memória. É esta a esfera das virtudes que Aristóteles chama de éticas, distinguindo-a das "teóricas" definidas, como se sabe, como "dianoéticas". As virtudes éticas não são primordiais, ainda que gozem de sua própria excelência: "A ação política e a ação bélica primam entre as ações segundo a virtude"; derivam dela "poder e honras [*timas*] e, em todo caso, felicidade [*eudaimonia*] para si mesmo e para os seus concidadãos" (*EN* X 7, 1177b13-17, trad. Natali modificada). No entanto, a felicidade resultante dessa forma de virtude é imperfeita e de segunda categoria, porque é condicionada por circunstâncias externas e independente do agente individual, que deve assumir um compromisso oneroso com um resultado incerto.

2.3

Por outro lado, o renascimento aristotélico da terceira via rumo à imortalidade pessoal, a filosófica, é inequívoco[23]: se manifesta em uma passagem da *Ética nicomaqueia* com forte ênfase retórica, centrada no verbo *athanatizein*, um *hapax* no *corpus* aristotélico[24]. No famoso capítulo 7 do livro X[25], Aristóteles decreta o primado da vida teórica como atividade segundo a melhor virtude humana, aquela exercida pelo *nous* no conhecimento das coisas "belas e divinas", da qual decorre sua capacidade de alcançar a "felicidade perfeita" (*teleia eudamonia*) (1177a12-17). Essa vida consiste na atividade do elemento divino inerente à vida humana, precisamente o pensamento. Para isso, acrescenta Aristóteles,

---

23. A proximidade de Platão de Aristóteles neste tema foi relatada e discutida por ARENDT, H., *Tra passato e futuro* (1961), trad. it. Milano, 1991, 70-129 [trad. bras.: *Entre o passado e o futuro*, São Paulo, Perspectiva, 2022 (N. do T.)].

24. Cf., a este respeito VEGETTI, M., Athanatizein. Strategie di immortalità nel pensiero greco, in: ID., *Dialoghi con gli antichi*, Sankt Augustin, 2006, 165-166, 174-176, em que se reconstrói a pré-história do tema do *athanatizein* (167-170). A capacidade dos médicos discípulos do trácio Zalmoxis de "se tornarem imortais" (*apathanatizein*) é ironicamente mencionada no *Cármides* 156d6. Um percurso que vai da imortalização mágica dos trácios à "epistêmica" em Platão e Aristóteles (sem a necessidade da sobrevivência da alma individual) é traçado por FERRARI, F., L'incantesimo del Trace. Zalmoxis, la terapia dell'anima e l'immortalità nel Carmide di Platone, in: TAUFER, M. (ed.), *Sguardi interdisciplinari sulla religiosità dei Geto-Daci*, Freiburg, 2013, 21-41. Uma referência à influência do *Banquete* e do *Timeu* 90c nesta passagem aristotélica é formulada por SIER, K., *Die Rede der Diotima*, 187-188.

25. A crítica frequentemente identificou o caráter anômalo deste e do capítulo seguinte com respeito ao tom geral do tratado ético: cf. a discussão relativa ao assunto em VEGETTI, M., *L'etica degli antichi* (1989), Roma, Laterza, 2010, 202-210 [trad. bras.: *A ética dos antigos*, São Paulo, Paulus, 2015 (N. do T.)].

não se deve, sendo homem, limitar-se a pensar nas coisas humanas, nem, sendo mortal, pensar apenas nas coisas mortais, como diz o conselho tradicional, mas sim tornar-se imortal na medida do possível [ἐφ' ὅσον ἐνδέχεται ἀθανατίζειν] e fazer o possível para viver de acordo com o que há de melhor em nós. Mesmo que seja de pequeno volume [onchos], em poder e honra excede em muito todo o resto (1177b31-1178a1).

A mais elevada forma de imortalidade pessoal possível ao ser humano mortal, a mais verdadeira virtude, a felicidade perfeita: nessa passagem aristotélica ecoam com grande força os traços decisivos reconhecidos por Diotima na contemplação filosófica da ideia de beleza – naturalmente estendida por Aristóteles a todo o campo de objetos possíveis do pensamento especulativo.

Parece, pois, certo que Aristóteles encontrou no *Banquete* elementos decisivos para pensar a questão do desejo de imortalidade individual por parte dos mortais vivos e dos diversos níveis em que esse desejo pode ser satisfeito: da eternidade reprodutiva à assimilação parcial com a imortalidade divina permitida pela forma de vida teorética.

2.4

A elaboração e expansão aristotélica das perspectivas apontadas por Diotima fornecem, por sua vez, esclarecimentos valiosos que podem ser empregados de modo retroativo para a interpretação dos problemas cruciais levantados por essas perspectivas.

Em primeiro lugar. Considerada do ponto de vista aristotélico, a questão de saber se o caminho "político" e especulativo para a imortalização pessoal deve ser considerada como situada em uma sequência ou, antes, ao contrário, claramente resolvida no segundo sentido. As formas de vida política e teórica são claramente distintas e contrastadas por Aristóteles[26]; correspondem a diferentes tipos de homem e a diferentes virtudes hierarquicamente distintas (as dianoéticas e as éticas, embora naturalmente o exercício da virtude maior não exclua a posse das virtudes éticas, exigidas pela convivência cotidiana entre os homens)[27].

---

26. Cf. a respeito as análises pontuais de GASTALDI, S., *Bios hairetotatos. Generi di vita e felicità in Aristotele*, Napoli, 2003, 109-131.

27. Cf., neste sentido, *Eth. Nicom.*, X 8 1178b2-7.

Aristóteles considera a atividade política um impedimento e um estorvo à atividade especulativa, à qual toda a vida deve ser dedicada na medida do possível – mesmo que se trate de uma minoria de homens, como presumivelmente aconteceu para a iniciação erótica perfeita do *Banquete*.

Essa oposição entre virtudes, formas de vida e tipos humanos contém também em si a resposta que o ponto de vista aristotélico oferece à segunda questão levantada pelo *Banquete*, sobre a possível "descida" às ocupações humanas após o acontecimento da contemplação da ideia de beleza. Como antecipado, essa resposta só pode ser negativa. Ao contrário do retorno à caverna dos filósofos da *República*, o filósofo aristotélico recusou o envolvimento político, decidindo "viver como estrangeiro" na cidade (*Pol.*, VII 2 1324a16). A mesma permanência perpétua na esfera da atividade teórica será, portanto, atribuída ao filósofo contemplado no *Banquete*.

Vamos, contudo, à terceira e mais importante questão. A ideia de um acesso biológico à eternidade da espécie, e de uma conquista cultural da imortalidade pessoal que não envolve e não requer qualquer concepção da imortalidade da alma individual, está em perfeita harmonia com a psicologia e com o a ética "mundana" de Aristóteles. De modo recíproco, o fato de que ele pode aceitar sem reservas essas perspectivas sobre a imortalização formuladas no *Banquete* significa que na leitura aristotélica elas não envolviam qualquer compromisso com as crenças formuladas em outro lugar por Platão acerca da imortalidade da alma individual, convicções que Aristóteles não poderia ter de modo algum compartilhado. Aristóteles, portanto, confirma a ausência no *Banquete* de qualquer referência a este complexo de doutrinas e suas implicações morais e gnosiológicas.

3

Ausência, esta que não se explica com hipóteses evolutivas, dada a proximidade do *Banquete* a diálogos, como o *Fédon* e o *Fedro*, em que a reflexão sobre a imortalidade da alma desempenha um papel central. Também parece bastante arbitrário pensar no "ceticismo temporário" de Platão em torno dessa crença, como fez Hackforth[28]. Mas nem as "explicações" (no sentido inglês de *explain*

---

28. HACKFORTH, R., Immortality in Plato's Symposium, *Classical Review*, v. 64 (1950) 43-45.

away) que envolvem uma *petitio principii*, desse tipo, parecem aceitáveis: Platão *sempre* sustentou a teoria da imortalidade da alma; portanto, *não poderia* faltar no *Banquete*, mesmo que o texto pareça não o confirmar[29].

Na verdade, mesmo o eclipse da imortalidade da alma individual deve, em minha opinião, ser interpretado de acordo com o critério prudente e plausível formulado por Thomas Robinson:

---

29. Parece-me que este tipo de argumentação seja o de CENTRONE, B., Introdução, LIX-LX: "A negação da imortalidade pessoal implícita nas palavras de Diotima em 207c-208b não pode estar em contradição com a teoria da imortalidade da alma, cósmica ou individual, da qual Platão é constantemente partidário e defensor convicto; o mortal de que falamos é o corpo e provavelmente o composto de alma e corpo". Um raciocínio semelhante encontra-se também em FIERRO, M. A., Symp. 212a2-7. Desire for the truth and desire for death and a God-Like immortality, *Methexis*, v. 14 (2001) 23-43, cuja interpretação do *Banquete* é inteiramente derivada do *Fédon*. De um ponto de vista "compatibilista" (por exemplo, entre o *Fédon* e o *Banquete*), PRICE, A. W., *Love and friendship*, pergunta: "The question becomes how best characterize an immortality within mortality whose achievement is desirable even for souls that are themselves fully immortal" ["A questão é a de saber como melhor caracterizar uma imortalidade na mortalidade cuja realização é desejável mesmo para almas que são totalmente imortais"]; e conclui: "Plato, regrettably, leaves us to speculate about an answer" ["Platão, lamentavelmente, deixa-nos a especular uma resposta"] (33-34). Para uma ampla discussão problemática, consulte-se SIER, K., *Die Rede der Diotima*, 185-197. Entre a interpretação segundo a qual "a individualidade da pessoa só pode ser perpetuada por substituição, através da 'criação' espiritual", e aquela de uma imortalidade plena, não vicária, para a alma do filósofo, Sier tem grande cautela em relação à segunda, especialmente com base na referência questionável indicada por O'Brien a *Resp.*, X 612e-614a. O ensaio de O'BRIEN, M., "Becoming Immortal" in Plato's Symposium, in: GERBER, D. E. (ed.), *Greek poetry and philosophy*, Chico (CA), 1984, 185-205, é provavelmente o melhor esforço no sentido "compatibilista", porque não esconde as dificuldades de interpolar uma doutrina da imortalidade da alma no *Banquete* sem sobrepor outros diálogos como o *Fédon* (186), embora ele mesmo, em seguida, recorra repetidamente ao livro X da *República*. O'Brien escreve que o tópico da imortalidade é evitado, ao invés de afirmado ou negado, no discurso de Diotima (192), mas ele vê em sua frase final uma referência à "imortalidade literal do filósofo em comunhão com a Beleza absoluta" (196-197, 197 n. 34). No entanto, O'Brien percebe duas anomalias dessa interpretação: que a imortalidade é uma perspectiva, um *achievement*, concedida apenas ao filósofo, cuja alma não é imortal por natureza, mas pode se tornar assim; sendo apresentada como um dom divino ao filósofo, não como um atributo necessário da alma (199-201). O'Brien explica essas anomalias como efeito da estratégia retórica (psicagógica) de Diotima, mas na verdade elas parecem caracterizar todo o arcabouço teórico do discurso sobre a imortalidade, que por esse motivo provavelmente teria atraído o interesse de Aristóteles. No entanto, creio ter demonstrado (VEGETTI, M., Introdução ao livro X, in: ID. (ed.), PLATONE, *La Repubblica*, Napoli, 2007, v. VII, 13-34) que o livro X da *República*, ou as partes que o compõem, não podem ser consideradas como a "última palavra" da filosofia platônica sobre este e outros temas.

A recusa manifesta de Platão em reduzir a um semblante artificial uma série de concepções da alma que, intrinsecamente, são provavelmente irreconciliáveis [...] deve ser entendida como um sinal de seu poder filosófico [...]. Pode ser atribuída a seu projeto a decisão de deixar em aberto a pluralidade de opções em caso de dúvida, decisão de um homem que ao longo da vida, e até o fim, optou sempre por exprimir-se, sobre todos os assuntos, em forma de diálogo aberto e não naquela de um tratado dogmático[30].

Além disso, é bem conhecido o quão problemática e dificultosa é a questão da imortalidade da alma individual em Platão, devido às próprias necessidades a que é chamado a responder. Por um lado, há uma necessidade moral de encorajar uma conduta justa nesta vida por meio de um dispositivo de recompensas e punições fornecidas para a alma no futuro, que pode compensar o justo por seus sofrimentos mundanos e punir o injusto por suas prevaricações[31], dispositivo amplamente descrito nos mitos escatológicos do *Górgias* e do livro X da *República*[32]. Por outro lado, há uma necessidade gnosiológica de explicar a possibilidade de conhecimento de entidades incorpóreas, como as ideias, por uma alma ligada aos órgãos dos sentidos: pode ser mais facilmente pensado como um contato pré-natal com as ideias por uma alma ainda não incorporada, de acordo com a tese do *Fédon*[33].

---

30. ROBINSON, Th. M., Caractères constitutifs du dualisme âme-corps dans le Corpus platonicum, *Cahiers du Centre d'études sur la pensée antique "kairos kai logos"*, v. 11 (1997) 26.

31. Uma passagem da *Carta VII* (334e3-335e6) confirma tanto a utilidade moral da crença na imortalidade da alma quanto seu caráter extrateórico. Dado que "nenhum de nós é imortal por natureza", e que a questão do bem e do mal surge apenas no que diz respeito à alma, "se ela está ligada ao corpo ou separada dele", Platão acrescenta: "Devemos em qualquer caso acreditar verdadeiramente [πείθεσθαι δὲ ὄντως ἀεὶ χρή] nos contos antigos e sagrados que nos alertam que a nossa alma é imortal, e que, uma vez separada do corpo, pode ser julgada e sofrer os mais graves castigos".

32. Cf., a esse respeito, CENTRONE, B., L'immortalità personale, 36-37.

33. Cf., neste sentido, FERRARI, F., L'anamnesis del passato tra storia e ontologia. Il mito platonico come pharmakon contro utopismo e scetticismo, in: MIGLIORI, M.; NAPOLITANO VALDITARA, L.; FERMANI, A. (ed.), *Interiorità e anima*, 80-83. O contato pré-natal pode ser interpretado como uma "interpretação" mítica da *syngeneia* (afinidade ou parentesco) entre a alma e as ideias (*Phaed.*, 79d3, *Resp.*, VI 490b4) que na linguagem moderna seria chamada de "condição transcendental" do conhecimento (cf. sobre o tema, ARONADIO, F., *Procedure e verità in Platone*, Napoli, 2002, 221-244).

No entanto, os dois requisitos entram em conflito em um ponto decisivo, que permanece sem solução em Platão[34]. Alguma forma de memória da experiência cognitiva pré-natal deve ser preservada na vida corporal, pois nela se baseia a forma anamnésica de reconhecimento das ideias nesta vida. Ao contrário, o plano ético exige o cancelamento de todas as memórias das experiências pré-natais, como indica o mito de Er, pois do contrário não haveria mais decisões morais responsáveis nesta vida, mas um simples cálculo de custos e benefícios, segundo o qual a conduta justa seria presumivelmente escolhida em vista das recompensas decuplicadas com as quais é remunerada na vida após a morte, enquanto a conduta injusta seria evitada por medo de punições semelhantes. A memória, necessária para o conhecimento das ideias, tornaria, portanto, a escolha moral impossível. É uma contradição que Platão não resolve nem tematiza, deixando que os dois tipos de discurso ocorram em níveis distintos sem que se relacionem.

Considerações semelhantes podem ser desenvolvidas em torno da questão da imortalidade da alma em sua individualidade[35]. A necessidade de uma ordem moral requer que a história sobrenatural da alma a considere em sua totalidade pessoal (trata-se, portanto, da alma de Aquiles ou de Sócrates): recompensas e punições não dizem respeito senão a *toda* a alma, que carrega os méritos e defeitos da vida do indivíduo a quem pertencia. Mas, por outro lado, é difícil pensar que as partes da alma mais intimamente ligadas à corporeidade, como o *thymoeides* e o *epithymetikon* – aliás, explicitamente designadas como "mortais" no *Timeu* – possam desfrutar da mesma imortalidade que pertence ao elemento divino que está em nós, isto é, o princípio racional, que é, entretanto, por sua natureza impessoal.

Mesmo esses problemas não encontram soluções unívocas em Platão, nem são explicitamente tematizados.

Se levarmos em conta este quadro complexo e fragmentado, podemos aceitar sem grande surpresa que o *Banquete* não leva em consideração a imortalidade da alma de forma alguma, e se propõe a pensar em uma forma de imortalização

---

34. Para uma discussão mais ampla sobre este assunto, refiro-me a VEGETTI, M., *Quindici lezioni su Platone*, 119-131 [trad. bras.: *Quinze lições sobre Platão*. São Paulo, Loyola, no prelo (N. do T.)].

35. O problema é discutido em CENTRONE, B., L'immortalità personale, 35-50; e em MIGLIORI, M., La prova dell'immortalità dell'anima (608c-612c), in: VEGETTI, M. (ed.), PLATONE, *La Repubblica*, Napoli, 2007, v. VII, 273-275.

pessoal que a desconsidere completamente: isso deve ser considerado como um dos muitos experimentos intelectuais de Platão, cuja importância é excepcionalmente confirmada por sua cuidadosa revisão feita por Aristóteles.

No entanto, convém destacar uma consequência importante desta experiência, à qual nem sempre se dedicou atenção suficiente: trata-se da renúncia à função gnosiológica (e moral) atribuída à imortalidade da alma.

4

No *Banquete*, prescindir da imortalidade da alma significa renunciar à reminiscência (*anamnesis*) como forma de resgatar um conhecimento do mundo eidético obtido pela alma em sua vida extracorpórea[36]. O acesso à ideia da beleza neste diálogo se dá graças a um caminho de sublimação da pulsão erótica que não requer de forma alguma a separação da alma do corpo, mas que tem no corpo – como sujeito e objeto do desejo de beleza – seu ponto de partida essencial, e a reserva indispensável de energias psíquicas para investir na conversão à ideia. Não há dúvida, portanto, que de acordo com o *Banquete* um conhecimento das ideias (que aqui parece predominantemente intuitivo) é possível mesmo sem se recorrer à imortalidade da alma e sua reminiscência.

É, sem dúvida, verdade que em muitos diálogos – do *Fédon*[37] ao *Mênon*[38], em alguns aspectos no *Fedro* – a visão completa do mundo eidético é dependente de uma experiência cognitiva que só é possível para a alma desencarnada, que também retém alguma memória mesmo após a reencarnação.

---

36. A questão foi sublinhada por DI BENEDETTO, V., Eros/conoscenza in Platone, 40. A ausência do *Anamnesis-Modell* no *Banquete* também é sublinhada por SIER, K., *Die Rede der Diotima*, 147-148, 190.

37. De acordo com a conhecida tese de EBERT, T., *Sokrates als Pythagoreer und die Anamnesis in Platons Phaidon*, Stuttgart, 1994, neste diálogo a reminiscência pertenceria mais à doutrina pitagórica do que à platônica. A discussão de TRABATTONI, F., Introdução, em ID. (ed.), PLATONE, *Fedone*, Torino, 2011, XXXIV-XLVIII, com extensas referências à bibliografia recente.

38. Sobre as diferenças entre esses dois diálogos, cf. as observações interessantes de LAFRANCE, Y., Les puissances cognitives de l'âme. La réminiscence et les Formes intelligibles dans le Ménon (80a-86d) et le Phédon (72e-77a), *Études platoniciennes*, v. 4 (2007) 239-252.

É igualmente verdade, porém, que em outros diálogos não menos importantes, assim como no próprio *Banquete*, o conhecimento das ideias é possível mesmo sem reminiscências.

No *Parmênides*, o jovem Sócrates parece empregar com certa facilidade o método – que Aristóteles teria chamado *ekthesis* – que consiste em isolar um traço predicativo comum a várias realidades empíricas, tornando-o uma entidade noética "separada" e invariável, em suma, uma ideia. Um método de lidar com ideias, é claro, que nada tem a ver com imortalidade e reminiscência.

Contudo, o que mais importa é a ausência da teoria da reminiscência na *República*, que oferece no livro VII o programa mais elaborado de acesso ao mundo eidético que Platão já formulou. A tentativa de reduzir o significado dessa ausência remontando-a a razões "essencialmente literárias e dramáticas" é muito implausível, porque entraria em conflito com a perspectiva unificadora da visão do bem[39]. Ao contrário, o conhecimento das ideias, e, para além delas, da ideia do bom, é preparado – a partir dos paradoxos da experiência sensível – pelos processos abstrativo-idealizadores da matemática, depois pelo trabalho crítico-construtivo da dialética[40]. Também aqui, e talvez aqui mais do que em qualquer outro lugar, Platão não parece sentir necessidade de recorrer à hipótese de um conhecimento pré-natal das ideias e de sua reminiscência nesta vida.

O *Banquete* não é, portanto, a única testemunha de que Platão explorou diferentes soluções gnosiológicas de acesso ao mundo eidético[41]. Existem alternativas à recordação anamnética e, dentro delas, existem diferentes formas de abordar o conhecimento das ideias (no *Banquete* a ênfase está na imediatez da visão, na *República* no trabalho dialético, no *Parmênides* na *ekthesis* da unidade do múltiplo). As diferenças entre essas perspectivas não podem ser explicadas por hipóteses evolutivas e provavelmente não podem ser consideradas

---

39. É a tese de KAHN, Ch. H., Pourquoi la doctrine de la réminiscence est-elle absente de la République?, in: DIXSAUT, M. (ed.), *Études sur la République de Platon*, 100. Esse autor também parece esbarrar em uma espécie de *petitio principii* ao reconhecer uma "estrutura profunda" do pensamento de Platão no "que é comum ao *Banquete*, ao *Fédon* e à *República*" (98), atribuindo em seguida as variantes dessa estrutura a razões literárias. Mas por que então a reminiscência, ausente no *Banquete* e na *República*, não deveria ser atribuída a "razões literárias" no *Fédon*, ao invés de assumir que é "estrutural" baseada apenas no *Fédon*?

40. Sobre o papel da matemática na *República*, cf. CATTANEI, E., Le matematiche al tempo di Platone e la loro riforma, in: PLATONE, *La Repubblica*, v. V, 473-539.

41. Na própria *República*, aliás, está presente – ainda que em segundo plano – o tema da sublimação da pulsão erótica como impulso à conversão teórica (cf. VI 485d6-e1, 490a8-b8).

incompatíveis na estrutura do pensamento platônico. No entanto, não é aceitável eleger uma dessas perspectivas como dominante ou "estrutural", tornando-se um plano unificado no qual se anula a riqueza de experimentos teóricos presentes nos diálogos. Neles Platão mostrou como era possível manter um perfil claro de pensamento, invariável em sua estrutura básica, ao mesmo tempo em que desenvolvia seu potencial de investigação em diferentes direções. Em pelo menos um caso – imortalização pessoal sem imortalidade da alma – esses desenvolvimentos teriam encontrado consenso por parte de Aristóteles, que estava interessado em manter o privilégio extraordinário da forma de vida filosófica, sua capacidade de *athanatizein*, sem que isso modifique sua doutrina da alma como uma forma do corpo e dele inseparável (*De an.*, II 1 412b5, 413a2 ss.).

Edições Loyola

editoração impressão acabamento
Rua 1822 nº 341 – Ipiranga
04216-000 São Paulo, SP
T 55 11 3385 8500/8501, 2063 4275
www.loyola.com.br